首批56所中国特色高水平高职学校项目课程建设成果
高等职业教育教学改革融合创新型教材·经济贸易类

Guoji Shangwu Danzheng

国际商务单证

王爱东　主　编
郝美彦　李　婷　副主编

东北财经大学出版社
Dongbei University of Finance & Economics Press
大连

图书在版编目（CIP）数据

国际商务单证 / 王爱东主编. —大连 ：东北财经大学出版社，2024.7. —（高等职业教育教学改革融合创新型教材·经济贸易类）. —ISBN 978-7-5654-5300-7

Ⅰ.F740.44

中国国家版本馆CIP数据核字第2024KA8273号

东北财经大学出版社出版

（大连市黑石礁尖山街217号　邮政编码　116025）

网　　址：http://www.dufep.cn

读者信箱：dufep@dufe.edu.cn

大连图腾彩色印刷有限公司印刷　东北财经大学出版社发行

幅面尺寸：185mm×260mm　字数：410千字　印张：19　插页：1

2024年7月第1版　2024年7月第1次印刷

责任编辑：张晓鹏　惠恩乐　责任校对：一　心

封面设计：原　皓　版式设计：原　皓

定价：48.00元

教学支持　售后服务　联系电话：（0411）84710309

如有印装质量问题，请联系营销部：（0411）84710711

富媒体智能型教材出版说明

“财经高等职业教育富媒体智能型教材开发系统工程”入选国家新闻出版广电总局新闻出版改革发展项目库，并获得文化产业专项资金支持，是“国家文化产业资金支持媒体融合重大项目”。项目以“融通”“融合”“共建”“共享”为特色，是东北财经大学出版社积极落实国家推动传统媒体与新媒体融合发展的重要举措之一。

“财济书院”智能教学互动平台是该工程项目建设成果之一。该平台（www.idufep.com）通过系统、合理的架构设计，将教学资源与教学应用集成于一体，具有教学内容多元呈现、课堂教学实时交互、测试考评个性设置、用户学情高效分析等核心功能，是高校开展信息化教学的有力支撑和应用保障。

富媒体智能型教材是该工程项目建设成果之二。该类教材是我社供给侧结构性改革探索性策划的创新型产品，是一种新形态立体化教材。富媒体智能型教材秉持严谨的教学设计思想和先进的教材设计理念，为财经职业教育教与学、课程与教材的融通奠定了基础，较好地避免了传统教学模式和单一纸质教材容易出现的“两张皮”现象，有助于教学质量的提高和教学效果的提升。

从教材资源的呈现形式来说，富媒体智能型教材实现了传统纸质教材与数字技术的融合，通过二维码建立链接，将VR、微课、视频、动画、音频、图文和试题库等富媒体资源丰富地呈现给用户；从教材内容的选取整合来说，其实现了职业教育与产业发展的融合，不仅注重专业教学内容与职业能力培养的有效对接，而且很好地解决了部分专业课程学与训、训与评的难题；从教材的教学使用过程来说，其实现了线下自主与线上互动的融合，学生可以在有网络支持的任何地方自主完成预习、巩固、复习等，教师可以在教学中灵活使用随堂点名、作业布置及批改、自测及组卷考试、成绩统计分析等平台辅助教学工具。

“重塑教学空间，回归教学本源！”“财济书院”平台不仅仅是出版社提供教学资源和服务的平台，更是出版社为作者和广大院校创设的一个教学空间，作者和院校师生既是这个空间的使用者和消费者，也是这个空间的创造者和建设者，在这里，出版社、作者、院校共建资源，共享回报，共创未来。

最后，感谢各位作者为支持项目建设所付出的辛劳和智慧，也欢迎广大院校在教学中积极使用富媒体智能型教材和“财济书院”平台，东北财经大学出版社愿意也必将陪伴广大职业教育工作者走向更加光明而美好的职教发展新阶段。

东北财经大学出版社

前言

本教材是高等职业教育双高建设活页式教材，主要内容包括国际贸易单证的基本认知；国际结算最常用的结算工具——汇票的缮制；国际结算信誉度最高的结算方式——信用证的基本知识、信用证的开立、信用证的审核和修改。此外，还重点介绍了在国际贸易工作过程中所涉及的一些重要单证的基本格式、内容以及实操案例，具体包括：商业发票、运输单据、保险单据、包装单据、原产地证、装箱单、订舱委托书、报关报检单证等。同时，对一些附属单证以及单据的审核归档进行了较为详细的介绍。本教材具有以下特点：

1. 植入国际贸易教学思政元素。习近平总书记对职业教育工作做出重要指示强调，在全面建设社会主义现代化国家新征程中，职业教育前途广阔、大有可为。要坚持党的领导，坚持正确的办学方向，坚持立德树人。教育事业不仅是传授知识、培养能力的事业，更是要把社会主义核心价值观融入国民教育体系之中的事业，而且要引导学生树立正确的世界观、人生观、价值观。本教材坚持立德树人、德技并修，实时地植入思政元素，推动思想政治教育与技术技能培养的融合统一。

2. 贯彻产教融合、校企合作新理念。“国际商务单证”是国际贸易专业的核心课，是从事外贸工作所必学的一门专业课程。本教材以能力培养和技术应用为根本出发点，通过增强教学内容的实操性，使学生们正确理解国际贸易合同中的相关条款，正确审核信用证的有关内容，并能将所学知识灵活运用，独立缮制外贸业务中的各种单据；同时，依据合同和相关单证对货物生产、加工、装运、保险、报检和报关、结汇等全部环节进行跟踪和操作，最终实现国际贸易理论教学与国际贸易工作实践的完美结合，形成产教良性互动、校企优势互补的发展格局。

3. 突出活页式教材的特点。教材以工作过程所需的知识为主体，根据国际贸易专业的教学特点和工作岗位需求编写教学内容和案例等。在内容组织上，以模块化、项目式、任务式为主，既强调各模块间的相对独立性，又强调彼此之间的关联性，充分体现活页式教材的特点。教材对知识、技能等进行难度分层，以满足学生根据学情选择相匹配的教学内容和练习的需求。本教材还包括对学生课前、课中、课后学习的过程性指导内容。教材以活页的形式装订，方便拆装。

4. 有利于调动学生学习的积极性和主动性。教材注重知识的推广性和应用性，以实操案例为载体，充分调动学生收集、整理知识点的积极性，实际感受和体验以相关知识解决实际问题的过程，进而培养学生分析问题和解决问题的能力。教材改变了传统的以知识为中心的教学设计，实行以学生为中心的教学设计，以提高学生的创新能力和实践能力。

本教材由王爱东担任主编，郝美彦、李婷担任副主编。其具体分工如下：王爱东编写了工作情境1～3、工作情境9～10；郝美彦编写了工作情境4～8；李婷编写了工作情境11～15。在编写本教材的过程中，编写组参考了大量国际贸易最新的资料，深入国际贸易企业进行实地调查，掌握了内容翔实、全面的第一手资料。同时，在编写过程中，得到了各位领导和同仁的支持和帮助，在此特别表示感谢！

由于时间仓促，加之教材编写组成员知识结构和能力水平有限，教材仍有许多需进一步完善的地方，望大家给予批评指正。

国际商务单证教材编写组

2024年4月

目录

1

工作情境 1

单证基础知识

情境目标

知识目标

1. 了解国际商务单证的含义。
2. 认识单证工作的重要性。
3. 熟悉单证的工作内容。
4. 掌握单证的工作要点。
5. 了解单证员的主要工作内容和流程。

技能目标

1. 能够了解单证的主要类型。
2. 能够熟悉单证员的工作内容和流程。
3. 能够制作和审核各类单证。

素养目标

1. 在对外交往的过程中，不仅要考虑经济利益，而且要注意配合外交活动，认真贯彻我国的对外方针政策。
2. 坚持经济利益与社会效益兼顾。
3. 坚持效益优先、兼顾公平原则。
4. 重合同、守信用，培养认真负责的工作态度，切实做好每一环节的工作。
5. 加强自身修养，克服不良习惯，注意自己的言谈举止，符合国际礼仪。

情境导入

国际贸易表现为商品和资金的双向交流，买方需要得到货物，而卖方需要收到货款。通常情况下，买卖双方的地理位置相隔较远，货物的交易不可能完全在双方的监控之下完成，这就需要一套能代替货物交易且具有法律效力的单据文件，以这些单据文件即所谓的单证来实现货物与货款的交换。因此，从贸易合同签订之日起到货物装运，再到进口提货的整个过程，每个环节都需要有相应的单证，所有的单证又都涉及缮制、审核、确认、处理、交接和传递等，以满足企业、银行、保险、运输、商检、海关以及相关机构的多种需要。可以说，国际商务单证业务是国际贸易的核心，是贸易双方顺利进行交易不可缺少的环节。

工作活动

工作活动 1　认识单证工作
工作活动 2　交易磋商
工作活动 3　签订合同

工作活动1 认识单证工作

工作活动目标

1.能够从进出口业务的基本要求角度，了解单证的内涵。
2.能够在了解单证定义的基础上，明确单证在国际贸易中的重要性。
3.熟悉单证工作的内容。
4.了解单证的类型。

职业工作情境

“国际商务单证”是国际经济与贸易专业的必修课，是一门实践性很强的学科，同时又具有一定的综合性，涉及国际商法、国际结算等知识的综合运用。本课程的先修课是“国际贸易实务”“国际结算”等。该课程是“国际贸易实务”课程的延伸，注重实践操作，是国际经济与贸易等专业的主干课程，也是从事外贸工作的人员必修的一门课程。通过本课程的学习，要求学生掌握国际商务单证的操作流程、各种商务单证的制作方法及制单技巧，并能够独立制作和审核各种商务单证。教学内容包括国际商务单证工作的意义，单证的种类、作用及其发展历程；托收与信用证；出口单证工作的一般程序；出口单证的制作方法；进出口货物通关与单据填制要求；出口退税管理；进口单证工作等。

职业知识储备

知识点1 单证的概念

微课 1-1
国际贸易常见单证和业务流程

国际贸易中使用的单证（Documents）是指进出口业务中使用的各种单据、文件和证书，买卖双方凭借这些单证来处理货物的交付、运输、保险、商检和结汇等。狭义的单证指单据和信用证，广义的单证则指各种文件和凭证。单证工作主要涉及审证、制单、审单、交单和归档五个方面，它贯穿进出口合同履行的全过程，具有工作量大、涉及面广、时间性强和要求高等特点。

知识点2 单证在国际贸易中的作用

1.单证是国际贸易结算的基本工具，单证质量是结汇能否顺利完成的前提

国际贸易法专家施米托夫曾经讲过：“从商业观点来看，可以说CIF合同的目的不是货物本身的买卖，而是与货物有关的单据的买卖。”CIF贸易条件是这样，实际上，国际

贸易实务中其他贸易条件如FOB、CFR等也是以单证为桥梁，从而实现货款的交割的，性质同样是单证买卖。国际贸易往往是以单证流通的形式实现的，卖方凭单交货，买方凭单付款。一整套正确、完整、齐全的单证是买卖双方及时取得物权凭证和收汇的前提。在进出口业务中，单证工作的任何失误都会给企业带来不同程度的经济损失，甚至影响国家的信誉。因此，从某种意义上讲，“单证就是外汇”。

2.单证是履行合同的必要手段和证明

买卖合同的履行是通过商品和货币的交换来实现的，但在国际贸易中，买卖双方处于不同的国家或地区，在绝大多数情况下，商品和货币不能进行简单的直接交换，而需以单证作为交换的手段。在业务活动中，提交相应单据是当事人履行合同的手段，也是当事人完成合同义务的证明。合同订立后，履行阶段可概括为“货、证、船、款”四个主要环节，无论是哪个环节，进出口商及与合同有关的各方只有在履行了约定义务的情况下才能取得相关单据；未提交应交付的单据，就意味着没有按规定履约。

每一种单据在国际贸易活动的各个环节都起着必要的作用，它们的签发、处理、流转、交接和应用，反映了买卖合同履行的整个过程，同时也反映了买卖双方权责的发生、转移和终止。可以这么说，国际贸易之所以在世界范围内健康发展，是与单证的有效使用和流通密不可分的。

3.单证工作是外贸企业经营管理的重要环节，直接影响国家、企业和个人的形象及利益

做好国际商务单证工作对整个国家、每个外贸企业及其从业人员的形象和利益都有重大的影响。单证工作涉及进出口业务的各个环节：从合同的磋商与签订，信用证的申请、审核、修改和使用，交货时间的衔接，商品质量的检验以及运输、保险、报关的安排到最后的结汇或付款等，很多经营管理中的问题都会在单证工作中反映出来。

企业对整个贸易环节都应进行有效的监管，单证管理又是最后一个环节，即使洽谈、签订合同、备货、报检和报关、保险和装运等环节没有任何问题，若在制单、交单环节出了问题，也会前功尽弃。因此，企业的单证是否符合信用证和买卖合同的要求，是否及时、准确、完整，是衡量进出口企业经营管理水平的重要标志。

4.单证体现企业的业务和文化素质，体现企业的品位和形象

单证不仅是商务文件，也是企业的对外宣传资料。格式优美、行列整齐、文字清晰的单证，能展现企业较高的业务素质，为企业塑造良好的形象，有利于整个业务的开展；相反，单证印制粗劣，行距、字距杂乱，甚至有语句、语法错误，必然会给企业带来负面影响。

5.单证是避免和解决贸易争端的依据

国际贸易的实质是单据交易，所以在合同商订和履行过程中都要对相关单证严格把关，否则就有可能因单据的不规范、不准确、不及时而引发意想不到的问题，或在发生有关争议后无法利用合法的手段保护自己的合法权益，更不可能对对方的不合理要求给予拒绝。

知识点3
单证工作的主要内容

单证的具体工作内容包括：

（1）负责进出口相关单证（如合同、发票、装箱单、原产地证等）的制作、管理及信

用证审核。

（2）收集和整理各种单证，完成对送货单、订单、提单等单据的各项处理，并进行基础数据录入和归档。

（3）跟踪每票货物的运送情况，统计、核对相关数据。

（4）及时准确地与货代公司联系装箱、运送至仓库等工作。

（5）在整个过程中，完成与业务员、跟单员以及客户、货代各方面的协调沟通。

（6）协助参与收付汇以及退税的跟踪。

知识点4
国际贸易单证的主要类型

1.贸易合同（Contract）

Contract是统称，买卖双方均可制作。如系卖方制作，可称为销售确认书（Sales Confirmation）；如系买方出具，可称为采购确认书（Purchase Confirmation）。

2.信用证（Letter of Credit）

以信用证结算的，在信用证开出并抵达出口商（信用证受益人）所在地的银行后，银行会做出通知，并将信用证连同通知转交出口商。

3.发票（Invoice）

发票或称商业发票（Commercial Invoice），外贸中的“发票”概念和国内的财务发票完全不同。国际贸易中的发票是出口商自己制作、出具的文件，用于说明此票货物的品名、数量、单价、总值等，以及其他一些说明货物情况的内容。发票格式没有统一的规定，但必须包括一定的要素，并全名落款。发票必须注明发票号码、出票时间；可以按照需要制作一式几份，由若干正本和副本组成；应注明“Original”“Copy”字样。

4.汇票（Draft）

汇票是指由出票人签发并由付款人按约定的付款期限（即期或远期）对指定的受（收）款人无条件支付一定金额的指令。它一般出现在信用证操作中，由银行提供空白票据，出口商填写，付款人签字以确认付款。

5.装箱单（Packing List）

装箱单主要用于说明货物的包装情况，如品名、数量、包装方式、毛重、体积。视产品类别的需要，还可以加上其他详细说明，如净重等。装箱单的样式与发票相仿，只是不需要注明货物价值，通常也需要若干正本和副本。

6.海运提单（Bill of Lading）

提单就是货物交付货运公司以后，由货运公司出具的证明，用以代表物权，以及在目的地提货。每个船公司都有自己的提单式样，但内容大同小异。提单是最核心的单证，某种意义上就是货物的代表。提单由货运公司根据发货人提供的发货人和收货人的名称和地址、目的地、货物描述等相关内容来填制，经发货人确认无误后签章出具。提单一般三正三副，任何一份正本均可提货；一经提货，其余两份即告失效。

7.保险单（Insurance Policy）

为防范国际货物运输中可能发生的毁损，对于一些价值较高的货物，贸易商通常会办理保险。保险公司根据贸易商投保的险种开具保险单，作为货物单据之一。海运货物保险的险别分为基本险别和附加险别两类。

8.原产地证（Certificate of Original）

原产地证包括一般原产地证和普惠制原产地证。它是证明出口货物生产和制造地的文件，是出口产品进入国际贸易领域的“身份证”。货物进口国据此对进口货物给予不同的关税待遇和决定限制与否。中国的原产地证有固定印刷格式，一般由商检机构出具。出口企业申请办理此证，首先要在当地办理企业注册登记，然后才有资格申请签证。

普惠制是发达国家给予发展中国家的出口制成品和半制成品普遍的、非歧视的、非互惠的一种关税优惠制度。普惠制原产地证是依据给惠国要求而出具的能证明出口货物原产自受惠国的证明文件，并能使货物在给惠国享受普遍优惠关税待遇。同样，它一般由商检机构出具，出口企业在商检机构办理此证时，必须向后者提供必要的证明文件和依据，首先要办理企业注册登记，然后才能申请签证。

一般原产地证和普惠制原产地证也可以由各地的贸易促进会和商会（很多地方这两个组织是两块招牌、同一个班子）出具，格式一样，只是盖章不同。

9.出口货物报关报检单（Export Declaration）

出口货物报关时要填制出口货物报关单并提交给海关。目前，除大型外贸公司或出口企业外，大多数出口商均委托报关代理公司代理报关事宜。出口报关单一般一式六联：海关作业联、海关留存联、企业留存联、海关核销联、出口收汇联、出口退税联。清关后，退回收汇联和退税联。

10.订舱委托书（Booking Note）

订舱委托书是进/出口商为了买卖商品，通过船公司和货代公司进行船运订舱的申请书。订舱委托书没有固定格式，不同进出口公司缮制的订舱委托书不尽相同，但主要内容都要包含在内。其中，托运人、收货人、装货港、卸货港、唛头、货物描述、货物毛重、货物体积、运费的支付方式、所订船期、订舱章以及其他需求，都要在订舱委托书中体现。

工作活动2
交易磋商

工作活动目标

1.能够从进出口贸易的角度出发了解交易磋商的概念。

2.能够熟练掌握交易磋商的各主要环节。

3.了解交易磋商各环节的特点。

职业工作情境

在国际贸易中，交易磋商是一个十分重要的环节。因为交易磋商是签订合同的基础，没有交易磋商就没有买卖合同。交易磋商工作开展得好坏，直接影响到合同的签订及之后的履行，关系到双方的经济利益，因此必须认真做好这项工作。交易磋商是一项交易的开始，应该以对该项业务进行周密调研为基础，做好充分准备，预测和判断该项业务进行所需要的技术和知识。

职业知识储备

知识点1
交易磋商的概念

交易磋商是国际贸易的重要环节之一，商品的国际交易能否顺利签订合同，主要取决于交易双方对交易条件磋商的结果。交易双方为了争取有利的贸易条件，经常会产生争端。因此，双方要在平等互利的基础上，通过友好协商尽量争取做到交易对双方都有利；同时，要保证所达成的协议符合各自国家的法律和规定以及国际贸易惯例。

交易磋商是一项交易的开始，应该以对该项业务进行周密调研为基础，做好充分的准备工作，应该预测和判断开展该项业务所需要的技术和知识。

交易磋商的方式主要有函电磋商和口头磋商两种。

知识点2
交易磋商的主要环节

交易磋商可以是口头的面谈或电话，也可以是书面的传真、电传或信函。交易磋商的过程可分成询盘、发盘、还盘和接受四个环节，其中发盘和接受是必不可少的，是达成交易所必需的法律步骤。

1.询盘（Inquiry）

询盘是交易的一方向对方探询交易条件、表示交易愿望的一种行为。询盘多由买方做出，也可由卖方做出，内容可详可略。

2.发盘（Offer）

发盘也叫发价，是交易的一方（发盘人）向另一方（受盘人）提出各项交易条件，并愿意按这些条件达成交易的一种表示。发盘在法律上称为要约，在发盘的有效期内，一经受盘人无条件接受，合同即告成立，发盘人承担按照发盘条件履行合同义务的法律责任。

3.还盘（Counter Offer）

受盘人不同意发盘中的交易条件而提出修改或变更的意见，称为还盘，在法律上叫反要约。还盘实际上是受盘人以发盘人的地位发出的一个新盘。原发盘人成为新发盘的受盘人。

4.接受（Acceptance）

接受是受盘人在发盘的有效期内无条件地同意发盘中提出的各项交易条件，愿意按这些条件和对方达成交易的一种表示。接受在法律上称为“承诺”，接受一经送达发盘人，合同即告成立，双方均应履行合同所规定的义务并拥有相应的权利。

工作活动3 签订合同

工作活动目标

1.能够从交易磋商的角度了解合同签订的内涵。
2.能够在了解合同的基础上，明确订立国际贸易合同的注意事项。
3.熟悉国际贸易合同的特点。
4.掌握国际贸易合同的法律规范。

职业工作情境

国际贸易合同是各国经营进出口业务的企业开展货物贸易的最基本手段。其不仅关系到合同当事人的利益，也关系到国家的利益以及国与国之间的关系，因此国际贸易合同具有重大的意义。国际贸易合同明确规定了当事各方的权利和义务，是联系双方的纽带，对双方具有相同的法律约束力。在合同的履行过程中，合同双方必须严格执行合同条款，否则就是违反合同，即违约。当违约造成损失或损害时，受损方可依据相关适用法律索赔，违约方必须承担其造成的损失。如果一方因客观原因需要修改合同的某些条款或终止合同，必须提请对方确认。如果对方不同意修改或终止合同，除非提请方证明出现了不可抗力等特殊情况；否则，提请方仍需履行原合同。

职业知识储备

知识点1 国际贸易合同的概念、内容及注意事项

1.概念

国际贸易合同受签约方所在国法律的保护和管辖，是对签约各方具有同等约束力的法律性文件，是解决贸易纠纷，进行调解、仲裁与诉讼的法律依据。国际贸易合同属于社会交往中比较正式的契约文体，具有准确性、直接性和法定效力等特点。了解国际贸易合同的独特文体特征有助于对它的理解和运用。

2.内容

国际贸易合同包括国际货物买卖合同、成套设备进出口合同、包销合同、委托代理合同、寄售合同、易货贸易合同、补偿贸易合同等形式。

3.订立国际贸易合同时的注意事项

国际货物买卖合同的成立是双方当事人意思表示一致的结果。当一方提出的要约被另一方承诺时，合同即告成立。要约是要约人向一个或一个以上的特定人提出的以订立买卖

合同为目的的意思表示。承诺是受要约人同意订立该合同的意思表示。因英美法和大陆法在要约与承诺的问题上存在分歧，联合国国际贸易法委员会在起草《联合国国际货物买卖合同公约》（以下简称《公约》）时做了很大的努力来调和两大法系在这两个问题上的分歧。《公约》做了以下三方面的规定：

（1）要约生效时间

对于要约生效时间，各国法律没有分歧，《公约》规定要约于其送达受要约人时生效。但对于要约对要约人是否具有约束力的问题，英美法与大陆法内的德国法之间存在着分歧。《公约》在这个问题上采取折中的办法，规定一切要约，即使是不可撤销的，原则上都可以撤回，只要撤回的通知能先于或与要约同时送达受要约人。一旦受要约人发出承诺通知，要约人就不能撤销其要约。《公约》还规定，在下述两种情况下，要约一旦生效就不能撤销：一是要约写明承诺的期限，或以其他方式表示它是不可撤销的；二是受要约人有理由信赖该项要约是不可撤销的，并已据以行事。

（2）承诺生效时间

对于承诺生效时间，英美法采取投邮生效原则，即只要载有承诺内容的函件投邮就立即生效，合同即告成立，即使函件在传递过程中发生延误或遗失，亦不影响合同的有效成立。大陆法则采取到达生效原则，即载有承诺内容的函件必须送达受要约人时才发生效力，如函件在传递中出现失误，合同就不能成立。《公约》基本上采用到达生效原则，但有一个例外，即如果根据要约的要求或依照当事人之间形成的习惯做法或惯例，受要约人可以用发货或支付货款的行为来表示承诺，无须向要约人发出承诺通知，承诺则在做出此种行为时生效。

（3）附加条件

《公约》规定，如果在对要约表示承诺时载有附加或更改条件，原则上应认为是对要约的拒绝，并视为反要约，即受要约人向要约人提出要约。但是如果承诺中所更改或附加的条件并没有在实质上改变原要约所提出的条件，则除非要约人在不过分延迟的期间内提出异议，仍可视为承诺。在这种情况下，双方的合同条件应以要约所提出的条件和承诺所更改的条件为准。逾期承诺指超过要约的有效期到达的承诺。按照各国法律，逾期承诺应视为反要约。《公约》规定，逾期承诺仍具有承诺的效力，但须由要约人毫不迟延地把这种意思通知受要约人。如果要约人按此办理，则该项逾期的承诺于到达时即发生效力，而不是在要约人表示上述意思的通知到达受要约人时才生效。

国际货物买卖合同是各国经营进出口业务的企业开展货物贸易最基本的手段。订立合同前，双方应清楚合同中的货物品质、数量、包装、价格、运输、保险、支付、商检及索赔、不可抗力、争议解决和法律适用等条款，以避免纠纷的发生。

一般来说，国际贸易合同的签订流程包括四个方面，即询盘、发盘、还盘以及接受。这四个流程依次完成，可以帮助合同当事人确定双方的权利和义务，可以做到权利与义务相一致，保证合同内容公平。

知识点2
国际贸易合同的特点

在国际贸易中，国际货物买卖合同的当事人处于不同的国家或地区，因此与国内货物买卖合同相比，国际货物买卖合同具有不同的特点。

1.国际性

国际性，即订立国际货物买卖合同的当事人的营业地在不同的国家。不管合同当事人的国籍是哪儿，如果当事人的营业地在不同的国家，其签订的合同即国际性合同；反之，合同被称为国内合同。如果当事人没有营业地，则以其长期居住地为营业地。

2.合同的标的物是货物

国际货物买卖合同的标的物是货物，即有形资产，而不是股票、债券、投资证券、流通票据或其他财产，也不包括不动产和提供劳务的交易。

3.货物必须由一国境内运往他国境内

国际货物买卖合同的订立可以在不同的国家完成，也可以在一个国家完成，但履行合同时，卖方交付的货物必须运往他国境内，并在他国境内完成交付。

4.具有涉外因素，调整国际货物买卖合同的法律涉及不同国家的法律制度

国际货物买卖合同具有涉外因素，被认为与一个以上的国家有重要的联系，因此在法律的适用性上，各国法律的规定就与国内合同有所不同。概括起来，国际货物买卖合同适用的法律有三种：国内法、国际贸易惯例和国际条约。

知识点3
国际贸易合同的法律规范

合同对当事人构成的约束力是建立在法律基础上的。因此，合同必须符合法律规范才能得到法律的承认和保护。各国的法律对合同的成立，都要求具备一定的条件，即所谓合同有效成立的条件。但各国的要求不完全相同，综合起来看，主要有以下几项：

1.合同当事人的意思表示要一致

这种意思表示一致是通过要约和承诺达成的。也就是说，一方向另一方提出要约，另一方对该项要约表示承诺，双方的意思表示一致，合同即告成立，对双方均产生法律约束力。如果有要约，没有承诺，合同就不成立。即使双方交叉要约（Cross Offer），意思表示正好一致，合同仍不成立。

要约和承诺在国际贸易实务中分别被称作发盘和接受。国际贸易法律对发盘和接受这两个行为的定义非常严格。判定国际贸易合同是否成立，不仅要看有无发盘和接受，还要看发盘和接受这两个行为是否成立。

2.对价和约因的规定

对价（Consideration）是英美法中有关合同成立所必须具备的一个要素。按英美法的解释，合同当事人之间存在着“我给你是为了你给我”的关系。这种通过相互给付从对方那里获得利益的关系称作对价。例如，在国际货物买卖合同中，买方付款是为了获得卖方的货物，而卖方交货是为了获得买方的货款。

约因（Cause）是大陆法中提出的合同成立的要素之一，是指当事人签订合同所追求的直接目的。例如，在国际货物买卖合同中，买卖双方签订合同都要有约因。买方的约因是获得货物，卖方的约因是获得货款。

在国际贸易合同中，要有对价或约因，法律才承认合同的有效性；否则，合同得不到法律的保障。

3.合同当事人必须有订立合同的能力

国际贸易合同一般是在法人之间签订的。我国《对外贸易法》规定，我国的涉外经济合同当事人必须是企业或者其他经济组织；但是，法人是由自然人组织起来的，它必须通过自然人才能开展相关活动，因此，代表法人的自然人必须具备订立合同的能力。另外，法人本身也必须具有一定的行为和能力。法人采取的最普遍的形式是公司。

4.合同标的和内容必须合法

各国法律都规定合同不得违反法律，不得违反公共政策和公共秩序。我国《民法典》规定：订立合同，必须遵守法律，且不得损害社会公共利益。这里的公共利益是广义的，包括公众安全、优良习惯和道德规范。在国际贸易中，针对违禁品（如毒品、走私物品、严重败坏社会道德风尚的物品等）签订贸易合同是不合法的；与敌国或国家明令禁止的贸易对象国签订贸易合同也是不合法的。

对于不合法的合同，在当事人之间没有权利和义务关系。一旦双方当事人发生争议或纠纷，任何一方都不能上诉。法律对这种合同不予承认和保护。同时，如果法律认为必要，还要追究当事人的刑事责任，没收买卖的货物。

5.当事人必须在自愿和真实的基础上签订合同

合同是双方当事人意思表示一致的结果。根据各国法律的规定，如果由于各种原因或事实，构成当事人表示的意思不是自愿和真实的，合同则不成立。

6.合同形式的法律规定

在大陆法中，合同分为要式合同（Formal Contract）和不要式合同（Informal Contract）。所谓要式合同，是指依照法律的规定，应按其规定的形式和程序成立的合同。例如，必须由双方当事人签字，并由证人或公证机关证明的合同。不要式合同，是可以用口头或者书面，或者包括人证在内的其他证明形式订立的合同。在英美法中，合同虽没有要式和不要式的划分，但也有类似的概念。例如，在英美法的分类中，有签字蜡封的合同，该合同属于一种按要求的形式和程序订立的合同，与大陆法中的要式合同相似。《美国统一商法典》规定，凡是价格超过500美元的货物买卖合同，须以书面形式做成，但仍保留了例外，如卖方已在实质上开始生产专为买方制造的、不宜售给其他买方的商品，则该合同虽然没有采取上面的形式，但仍有约束力。

对于国际货物买卖合同的形式，《公约》原则上不加以任何限制。《公约》第11条明确规定，买卖合同无须以书面订立或证明，在形式方面不受任何其他条件的限制。《公约》的这一规定既兼顾西方国家的习惯做法，也是为了适应国际贸易发展的特点。因为许多国家的贸易合同是以现代通信方式订立的，不一定是书面合同。但《公约》允许缔约方对该条规定持不同意见，即可以提出保留意见。例如，我国在核准《公约》时，对《公约》关于合同形式的规定提出了保留意见，即我国坚持认为国际货物买卖合同必须采用书面方式，口头方式无效，要求营业地在我国境内的当事人在签订国际货物买卖合同时，应遵循订立书面合同的原则。

买卖双方以函电方式成交时，任何一方当事人如果要以签订书面合同作为合同成立的依据，都必须在发出的要约或承诺通知中提出这一保留条件。在此，合同不是在双方以函电方式达成协议时成立，它应于签订书面合同时成立。如果任何一方当事人都没有提出以签订书面合同作为合同成立的依据，则按各国合同法的一般原则，合同应于双方以函电方式达成协议时成立，即当载有承诺内容的信件、电报或电传生效时，合同即告成立。售货合同样例如样例1-1所示。

样例1-1 售货合同

SALES CONTRACT

卖方（Sellers）： Contract No.: GW2020X06

GREAT WALL TRADING CO.，LTD Date: 2024.4.22

RM201，HUASHENG BUILDING，NINGBO，P.R.CHINA Signed at: NINGBO

FAX：0574-25763368

买方（Buyers）：

F.T.C CORP. AKEDSANTERINK AUTO P.O.BOX.9，FINLAND

兹经买卖双方同意按下列条款成交：

The undersigned sellers and buyers have agreed to close the following transactions according to the terms and conditions stipulated below:

货号、品名及规格 Name of Commodity and specifications	数量 Quantity	单位 Unit	单价 Unit Price	金额 Amount
HALOGEN FITTING W500	9 600PCS	PC	CIF HELSINKI USD3.80/PC	USD 36 480.00
	Total Amount			USD 36 480.00

数量及总值均得有 10 %的增减。

With 10% more or less both in quantity and amount allowed

包装：

Packing: CARTON

装运期：

Time of Shipment: Within 30 days after receipt of L/C.allowing transshipment and partial shipment.

装运口岸和目的地：

Loading port & Destination: FROM NINGBO TO HELSINKI

保险由卖方按发票全部金额的110%投保至 赫尔辛基 为止的 平安 险。

Insurance: To be effected by sellers for 110% of full invoice value covering F.P.A.up to HELSINKI only.

付款条件：

Terms of payment: By 100% Confirmed Irrevocable Letter of Credit in favor of the Sellers to be available by sight draft to be opened and to reach China before MAY 1, 2024 and to remain valid for negotiation in China until the 15th days after the foresaid Time of Shipment.L/C must mention this contract number L/C advised by BANK OF CHINA NINGBO BRANCH.All banking Charges outside China（the mainland of China）are for account of the Drawee.

仲裁：

Arbitration: All disputes arising from the execution of or in connection with this contract shall be settled amicably through friendly negotiation.In case no settlement can be reached through negotiation, the case shall then be submitted to China International Economic & Trade Arbitration Commission in Shenzhen (or in Beijing) for arbitration in accordance with its rule of procedures.The arbitral award is final and binding upon both parties for setting the Dispute.The fee, for arbitration shall be borne by the losing party unless otherwise awarded.

THE SELLER:
GREAT WALL TRADING CO.,LTD
马丁

THE BUYER:
F.T.C CORP.
ALICE

工作情境测试

随堂测 1

一、单项选择题

1.有关单证“清晰”的表述，错误的是（　　）。

A.必须加注合同和信用证号码　　B.内容记载清楚和简洁明了

C.单证表面清洁和美观大方　　D.单证格式力求标准化和规范化

2.单证缮制的前提是（　　）。

A.正确　　B.完整　　C.及时　　D.简洁

3.出口单证中能让有关当事人了解一笔交易的全貌、其他单据都是以其为依据的最重要的单据是（　　）。

A.提单　　B.产地证　　C.商业发票　　D.装箱单

4.企业针对进口货物审单时，在确保单证一致的同时，还必须确保单单一致，在单据中处于中心地位的是（　　）。

A.提单　　B.汇票　　C.商业发票　　D.保险单

5.以下运输单据中，同时具有货物收据、运输契约的证明和物权凭证的是（　　）。

A.铁路运单　　B.航空运单　　C.海运提单　　D.海运单

6.单据要求的份数为“IN DECUPLICATE”，其意思是（　　）。

A.一式十份　　B.一式五份　　C.一式六份　　D.一式四份

7.在实际业务中，负责审证的机构是（　　）。

A.开证行　　B.通知行和出口公司

C.出口公司　　D.开证行和出口公司

8.进出口合同的基本内容包括（　　）。

A.约首、基本条款、约尾

B.约首、基本条款、有关部门批准文件

C.约首、基本条款

D.约首、有关部门批准文件、基本条款及约尾等

9.制单的一般程序是（　　）。

A.先缮制汇票，然后按汇票内容缮制其他单证

B.先缮制发票，然后按发票内容缮制其他单证

C.先缮制装箱单，然后按装箱单内容缮制其他单证

D.先缮制提单，然后按提单内容缮制其他单证

10.按照《公约》的规定，合同成立的时间是（　　）。

A.接受生效的时间　　B.双方签订书面合同时

C.当发盘送达发盘人时　　D.在合同获得国家批准时

二、判断题

1.单证工作能及时反映货、证、船、款等业务的管理现状，为了杜绝差错的出现，避免带来不必要的经济损失，必须加强单证人员的工作责任心。（　）

2.外贸单证员是外贸业务开展过程中，根据合同、信用证条款进行缮制和出具各种单据、证书的工作人员。（　）

3.在国际结算中，货物是贸易双方进行结算的基础和依据。（　）

4.银行在审单时，如果信用证没有特殊规定，都是以《UCP600》作为审单依据的。（　）

5.单证的完整性是指成套单证群体的完整性。（　）

6.买卖双方往来的业务函电不可以作为制单和审单的依据。（　）

7.在审证环节，如果发现信用证条款与买卖合同条款彼此矛盾，应提出修改买卖合同。（　）

8.凭样品买卖时，如买卖合同中没有其他规定，卖方所交货物应该与样品保持一致。（　）

9.当发现单据出现不符点后，开证行可以免除其付款责任。（　）

10.在出口发票上必须明确显示数量、单价、总值和贸易术语等内容。（　）

三、技能训练

我国某外贸公司向马来西亚出口一批货物，共8 000千克。国外开来的信用证规定："不允许分批装运，9月30日之前装船。"我方于9月8日和9月10日分别在大连和烟台各装4 000千克于"东方"号货轮运往马来西亚，两份提单上也注明了不同的装运港和装船日期。我方在信用证规定期限内将两份提单及相关单据交银行议付。

试问：我方能否顺利结汇？请说明理由。

2

工作情境2

分析信用证

情境目标

知识目标

1. 了解信用证的含义和流程。
2. 熟悉信用证支付方式下的当事人。
3. 知晓单证的工作内容。
4. 掌握信用证的种类。
5. 掌握信用证的基本内容。

技能目标

1. 能够了解信用证的主要类型。
2. 能够熟悉信用证的工作内容和流程。
3. 能够了解信用证的基本内容。

素养目标

1. 培养爱岗敬业、精益求精的职业精神。
2. 秉承脚踏实地、耐心细致的工作态度。
3. 坚持效益优先、兼顾公平原则。
4. 重合同、守信用，树立认真负责的工作态度。
5. 加强自身修养，提高职业工作能力和水平。

情境导入

在信用证业务中，对进口商而言，信用证是确保出口商履行买卖合同的依据。进口商填写开证申请书，旨在将买卖合同条款有效地转化为对出口商（受益人）提交单据的要求，因此进口商申请开证时，可以通过控制信用证条款来约束出口商交货的时间、交货的品质和数量，如在信用证中规定最迟装运期限以及要求出口商提交由信誉良好的公证机构出具的品质、数量或重量证书等，以保证进口商按时、按质、按量收到货物。对出口商而言，信用证能保证其凭单据取得货款。信用证支付的原则是单证相符，出口商交货后提交的单据，只要做到与信用证条款相符，银行就保证支付货款。在信用证支付方式下，出口商交货后不必担心进口商到时候不付款，因为银行承担付款责任，这种银行信用要比商业信用可靠。因此，信用证支付为出口商收取货款提供了较为安全的保障。对银行而言，开证行接受进口商的开证申请，即承担开立信用证和凭相符单据付款的责任，这是银行以自己的信用做出的保证，以银行信用代替了进口商的商业信用。所以，进口商在申请开证时要向银行交付一定比例的开证押金或担保品，这就为银行利用资金提供了便利。

工作活动

工作活动1　信用证的含义与业务流程

工作活动2　信用证的当事人

工作活动3　信用证的种类

工作活动4　信用证的基本内容

工作活动1
信用证的含义与业务流程

工作活动目标

1. 能够从进出口业务的基本要求角度了解信用证的内涵。
2. 能够在了解信用证定义的基础上，明确信用证在国际贸易中的重要性。
3. 熟悉信用证工作的内容。
4. 了解信用证的工作流程。

职业工作情境

国际贸易的支付方式有三种：汇付、托收和信用证。汇付和托收属于商业信用，信用证属于银行信用。信用证是开证行针对受益人的有条件的付款承诺的书面文件。其性质是一种支付手段。信用证的特点是：信用证是银行信用；是一种独立于合同之外的单独的单据买卖，即只要受益人按照信用证的规定行事，提交符合信用证规定的单据，开证行将独立、直接地承担对受益人的付款责任。信用证的作用是：把由进口商履行支付责任的商业信用转换为由银行履行付款责任的银行信用，从而保证了出口商能安全、迅速地收到货款，进口商按时收到单据。因此，它在一定程度上解决了买卖双方之间互不信任的矛盾；同时，也为买卖双方提供了资金融通的便利。基于此，信用证出现以后，很快就在国际贸易中得到广泛应用，是国际贸易中的主要支付方式之一。

职业知识储备

知识点1
信用证的含义

信用证，是银行根据进口人（买方）的请求，开给出口人（卖方）的一种保证承担支付货款责任的书面凭证。在信用证有效期内，银行授权出口人在符合信用证规定的条件下，以该行或其指定的银行为付款人，开具不得超过规定金额的汇票，并按规定随附装运单据，按期在指定地点交付货物。

信用证如样例2-1所示。

知识点2
信用证的业务流程

信用证业务的一般流程如图2-1所示。

样例2-1　　信用证

LETTER OF CREDIT

FORM OF DOC.CREDIT	*40A：	IRREVOCABLE
DOC.CREDIT NUMBER	*20：	LC-320-0254771
DATE OF ISSUE	31C：	240922
EXPIRY	*31D：	DATE 241222 PLACE CHINA
APPLICANT	*50：	MARCONO CORPORATION RM1001，STAR BLDG.TOKYO，JAPAN
BENEFICIARY	*59：	QINGDAO（SHANDONG）HUARUI CO. NO.35 WUYI ROAD QINGDAO，CHINA
AMOUNT	*32B：	CURRENCY USD AMOUNT 70 000.00
POS./NEG.TOL.（%）	39A：	5/5
AVAILABLE WITH/BY	*41D：	ANY BANK BY NEGOTIATION
DRAFT AT...	42C：	DRAFTS AT SIGHT FOR FULL INVOICE VALUE
DRAWEE	42A：	ROYAL BANK LTD，TOKYO
PARTIAL SHIPMENTS	43P：	ALLOWED
TRANSSHIPMENT	43T：	NOT ALLOWED
LOADING IN CHARGE	44A：	SHIPMENT FROM CHINESE MAIN PORT
FOR TRANSPORT TO...	44B：	OSAKA，JAPAN
LATEST DATE OF SHIP.	44C：	241210
DESCRIPTION OF GOODS	45A：	

HALF DRIED PRUNE 2005CROP

GRADE	SPEC.		QNTY (CASE)	UNIT PRICE (USD/CASE)	
A	L：500CASES	M：500CASES	1 000	22.0	CFR OSAKA
B	L：1 200CASES	M：1 200CASES	2 400	20.0	CFR OSAKA

PACKING：IN WOODEN CASE，12KGS PER CASE

TRADE TERMS：CFR OSAKA

DOCUMENTS REQUIRED　46A：

+FULL SET OF CLEAN ON BOARD OCEAN BILLS OF LADING MADE OUT TO ORDER OF SHIPPER AND BLANK ENDORSED AND MARKED "FREIGHT PREPAID" AND "NOTIFY MARCONO CORPORATION.RM001，STAR BLDG.TOKYO，JAPAN".

+MANUALLY SIGNED COMMERCIAL INVOICE IN TRIPLICATE（3）INDICATING APPLICANT'S REF.NO.SCLI-98-0474.

+PACKING LIST IN TRIPLICATE（3）.

DETAILS OF CHARGES	71B：	ALL BANKING CHARGES OUTSIDE JAPAN ARE FOR ACCOUNT OF BENEFICIARY
PRESENTATION PERIOD	48：	DOCUMENTS TO BE PRESENTED WITHIN 15 DAYS AFTER THE DATE OF SHIPMENT，BUT WITHIN THE VALIDITY OF THE CREDIT.

微课 2-1

开立信用证的流程

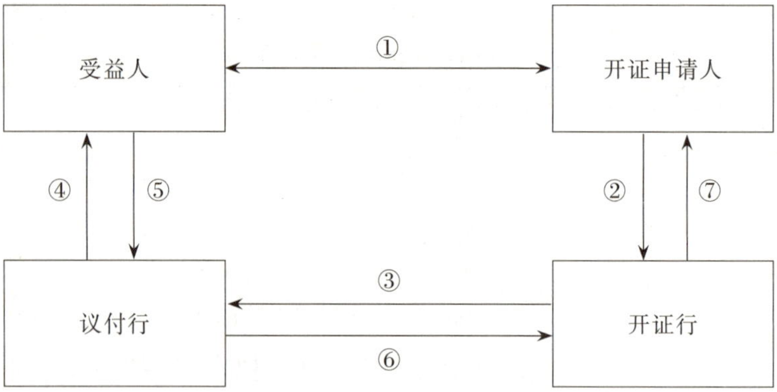

图 2-1 信用证业务的一般流程

说明：

① 买卖双方在合同中约定采用信用证方式支付货款。

② 买方按合同规定的开证日期申请开立信用证。如信用证中未规定开证日期，买方应在一个合理的时间内向当地银行申请开立信用证。

③ 开证行依据开证申请书的内容，向出口商（受益人）开出信用证，并将其寄交给出口商所在地的分行或代理行（统称通知行，一般和议付行是同一家银行）。

④ 通知行审核印押无误后，将信用证通知出口商，即信用证的受益人。

⑤ 受益人收到信用证后，依据合同条款进行审核，当信用证条款可以接受时，按信用证规定发运货物，并在取得全套货运单据后在信用证的有效期内交议付行议付货款。如受益人发现信用证与合同规定不符或存在不能接受的内容，应及时要求开证申请人通知开证行修改。

⑥ 议付行将汇票和全套单据寄开证行（或其指定的付款行）索偿。

⑦ 开证行通知进口商即开证申请人付款赎单。

工作活动2 信用证的当事人

工作活动目标

1. 了解信用证结算方式的作用。
2. 能够在了解信用证作用的基础上，明确信用证支付方式下涉及的当事人。
3. 熟悉信用证支付方式下当事人之间的关系。

职业工作情境

在国际贸易活动中，买卖双方可能会因为货物和款项的问题出现互不信任的情况。买方担心预付款后，卖方不按合同要求发货；卖方也担心在发货或提交货运单据后买方不付款。因此需要银行作为买卖双方的保证人，代为收款交单，以银行信用代替商业信用。银行在这一活动过程中所使用的支付方式就是信用证。信用证是银行有条件保证付款的书面文件，随着国际贸易实践的发展，信用证逐渐成为国际贸易活动中比较常见的结算方式。

职业知识储备

知识点1 信用证结算方式的作用

1.对进出口双方有保证作用

对进口商来说，以信用证方式结算，可以保证取得代表货物的单据；控制出口商的装货期，使进口商能在一定的时间内收到货物；用检验条款保证货物装船前的数量和质量等。对出口商来说，以信用证方式结算，只要所备单据与信用证条款相符，就能收到货款；装货或收款不受进口国进口管制的影响，因为，在实行外汇管制的国家，开证行开立的信用证必须经贸易、外汇管理机构的批准，出口商在信用证项下出口，则避免了进口国限制进口或限制外汇转移所可能产生的风险。

2.资金融通作用

进口商在银行开证时，一般无须付给银行全部开证金额，只需提供一定数量的押金，从而减少了进口商的资金占用。

知识点2 信用证方式下的基本当事人

信用证是国际贸易中常用的支付方式，世界各国银行所开立的信用证并没有统一的格式，但是其包括的内容基本上是相同的，概括起来有以下几项：

微课2-2

信用证方式下的基本当事人

1.开证申请人（Applicant）

在信用证支付方式下，开证申请人通常是进口商，他提供有关开证资料，向银行申请开立信用证，同时交纳一定数量的保证金。开证申请人申请开立信用证的基础是国际贸易合同。根据《UCP600》的规定，开证行也可以自己申请开立信用证，也就是自己作为开证申请人，以适应备用信用证业务的需要。

2.开证行（Issuing/Opening Bank）

开证行是根据开证申请人的请求开立信用证的银行，开证行和开证申请人在同一个国家，它们之间一般有长期的业务往来，一般为开证申请人的开户行。信用证一旦开立，开证行即承担保证付款的责任。

3.通知行（Advising Bank）

通知行又称转递行，是接受开证行的委托将信用证转递给受益人的银行，一般是开证行在受益人所在国的分支行或代理行。通知行只证明信用证的表面真实性，不承担其他义务。

4.受益人（Beneficiary）

在信用证支付方式下，受益人通常是出口商。出口商是信用证的合法使用者和受益者，其他人无权使用该信用证。出口商只要做到“单单相符，单证相符”，就可以拿到货款；如果开证行倒闭，出口商仍有权向进口商索取货款。信用证可以是可转让的，在可转让信用证条件下，信用证真正的受益人是被转让人。

5.议付行（Negotiating Bank）

议付行是接受开证行的授权，买进或贴现受益人所提交的汇票和全套单据的银行，通知行一般也是议付行。但是对出口商来讲，它可以任意选择一家银行作为议付行。议付行对受益人具有追索权。议付行和出口商在同一个国家。

6.付款行（Paying/Drawee Bank）

付款行是对信用证的受益人承担付款责任的银行，开证行一般是付款行。付款行付出款项之后，对受益人是没有追索权的。

工作活动3 信用证的种类

工作活动目标

1.熟悉信用证的一般类型。
2.了解信用证的特殊类型。

职业工作情境

信用证作为一种较有保障且以银行信用为基础的贸易结算方式，在国际贸易中被广泛采用，甚至可以说是目前国际贸易付款方式中最常用的一种。信用证支付方式在很大程度上解决了进出口双方在付款和交货问题上的矛盾。熟悉和掌握信用证的一般类型和特殊类型，对信用证在实际交易中的灵活运用具有一定的指导意义。

职业知识储备

知识点1 信用证的一般类型

1.以信用证项下的汇票是否附有货运单据为标准划分

（1）跟单信用证（Documentary Credit），是凭跟单汇票或仅凭单据付款的信用证。此处的单据指代表货物所有权的单据（如海运提单等），或证明货物已交运的单据（如铁路运单、航空运单、邮包收据）。在国际贸易的货款结算中，绝大部分使用跟单信用证。

（2）光票信用证（Clean Credit），是凭不随附货运单据的光票（Clean Draft）付款的信用证。银行凭光票信用证付款，也可要求受益人附交一些非货运单据，如发票、垫款清单等。

2.以开证行所负的责任为标准划分

（1）不可撤销信用证（Irrevocable L/C），指信用证一经开出，在有效期内，未经受益人及有关当事人的同意，开证行不能片面修改和撤销，只要受益人提交的单据符合信用证的规定，开证行必须履行付款义务。

（2）可撤销信用证（Revocable L/C），指开证行不必征得受益人或有关当事人的同意有权随时撤销的信用证。可撤销信用证应在信用证上注明“可撤销”字样。《UCP600》规定银行不可开立可撤销信用证。

3.以有无另一银行加以保证兑付为标准划分

（1）保兑信用证（Confirmed L/C），指开证行开出的信用证，由另一银行保证对符合信用证条款规定的单据履行付款义务。对信用证加以保兑的银行，称为保兑行。

（2）不保兑信用证（Unconfirmed L/C），指开证行开出的信用证没有经另一家银行保兑。

4.以付款时间为标准划分

（1）即期信用证（Sight L/C），指开证行或付款行收到符合信用证条款的跟单汇票或装运单据后，立即履行付款义务的信用证。

（2）远期信用证（Usance L/C），指开证行或付款行收到符合信用证条款的单据后，在规定期限内履行付款义务的信用证。

（3）假远期信用证（Usance Credit Payable at Sight），指信用证规定受益人开立远期汇票，由付款行负责贴现，并规定一切利息和费用由开证人承担。这种信用证对受益人来讲，实际上仍属即期收款，在信用证中有“假远期”条款。

5.以受益人对信用证的权利可否转让为标准划分

（1）可转让信用证（Transferable L/C），指开证行授权可使用信用证的银行（通知行）在受益人的要求下，可将信用证的全部或部分转让给一个或数个受益人（第二受益人）使用的信用证。开证行在信用证中要明确注明“可转让”（Transferable）字样，且只能转让一次。

（2）不可转让信用证，指受益人不能将信用证的权利转让给他人的信用证。凡信用证中未注明“可转让”字样的，即不可转让信用证。

知识点2
信用证的特殊类型

1.循环信用证（Revolving L/C）

循环信用证指信用证被全部或部分使用后，其金额又恢复到原金额，可再次使用，直至达到规定的次数或规定的总金额为止。它通常在分批均匀交货的情况下使用。在按金额循环的信用证条件下，恢复到原金额的具体做法有：

（1）自动式循环。每期用完一定金额，无须等待开证行的通知，即可自动恢复到原金额。

（2）被动循环。每期用完一定金额后，必须等开证行通知到达时，信用证才能恢复到原金额使用。

（3）半自动循环。每次用完一定金额后若干天内，开证行未发出停止循环使用的通知，则自第×天起即可自动恢复至原金额。

2. 对开信用证（Reciprocal L/C）

对开信用证指两张信用证的申请人互以对方为受益人而开立的信用证。两张信用证的金额相等或大体相等，可同时互开，也可先后开立。它多用于易货贸易或来料加工和补偿贸易业务。

3. 背对背信用证（Back to Back L/C）

背对背信用证又称转开信用证，指受益人要求原证的通知行或其他银行以原证为基础，另开一张内容相似的新信用证，背对背信用证的开证行只能根据不可撤销信用证来开立。背对背信用证的开立通常是中间商转售他人货物，或两国不能直接开展进出口贸易时，通过第三者以此种办法来沟通贸易。原信用证的金额（单价）应高于背对背信用证的金额（单价），背对背信用证的装运期应早于原信用证的规定。

4. 预支信用证（Anticipatory credit）

预支信用证指开证行授权代付行（通知行）向受益人预付信用证金额的全部或一部分，由开证行保证偿还并负担利息，即开证行付款在前，受益人交单在后，与远期信用证相反。预支信用证凭出口人的光票付款，也有要求受益人附一份负责补交信用证规定的单据的说明书的，当货运单据交到后，付款行在付给剩余货款时，将扣除预支货款的利息。

5. 备用信用证（Standby Credit）

备用信用证又称商业票据信用证（Commercial Paper Credit）、担保信用证，指开证行根据开证申请人的请求对受益人开立的承诺承担某项义务的凭证，即开证行保证在开证申请人未能履行其义务时，受益人只要凭备用信用证并提交开证申请人违约证明，即可取得开证行的偿付。它是银行信用，对受益人来说，备用信用证是开证申请人违约时，受益人向开证行取得补偿的一种方式。

工作活动4
信用证的基本内容

工作活动目标

1. 了解信用证的特点、内容和原则。
2. 熟悉信用证方式下各方当事人的权利和义务。

职业工作情境

信用证是银行有条件保证付款的证书，是国际贸易活动中常见的结算方式。了解信用证的特点、内容和原则，熟悉信用证方式下各方当事人的权利和义务，对买卖双方在国际贸易实践中深刻领会信用证的精髓、认真履行自己的义务、正确行使自己的权利、保证交易的顺利进行，都具有重大意义。

职业知识储备

知识点1
信用证的特点、内容和原则

1.信用证的特点

微课2-3

分析使用用证

(1)信用证是一项自足文件(Self-Sufficient Instrument)。信用证不依附买卖合同,银行在审单时强调的是信用证与基础贸易相分离的书面形式上的认证。

(2)信用证是纯单据业务(Pure Documentary Transaction)。信用证是凭单付款,不以货物为准。只要单据相符,开证行就无条件付款。

(3)开证行负首要付款责任(Primary Liabilities for Payment)。信用证是一种银行信用,是银行的一种担保文件,开证行负首要付款责任。

2.信用证的内容

(1)对信用证本身的说明,如其种类、性质、有效期及到期地点。

(2)对货物的要求,可根据合同进行描述。

(3)对运输的要求。

(4)对单据的要求,如货物单据、运输单据、保险单据及其他有关单证。

(5)特殊要求。

(6)开证行对受益人及汇票持有人保证付款的责任文句。

(7)国外来证大多数均加注:"除另有规定外,本证根据国际商会《跟单信用证统一惯例》即国际商会600号出版物(《UCP600》)办理。"

(8)银行间电汇索偿条款(T/T Reimbursement Clause)。

3.信用证三原则

(1)信用证交易的独立抽象原则。信用证是一份独立自主的文件,独立于合同之外,不受合同的约束。

(2)信用证严格执行单单相符、单证相符的原则。

(3)信用证欺诈例外原则。信用证欺诈的救济是指在信用证欺诈行为发生后所采取的避免或减少损失的措施或办法。由于信用证欺诈的种类和形式各异,其救济措施也不完全一致。但无论何种形式的信用证欺诈,当欺诈结果尚未产生时,受欺诈人可采取请求银行拒付或请求法院发布禁令强制银行拒付信用证项下的款项的救济措施。

知识点2
信用证方式下各方当事人的权利和义务

1.开证申请人

开证申请人指向银行申请开立信用证的人,在信用证中又称开证人。

义务:根据合同开证;向银行交付一定比例的押金;及时付款赎单。

权利:验、退赎单;验、退货(均以信用证为依据)。

说明:开证申请书有两部分,即对开证行的开证申请和对开证行的声明和保证;申明赎单付款前货物所有权归银行;开证行及其代理行只负单据表面是否合格之责;开证行对单据传递中的差错不负责；对“不可抗力”不负责；保证到期付款赎单；保证支付各项费用；开证行有权随时追加押金；有权决定货物代办保险、提高保险险别，但是费用由开证申请人承担。

2.受益人

受益人指信用证上指定的有权使用该证的人，即出口人或实际供货人。

义务：收到信用证后应及时与合同核对，如果不符，应尽早要求开证行修改，或拒绝接受，或要求开证申请人指示开证行修改信用证；如接受，则发货并通知收货人，备齐单据，在规定时间内向议付行交单议付；对单据的正确性负责，单证不符时，应向开证行发出修改指示，做到单单相符、单证相符，并仍在信用证规定期限内交单。

权利：被拒绝修改或修改后仍不符，有权在通知对方后单方面撤销合同并拒收信用证；交单后若开证行倒闭或无理拒付，可直接要求开证申请人付款；收款前若开证申请人破产，可停止货物装运并自行处理；若开证行倒闭时信用证还未使用，可要求开证申请人另开。

3.开证行

开证行是接受开证申请人的委托开立信用证的银行，它承担保证付款的责任。

义务：正确、及时开证；承担第一性付款责任。

权利：收取手续费和押金；拒绝受益人或议付行的不符单据；付款后如开证申请人无力付款赎单，可处理单、货；货不足款，可向开证申请人追索余额。

4.通知行

通知行指受开证行的委托，将信用证转交给出口人的银行。它只证明信用证的真实性，不承担其他义务，通常是出口商所在地银行。

5.议付行

议付行是愿意买入受益人交来的跟单汇票的银行。议付行根据信用证开证行的付款保证和受益人的请求，按信用证的规定对受益人交付的跟单汇票垫款或贴现，并向信用证规定的付款行索偿。

义务：严格审单；垫付或贴现跟单汇票；背批信用证。

权利：可议付，也可不议付；议付后可处理（货运）单据；议付后，如开证行倒闭或借口拒付，可向受益人追回垫款。

6.付款行

付款行指信用证上指定付款的银行，在多数情况下，付款行就是开证行。

义务：对符合信用证的单据向受益人付款（可以是开证行，也可以是受其委托的另一家银行）。

权利：有权付款或不付款；一经付款，无权向受益人或汇票持有人追索。

7.保兑行

保兑行是受开证行的委托对信用证以自己名义保证付款、承兑的银行。其通常加批“保证兑付”字样；有不可撤销的确定承诺；独立对信用证负责，凭单付款；付款后只能向开证行索偿；若开证行拒付或倒闭，则无权向受益人和议付行追索。

8.承兑行

承兑行是对受益人提交的汇票进行承兑的银行，亦是付款行。

9.偿付行

偿付行是受开证行的委托，代开证行向议付行或付款行清偿垫款的银行（又称清算行）。偿付行只付款不审单；只管偿付不管退款；不偿付时，开证行偿付。

工作情境测试

一、单项选择题

随堂测2

1.下列关于信用证的表述，不正确的是（ ）。

A.信用证是无条件的付款承诺

B.现在银行开立的大多是不可转让信用证

C.信用证是一项独立于贸易合同之外的契约

D.信用证是有条件的付款承诺

2.信用证中的“严格相符”原则，是指受益人必须做到（ ）。

A.信用证和合同相符　　B.单据和信用证相符

C.单证和合同相符　　D.货物与信用证相符

3.信用证的基础是买卖合同，当信用证与买卖合同的规定不一致时，受益人应要求（ ）。

A.开证行修改　　B.开证申请人修改

C.通知行修改　　D.受益人修改

4.L/C上如未明确付款人，则制作汇票时，受票人应为（ ）。

A.开证申请人　　B.开证行　　C.议付行　　D.通知行

5.根据国际商会《跟单信用证统一惯例》（《UCP600》）的规定，如果信用证上未注明“不可撤销”字样，该信用证应视为（ ）。

A.可撤销信用证　　B.不可撤销信用证

C.远期信用证　　D.由受益人决定可撤销或不可撤销

6.在合同规定的有效期内，（ ）负有开立信用证的义务。

A.卖方　　B.买方　　C.开证行　　D.议付行

7.在交易金额较大、对开证行的资信不了解时，为保证货款的及时收回，卖方最好选择（ ）。

A.可撤销信用证　　B.远期信用证　　C.承兑交单　　D.保兑信用证

8.关于信用证的有效期，除特殊规定外，银行将拒绝接受迟于运输单据出单日期（ ）天后提交的单据。

A.20　　B.30　　C.25　　D.21

9.开证行仅凭不附单据的汇票付款的信用证，称为（ ）。

A.跟单信用证　　B.光票信用证

C.远期信用证　　D.即期信用证

10.在下列有关可转让信用证的说明中，错误的说法是（ ）。

A.该证的第一受益人可将信用证转让给一个或一个以上的人使用

B.该证的第二受益人不得再次转让

C.该证转让后由第二受益人对合同履行负责

D.可以分成若干部分分别转让

二、判断题

1.审证时银行侧重审核信用证的真伪、开证行的政治背景、资信能力、付款责任、索汇路线等内容；出口商着重审核信用证的性质和内容是否与合同一致。（ ）

2.在信用证业务中，所有单据中有关货物的描述必须与信用证中的描述完全一致。（ ）

3.在修改信用证时，受益人可接受同一修改通知中的部分内容，而将另外的内容退回通知行。（ ）

4.在信用证业务中，信用证的开立是以买卖合同为基础的，因此，信用证条款与买卖合同条款严格相符是开证行向受益人承担付款责任的前提条件。（ ）

5.只要在信用证有效期内，不论受益人何时向银行提交符合信用证所要求的单据，开证行一律不得拒绝单据和拒付货款。（ ）

6.信用证是银行根据进口商的申请向出口商开具的保证付款的凭证，因此，进口商承担第一付款人的责任。（ ）

7.在信用证支付方式下，汇票的出票日期不得超过信用证的有效期，但可以超过信用证规定的最迟交单日期。（ ）

8.信用证依据买卖合同开立，开立后受买卖合同的约束。（ ）

9.在信用证业务中，开证行负第一性的付款责任，保兑行负第二性的付款责任。（ ）

10.在信用证支付方式下，如果国外开来的信用证条款与买卖合同互相矛盾，制单、审单时应以信用证为准。（ ）

三、技能训练题

简述信用证的业务流程。

3

工作情境3

缮制开证申请书

情境目标

知识目标

1. 了解开证申请书的含义。
2. 熟悉开证申请书的作用。
3. 知晓开证申请书的主要内容。
4. 学会填制开证申请书。

技能目标

1. 能够熟悉开证申请书的内容。
2. 能够填制开证申请书。

素养目标

1. 加强自身修养，提高职业工作能力和水平。
2. 培养脚踏实地、耐心细致的工作态度。

情境导入

开证申请书是申请人与开证行之间的书面契约，也是申请人对开证行的委托。在信用证业务中，对进口商而言，信用证是确保出口商履行买卖合同的依据。进口商填写开证申请书的任务就是有效地将买卖合同条款转化为对出口商（受益人）提交单据的要求，因此进口商申请开证时，可以通过控制信用证条款来约束出口商交货的时间、品质和数量。对开证行而言，接受进口商的开证申请，即承担开立信用证和凭相符单据借款的责任，这是开证行以自己的信用做出的保证，以银行信用代替了进口商的商业信用。所以，进口商在申请开证时要向银行交付一定比例的开证押金或担保品，这就为银行利用资金提供了便利。

工作活动

工作活动1　开证申请书的含义和作用
工作活动2　开证申请书的主要内容

工作活动1 开证申请书的含义和作用

工作活动目标

1.能够理解开证申请书的含义。
2.能够熟悉开证申请书的样式。

职业工作情境

单证工作人员需要明确开证申请书的含义，熟悉开证申请书的样式。

职业知识储备

知识点1 开证申请书的含义

微课3-1 开证申请书

开证申请书是在国际贸易合同以信用证方式结算货款的条件下，由进口方向银行提交的开立信用证的申请书。开证行一般为客户准备有统一格式的空白申请书，表格上印有信用证的基本内容。这是进口方履行进口合同的第一步，是进口业务的重要环节。

知识点2 开证申请书的样式

开证申请书如样例3-1所示。

样例3-1 IRREVOCABLE DOCUMENTARY CREDIT APPLICATION

TO：BANK OF CHINA　　Date：

Beneficiary（Full name and address）		L/C No.	
		Ex-Card No.	
		Contract No.	
		Date and place of expiry of the credit	
Partial shipments	Transshipment	□Issued by airmail	
□allowed	□allowed	□With brief advice by teletransmission	
□ not allowed	□ not allowed	□Issued by express delivery	
Loading on board/dispatch/taking in charge at/from		□Issued by teletransmission（which shall be the operative instrument）	
not later than		Amount	
For transportation to：		Credit available with	
		□by sight payment　□by acceptance　□by negotiation	

续表

Description of goods:	□by deferred payment at against the documents detailed herein □and beneficiary's draft (s) for_% of invoice value at on
Packing:	□FOB □CFR □CIF □or other terms
Documents required: (marked with ×)	
1. ( ) Signed commercial invoice in_____copies indicating L/C No.and Contract No.	
2. ( ) Full set of clean on board Bills of Lading made out_____and [ ] blank endorsed, marked "freight [ ] to collect/ [ ] prepaid"	
3. ( ) Airway bills showing "freight [ ] to collect/ [ ] prepaid [ ] indicating freight amount" and consigned to	
4. ( ) We normal issued by consigned to	
5. ( ) Insurance Policy/Certificate in_____copies for__% of the invoice value showing claims payable in China in currency of the draft, blank endorsed, covering [ ] Ocean Marine Transportation/ [ ] Air Transportation/ [ ] Over land Transportation [ ] All Risks, War Risks.	
6. ( ) Packing List/Weight Memo in_____copies indicating quantity, gross and net weights of each package and packing conditions as called for by the L/C.	
7. ( ) Certificate of Quantity/Weight in__copies issued by an independent surveyor at the loading port, indicating the actual surveyed quantity/weight of shipped goods as well as the packing condition.	
8. ( ) Certificate of Quality in_____copies issued by [ ] manufacturer/ [ ] public recognized surveyor/ [ ].	
9. ( ) Beneficiary's Certified copy of cable/telex dispatched to the accountees within____hours after shipment advising [ ] name of vessel/ [ ] flight No./ [ ] wagon No., date, quantity, weight and value of shipment.	
10. ( ) Beneficiary's Certificate Certifying that extra copies of the documents have been dispatched according to the contract terms.	
11. ( ) Shipping Co.'s certificate attesting that the carrying vessel is chartered or booked by accountee or it's shipping agents.	
12. ( ) Other documents, if any	
Additional instructions:	
1. ( ) All banking charges outside the opening bank are for beneficiary's account.	
2. ( ) Documents must be presented within____days after date of issuance of the transport documents but within the validity of this credit.	
3. ( ) Third party as shipper is not acceptable, Short form/Blank back B/L is not acceptable.	
4. ( ) Both quantity and credit amount ____ % more or less are allowed.	
5. ( ) Prepaid freight drawn in excess of L/C amount is acceptable against presentation of original charges voucher issued by shipping Co./Air Line/or it's agent.	
6. ( ) All documents to be forwarded in one cover, unless otherwise stated above.	
7. ( ) Other terms, if any	

Account No. with________________ (name of bank)

Transacted by:

Telephone No.: (Applicant: name signature of authorized person)

(with seal)

工作活动2 开证申请书的主要内容

工作活动目标

1.能够理解开证申请书的实质。

2.能够熟悉开证申请书的主要内容。

职业工作情境

单证工作人员需要正确理解开证申请书，熟悉开证申请书的主要内容。

职业知识储备

知识点1 开证申请书的理解

进口方与出口方签订国际贸易合同并确认以信用证方式结算后，即由进口方向有关银行申请开立信用证。开证申请是整个信用证处理实务过程中的第一个环节，进口方应在合同规定的时间内或在规定的装船日期前一定时间内申请开证，并填制开证申请书，开证行根据有关规定收取开证押金和开证费用后开出信用证。

开证申请人（进口方）在向开证行申请开证时必须填制开证申请书。开证申请书是开证申请人对开证行的付款指示，也是开证申请人与开证行之间的一种书面契约，它规定了开证申请人与开证行的责任。在这一契约中，开证行只是开证申请人的付款代理人。

开证申请书主要依据贸易合同中的主要条款填制，申请人填制后附合同副本一并提交银行，供银行参考、核对。但信用证一经开立即独立于合同之外，因而在填写开证申请书时应审慎查核合同的主要条款，并将其列入申请书中。

一般情况下，开证申请书都由开证行事先印就，以便申请人直接填制。开证申请书通常一式两联，申请人除填写正面内容外，还须签具背面的“开证申请人承诺书”。

知识点2 开证申请书的主要内容和填制

开证申请书是银行开立信用证的依据。各银行出立的申请书格式不尽相同，但主要内容基本相同，均包括两大部分：第一部分是信用证的内容，也是开证行凭以向出口商付款的依据；第二部分是进口商对开证行的声明和保证，用以明确双方的责任。

进口商申请开立的信用证的主要内容如下：

1.申请开证日期（Date of Issue）

在申请书的右上角填写申请日期。

2.信用证的传递方式

申请书中已列出几种传递方式，分别是：信开（Air Mail）、简电通知（Brief Advice by Teletransmission）、快递（Express Delivery）、电传（Teletransmission）等。申请人只需在选中的传递方式前面的方框中打“×”即可。

3.信用证的性质、编号、有效期和到期地点

（1）信用证的性质。申请书中已列明“不可撤销跟单信用证”（Irrevocable Documentary Credit）的，不必重新填写。如需增加保兑或可转让等内容，可在本栏空白处另行加注。

（2）信用证编号（L/C No.）。编号由开证行编列。

（3）信用证的有效期及到期地点（Date and Place of Expiry）。有效期通常在装运期后15天（到期），到期地点一般在议付地。

4.申请人

此栏填写合同买方即进口企业的全称、详细地址、联系方式、电传、账号及申请日期。

5.受益人

此栏填写合同卖方即出口商的全称、详细地址、联系方式、电传等。

6.通知银行（Advising Bank）

此栏由开证行填写。

7.信用证金额

此栏填写合同规定的总值，分别用数字和文字两种形式表示并注明币别。

8.分批与转运

此栏应根据合同规定在所选择项目前的方框中打“×”。

9.装运条件

此栏应根据合同规定填写装运地（港）和目的地（港）名称以及最迟装运日期，如有转运地（港）也应列明。

10.贸易条件

此栏应根据合同成交的贸易术语，在相对应的贸易术语代码前的方框中打“×”；如果是其他条件，则应先在“Other terms”前的方框中打“×”，然后在该项目的空白处打上有关的贸易术语代码。

11.信用证的兑付方式

申请书上已印有4种选择，包括即期付款（Sight Payment）、承兑（Acceptance）、议付（Negotiation）、延期付款（Deferred Payment），可根据合同的付款方式确定选项，并在其前面的方框中打“×”。如果是延期付款信用证，还应在该选项“at”之后加注延期付款的具体条件，如收到单据后××天付款或类似文句。

12.汇票条款

汇票条款主要包括汇票的金额、付款期限和付款人等内容。

（1）汇票金额：根据合同规定填写信用证项下应支付发票金额的百分之几。例如“... for 100% of the Invoice value”。

（2）付款期限：根据合同中的支付条件填写即期或远期支付。如果是远期支付，必须填写具体的付款时间（天数），如“...at 60 days after sight”等。

（3）付款人：根据《UCP600》的规定，信用证项下汇票的付款人必须是开证行或其

指定的付款行，不能填写开证申请人。

13. 单据条款

信用证申请书一般均印有提供选择的单据条款。填制单据条款时应注意以下几点：

（1）在所选单据条款前的括号中打“×”。

（2）在所选单据条款中还应加注具体要求和内容，如一式几份、有关单据内容等。

（3）如选中的单据条款中又有几项内容可供选择，可在所选内容前的括号中打“×”；如没有括号可供打“×”，可将选中的内容保留，其余的用“×”将条款掩盖掉。例如，单据条款中第7项（重量单/装箱单）要求受益人提供装箱单，则将该条款中的重量单用“×”号打掉。

（4）申请人必须根据合同规定填写单据条款，不能随意提出超出合同规定的要求，也不能降低或减少合同规定的要求。

14. 货物条款

货物条款填写合同项下的相关货物内容，包括品名、规格、数量、包装、单价等，所有内容应与合同规定一致，尤其是单价条款，不得有误。如规格等内容繁多，可加注“详情按××号合同”（Detail as per S/C No. ...）。

15. 附加条款

通常，信用证申请书中会印就7条附加条款。其中，第1～6条是具体的条款要求，如有需要，可在条款前的括号中打“×”；内容不完整的，可视合同规定和申请的需要填写清楚。第7条是“其他条款”，对上述没有包括的条款，可视需要填写在该栏中。

16. 申请人签字盖章等

申请书下面还应填列申请人的开户银行（填银行名称）、账号、执行人、联系电话、申请人签字盖章等内容。

职业技能操练

工作项目

缮制开证申请书。

项目背景

2024年3月25日，天津长城贸易公司与日本的TAKAMRA IMP.& EXP.CORP签订了一份彩色电视机购买合同。2024年7月18日，天津长城贸易公司申请开立信用证，填制开证申请书。

项目任务

天津长城贸易公司外贸单证员王丽根据合同中的有关资料缮制开证申请书。

合同资料：

买方：长城贸易公司

天津市生力路123号 TEL：022-87654321

卖方：TAKAMRA IMP.& EXP.CORP.

324，OTOLIMACH TOKYO，JAPAN　TEL：0081-03-54872458

品名：65英寸彩色电视机（COLOUR TELEVISION 65 INCHES）

单价：每台1 000美元CIF天津

数量：100台

包装：每台装一纸箱

总值：100 000美元

装运时间：2024年8月31日前，不准分批装运和转运

装运港：大阪（OSAKA）

目的港：天津

开证方式：电开

支付：不可撤销即期跟单信用证，最迟开证日期2024年7月20日

保险：按发票金额加一成投保一切险和战争险

单据条款：商业发票一式五份，注明信用证号和合同号；装箱单一式四份；全套清洁已装船正本提单，做成空白抬头，空白背书，注明运费预付；检验机构出具的品质检验证书一份；保险单正本一份，作空白背书

合同号：GWM140831

开户行及账号：中国银行（BANK OF CHINA）1357924680

买方法人代表：李红

IRREVOCABLE DOCUMENTARY CREDIT APPLICATION

TO：BANK OF CHINA			Date：2024-07-18
Beneficiary（Full name and address）		L/C No.	
TAKAMRA IMP.& EXP.CORP. 324，OTOLIMACH TOKYO，JAPAN		Ex-Card No.	
		Contract No.	GWM140831
		Date and place of expiry of the credit 2024-09-15　OSAKA	
Partial shipments	Transshipment	□Issued by airmail □With brief advice by teletransmission □Issued by express delivery □Issued by teletransmission（which shall be the operative instrument）	
□allowed □not allowed	□allowed □not allowed		
Loading on board/dispatch/taking in charge at/from OSAKA			
not later than	2024-08-31	Amount USD100 000 US DOLLARS ONE HUNDRED THOUSAND ONLY	
For transportation to	TIANJIN		
		Credit available with	
Description of goods		□by sight payment □by acceptance □by negotiation □by deferred payment at against the documents detailed herein □and beneficiary's draft（s）for 100 % of invoice value at/on	
COLOUR TELEVISION 65 INCHES			
Packing		□FOB　□CFR　□CIF □or other terms	
PACKED IN CARTON OF ONE SET EACH			

续表

Documents required:（marked with ×）

1.（ × ）Signed commercial invoice in 5 copies indicating L/C No.and Contract No.

2.（ × ）Full set of clean on board Bills of Lading made out to order and [×] blank endorsed, marked “freight [ ] to collect/ [×] prepaid” .

3.（ ）Airway bills showing “freight [ ] to collect/ [ ] prepaid [ ] indicating freight amount” and consigned to...

4.（ ）We normal issued by consigned to...

5.（ × ）Insurance Policy/Certificate in 1 copy for 110% of the invoice value showing claims payable in China in currency of the draft, blank endorsed, covering [×] Ocean Marine Transportation/ [ ] Air Transportation/ [ ] Over land Transportation [×] All Risks, War Risks.

6.（ × ）Packing List/Weight Memo in 4 copies indicating quantity, gross and net weights of each package and packing conditions as called for by the L/C.

7.（ ）Certificate of Quantity/Weight in copies issued by an independent surveyor at the loading port, indicating the actual surveyed quantity/weight of shipped goods as well as the packing condition.

8.（ × ）Certificate of Quality in 1 copy issued by [ ] manufacturer/ [×] public recognized surveyor/ [ ].

9.（ ）Beneficiary's Certified copy of cable/telex dispatched to the accountees within_____hours after shipment advising [ ] name of vessel/ [ ] flight No./ [ ] wagon No., date, quantity, weight and value of shipment.

10.（ ）Beneficiary's certificate certifying that extra copies of the documents have been dispatched according to the contract terms.

11.（ ）Shipping Co.'s certificate attesting that the carrying vessel is chartered or booked by accountee or it's shipping agents.

12.（ ）Other documents, if any additional instructions:

(1)（ × ）All banking charges outside the opening bank are for beneficiary's account.

(2)（ × ）Documents must be presented within 7 days after date of issuance of the transport documents but within the validity of this credit.

(3)（ × ）Third party as shipper is not acceptable, Short form/Blank back B/L is not acceptable.

(4)（ ）Both quantity and credit amount_____% more or less are allowed.

(5)（ ）Prepaid freight drawn in excess of L/C amount is acceptable against presentation of original charges voucher issued by shipping Co./Air Line/or it's agent.

(6)（ × ）All documents to be forwarded in one cover, unless otherwise stated above.

(7)（ ）Other terms, if any.

Account No.1357924680 with BANK OF CHINA（name of bank）

Transacted by: Great Wall Trading Co. 李红

Telephoe No.: 022-87654321 （Applicant: name signature of authorized person）

（with seal）

工作情境测试

一、单项选择题

1.下列有关单证“清晰”的表述中错误的是（ ）。

A.必须加注合同和信用证号码　　B.内容记载清楚和简洁明了

C.单证表面清洁和美观大方　　D.单证格式力求标准化和规范化

随堂测3

2.单证缮制的前提是（ ）。

A.正确 B.完整 C.及时 D.简洁

3.信用证支付方式下，制单和审单的首要依据是（ ）。

A.买卖合同 B.信用证

C.相关的国际贸易惯例 D.有关商品的原始资料

4.在信用证支付方式下，银行处理单据时不负责审核（ ）。

A.单据与有关国际贸易惯例是否相符 B.单据与信用证是否相符

C.单据与贸易合同是否相符 D.单据与国际贸易法是否相符

5.根据《UCP600》的规定，除非信用证另有规定，商业发票的抬头必须做成（ ）。

A.开证行 B.开证行指定的银行

C.受益人 D.开证申请人

6.根据《UCP600》的规定，除非信用证另有规定，商业发票的签发人必须是（ ）。

A.开证行 B.保兑行 C.受益人 D.开证申请人

7.根据《UCP600》的规定，开证行、保兑行或其指定银行审核单据的时间不得超过自收到单据之日起（ ）。

A.21个银行工作日 B.10个银行工作日 C.7个银行工作日 D.5个银行工作日

8.信用证上未明确规定付款人，则汇票付款人应为（ ）。

A.开证申请人 B.开证行 C.通知行 D.议付行

9.提单日期为8月15日，信用证有效期为9月15日，按照《UCP600》的规定，受益人向银行交单的最迟期限为（ ）。

A.8月15日 B.9月5日 C.9月15日 D.9月6日

10.渣打银行东京分行开立一份信用证，开证申请人为ABC CO.，LTD.TOKYO，JAPAN，信用证规定："Invoice must made out to XYZ.CO.，LTD.TOKYO JAPAN"，则发票的抬头应该做成（ ）。

A.ABC CO.，LTD.TOKYO JAPAN

B.XYZ.CO.，LTD.TOKYO JAPAN

C.ABC CO.，LTD.TOKYO JAPAN AND XYZ.CO.，LTD.TOKYO JAPAN

D.渣打银行东京分行

二、判断题

1.在信用证业务中，信用证的开立是以买卖合同为基础的，因此，信用证条款与买卖合同条款严格相符是开证行向受益人承担付款责任的前提条件。（ ）

2.根据《UCP600》的解释，除非信用证另有规定，商业发票应由开证申请人签发，做成受益人的抬头。（ ）

3.信用证是银行根据进口商的申请向出口商开具的保证付款的凭证，因此，进口商承担第一付款人的责任。（ ）

4.信用证、付款交单、承兑交单三种支付方式中，买方最容易接受承兑交单方式，为了有助于达成交易、扩大出口，我方应增加对承兑交单的使用。（ ）

5.在信用证支付方式下，如果国外开来的信用证条款与买卖合同条款互相矛盾，制单、审单时应以信用证为准。（ ）

6.当发现单据出现不符点后，开证行可以免除其付款责任。（ ）

7.在信用证支付方式下，汇票的出票日期不得超过信用证的有效期，但可以超过信用证规定的最迟交单日期。 （ ）

8.信用证依据买卖合同开立，开立后受买卖合同的约束。 （ ）

9.在信用证业务中，开证行负第一性的付款责任，保兑行负第二性的付款责任。 （ ）

10.如果是SWIFT信用证，则自动适用《UCP600》。 （ ）

三、技能训练——缮制开证申请书

根据合同资料缮制开证申请书：

进口商：温州环球贸易有限公司

UNIVERSAL TRADING CO.，LTD

ADDRESS：RM 1201-1216 GAOLIAN BUILDING CHEZHAN ROAD，WENZHOU，CHINA

法人代表：陈艾

电话：0577-86739000

账号：31-45-89120912

出口商：日本岩谷株式会社

IWATANI CORPORATION

1-3-6 HOMMACHI，OSAKA JAPAN

进口产品：贝齿清凉薄荷漱口水

PLAX FRESHMINT MOUTHWASH

规格：200ml/Bottle，净重250克（G）/Bottle

贸易术语：CIF WENZHOU 每瓶2.88美元

总数量：40 320瓶（Bottles）

装运港：大阪（OSAKA）

卸货港：上海（SHANGHAI）

运输要求：不允许分批，不允许转运，一个20英尺集装箱装运

最迟装运日：2024年5月15日

支付方式：即期议付信用证，汇票金额为发票金额的百分之百

开证日期：2024年4月5日

开证银行：中国银行温州分行

开证方式：SWIFT

信用证有效期：2024年5月25日

到期地点：日本大阪

单证要求：发票一式三份，显示合同号码和信用证号码；装箱单一式三份；清洁已装船提单一套，做成“凭指示”，空白背书，通知开证申请人；保险单一式两份，空白背书，承保中国人民保险公司的一切险，加一成，赔付地点为中国，赔付币制与汇票币制一致；有关当局签署的产地证一份；官方机构签署的质量检验证书一份

其他要求：交单期是提单日期后10天内，且必须在信用证有效期内；第三方单证不接受，简式提单不接受；中国以外的银行费用由受益人承担

合同号码：CT110120

4

工作情境 4

缮制商业发票

情境目标

知识目标

1. 了解商业发票的含义和作用。
2. 熟悉商业发票的内容。
3. 掌握商业发票的制作要点。

技能目标

能够熟练制作商业发票。

素养目标

1. 具备防范商业发票软条款的风险意识。
2. 培养一丝不苟、精益求精的职业精神和工作态度。

情境导入

商业发票是结汇单证中最重要的单据。商业发票的含义、作用和内容是缮制商业发票的基础，商业发票的制作要点是缮制商业发票的关键。

工作活动

工作活动 1　商业发票的含义和作用

工作活动 2　商业发票的内容和制作

工作活动1
商业发票的含义和作用

工作活动目标

1.能够理解商业发票的含义。
2.能够列举并理解商业发票的作用。

职业工作情境

单证工作人员需要明确商业发票的含义和作用。

职业知识储备

知识点1
商业发票的含义

商业发票（Commercial Invoice）是进出口合同签订后、货物装运前，出口商向进口商开具的载有交易货物名称、数量、价格等内容的清单，是装运货物的总说明。它不是物权凭证，但作为买卖双方交接货物、结算货款的主要单据，它对该笔交易会做出较为详细的叙述，是信用证项下的核心单据。

知识点2
商业发票的作用

（1）商业发票是交易的证明文件。商业发票是对一笔交易的全面叙述，它详细列明了货物名称、数量、单价、总值、重量和规格等内容，能使进口商识别所装货物是否属于某笔订单，出口商是否按照合同规定的内容和要求装运了货物。

（2）商业发票是记账凭证。发票是销售货物的凭证，世界各国的企业都凭发票记账。对出口商来说，通过发票可以了解销售收入，核算盈亏，掌握经济效益；对进口商来说，同样根据发票逐笔记账，按时结算货款，履行合同义务。

（3）商业发票是报关征税的依据。货物装运前，出口商需向海关递交商业发票等单据，发票中载明的价值和有关货物的说明是计税和统计的依据。因此，它是海关验放的重要凭证之一。国外进口商进口申报时同样需向当地海关呈送发货人的发票，海关凭以核算税金，并使进口商得以迅速清关提货。

（4）商业发票可以替代汇票。在信用证不要求使用跟单汇票时，开证行应根据发票金额付款，这时发票就代替了汇票。在其他不使用汇票结汇的业务中（如电汇和信汇方式），也用发票替代汇票进行结算。

除此之外，发票还可作为统计、投保、理赔和出口退税等业务的重要凭证。

工作活动 2
商业发票的内容和制作

工作活动目标

1. 能够描述商业发票的内容。
2. 能够熟练填写商业发票。

职业工作情境

单证工作人员需要熟悉商业发票的内容，了解商业发票的填制依据，掌握商业发票的缮制技巧和要点。

职业知识储备

知识点 1
商业发票的内容

商业发票的主要内容包括：

1. 发票名称
2. 出票人名称和地址
3. 受单人或抬头名称和地址
4. 发票号码
5. 发票日期
6. 合同号码
7. 信用证号码
8. 启运地和目的地
9. 唛头和数量
10. 包装数量和种类、货物描述
11. 数量、单价和金额
12. 发票上加注的各种证明
13. 出单人签名
14. 发票份数

商业发票如样例 4-1 所示。

知识点 2
商业发票的制作

商业发票一般根据信用证、合同和有关补充资料填写。

样例 4-1　　商业发票

(2) TIANJIN XINYUE IMPORT & EXPORT COMPANY
88 JIEFANG ROAD, TIANJIN, CHINA
(1) COMMERCIAL INVOICE

	(4) Invoice No.: JCSM048014
(3) To: RLI TRADING GmbH	(5) Invoice Date: May 12, 2024
LERCHENWEG 10, 97522 HAMBURG, GERMANY	(6) S/C NO.: RT05884
(8) FROM TIANJIN, CHINA TO HAMBURG, GERMANY	(7) L/C NO.: 8008/04
	Date of Issue: APR.8, 2024
	Issued by: BANK OF CHINA, HAMBURG BRANCH

<table>
<tr><td>(9) Marks & Nos</td><td>(10) Number and Kind of Package/Description of Goods</td><td>(11) Quantity</td><td>Unit Price</td><td>Amount</td></tr>
<tr><td colspan="5">CFR HAMBURG, GERMANY AS PER INCOTERMS® 2020</td></tr>
<tr><td rowspan="2">RLI
HAMBURG
C/NO.1-220</td><td rowspan="2">LADIES SWEATER
STYLE NO.M485
STYLE NO.M486
PACKED IN 10PCS/CTN,
TOTALLY TWO HUNDRED
AND TWENTY CARTONS ONLY</td><td>1 200PCS</td><td>USD20.00/PC</td><td>USD24 000.00</td></tr>
<tr><td>1 000PCS</td><td>USD20.00/PC</td><td>USD20 000.00</td></tr>
<tr><td colspan="2">Total</td><td>2 200PCS</td><td></td><td>USD44 000.00</td></tr>
<tr><td>SAY TOTAL</td><td colspan="4">U.S.DOLLARS FORTY FOUR THOUSAND ONLY</td></tr>
<tr><td colspan="5">(12) We hereby certify that the contents of invoice herein are true and correct.
TIANJIN XINYUE IMPORT & EXPORT COMPANY
(13) 张萍</td></tr>
</table>

微课 4-1
商业发票的制作

1. 发票名称

根据 ISBP745（国际标准银行实务 745）的规定，若信用证只要求发票而未做进一步定义，则提交发票（Invoice）、商业发票、海关发票（Customs Invoice）、税务发票（Tax Invoice）、领事发票（Consular Invoice）等形式的发票都可以接受，但是临时发票（Provisional Invoice）、形式发票（Proforma Invoice）或类似的发票是不能接受的，除非信用证另有授权；当信用证要求提交商业发票时，标为"发票"和"商业发票"的单据都是可以接受的。

在商业发票样例 4-1 中，发票名称为"COMMERCIAL INVOICE"。

2. 出单人名称和地址

根据《UCP600》的规定，若信用证无另外规定，商业发票的出单人为受益人。发票的顶端往往要有醒目的出单人名称和详细地址，出单人名称的字号要大于正文字号，而其地址往往要比正文字号略小一点。地址中的电传或传真号码等内容无须提供；如果提供，也不必与信用证中的相同。

在商业发票样例 4-1 中，出单人名称为"TIANJIN XINYUE IMPORT & EXPORT COM-

PANY”，地址为“88 JIEFANG ROAD，TIANJIN，CHINA”。

许多出口企业在印刷空白发票时就已印刷上这些内容，或将这些内容编入计算机程序一并打印。如果是这样，则外贸单证员无须填写此栏。

3.受单人或抬头名称和地址

根据《UCP600》的规定，若信用证无另外规定，商业发票的受单人或抬头为开证申请人。其电传或传真号码等内容无须提供，如果提供，也不必与信用证中的相同。

在商业发票样例4-1中，受单人名称为“RLI TRADING GmbH”，地址为“LERCHENWEG 10，97522 HAMBURG，GERMANY”。

4.发票号码

发票号码由出口商统一编制，一般采用顺序号，以便于查对。

在商业发票样例4-1中，发票号码为“JCSM048014”。

5.发票日期

发票日期应早于提单日期，不能迟于信用证有效期。根据《UCP600》的规定，如果信用证没有特殊规定，银行可以接受签发日期早于开证日期的发票。

在商业发票样例4-1中，发票日期为“May 12，2024”。

6.合同号码

合同是一笔业务的基础，内容较完善的发票应包括合同号。合同号应与信用证上列明的一致，一笔交易有几份合同的，都应打在发票上，有时还会把合同日期打上。

在商业发票样例4-1中，“RT05884”就是合同号码。

7.信用证号码、开证日期和开证行

如果信用证中有关于商业发票的特殊要求，制作时应在商业发票上注明。如“所有单据注明信用证号码、开证日期和开证行名称”等，商业发票上就要填写“信用证号码、开证日期和开证行名称”；如果没有这样的规定，可只填写信用证号码。

在商业发票样例4-1中，信用证号码、开证日期和开证行分别为：8008/04；April 8，2024；Bank of China，Hamburg Branch。

8.启运地和目的地

本栏目为非必需栏目，可以省略。如不省略，启运地和目的地均应明确具体，不能笼统，如来证要求“从中国港口运至美国港口”，在缮制发票时要填具体港名，如From Shanghai to New York。有重名的港口，根据来证规定加打国名。

在商业发票样例4-1中，“TIANJIN，CHINA”是启运地，“HAMBURG，GERMANY”是目的地。

发票中的起讫地应与提单一致。如果货物需要转运，转运地点也应明确地表示出来。例如，货物从中国上海经荷兰鹿特丹转船至英国伦敦（From Shanghai，China to London，U.K.with transshipment at Rotterdam，Netherlands.）。

9.唛头和数量

凡是来证有指定唛头的，必须逐字按照规定填写；如无指定，出口商可自行设计唛头，唛头一般以简明、易于识别为原则。唛头内容包括名称的缩写、合同号（或发票号）、目的港、件号。如无唛头，可打上“N/M”（No Mark）。

在商业发票样例4-1中，唛头和数量为：

RLI

HAMBURG

C/NO.1-220

10.包装数量和种类、货物描述

发票中的货物描述必须与信用证的规定一致，但并不要求如同镜子反射那样一致。货物细节可以在发票中的各个地方显示，合并在一起与信用证的规定一致即可。如货物描述中的单价、数量和金额等可以显示在对应的栏目中。在其他单据中，货物描述可使用与信用证中的货物描述无矛盾的统称。由此可见，信用证对发票中的货物描述的要求高于对其他单据的要求。

发票中的货物描述必须反映实际装运的货物。例如，信用证中的货物描述显示两种货物——20台电脑和5台打印机，如果信用证不禁止分批装运，而发票表明只装运了5台打印机，是可以接受的。当然，列明信用证规定的全部货物，然后注明实际装运货物的发票也是可以接受的。

在商业发票样例4-1中，包装数量和种类、货物描述为：

LADIES SWEATER

STYLE NO.M485

STYLE NO.M486

PACKED IN 10PCS/CTN，TOTALLY TWO HUNDRED AND TWENTY CARTONS ONLY

11.数量、单价和金额

凡“约”“大概”“大约”或类似的词语用于信用证的数量、单价和金额时，应理解为有关数量、单价和金额不超过10%的增减幅度。值得注意的是，商品的数量单位一定要与单价中的数量单位一致。

单价由计价货币、单价数额、计量单位和价格术语四部分组成。如果信用证中写明了贸易术语的来源，则发票必须表明相同的来源。如信用证条款规定，CIF London INCOTERMS 2020，那么CIF London和CIF London INCOTERMS都不符合信用证的要求，只有CIF London INCOTERMS 2020符合信用证的要求。发票必须显示信用证要求的折扣或扣减。发票还可以显示信用证未规定的与预付款或折扣等有关的扣减额。

金额必须准确计算、正确缮打，并认真复核，特别要注意小数点的位置是否正确，金额和数量的横乘、竖加是否有矛盾。

发票金额一般不应超过信用证金额，但当采用部分金额信用证方式支付、部分金额其他付款方式支付时（例如，70%的合同金额采用即期信用证方式支付，30%的合同金额采用前T/T方式支付），开具发票的金额就可能超过信用证规定的金额。根据《UCP600》的规定，按指定行事的指定银行、保兑行（如有的话）或开证行可以接受金额大于信用证允许金额的商业发票，其决定对有关各方均有约束力，只要该银行对超过信用证允许金额的部分未作承付或者议付。

在商业发票样例4-1中，数量、单价和金额为：

Quantity	Unit Price	Amount
CFR HAMBURG，GERMANY AS PER INCOTERMS® 2020		
1 200PCS	USD20.00/PC	USD24 000.00
1 000PCS	USD20.00/PC	USD20 000.00
2 200PCS		USD44 000.00
SAY TOTAL U.S.DOLLARS FORTY FOUR THOUSAND ONLY		

12.发票上加注的各种证明

国外来证有时要求在发票上加注各种费用金额、特定号码、有关证明等文句，一般可将这些内容打在发票商品栏以下的空白处，大致有以下几种情况：

（1）加注运费、保险费和FOB金额。

（2）注明特定号码，如配额许可证号码。

（3）缮打证明句。如有些来证要求加注非木质包装证明句。

（4）也有一些来证要求过分苛刻，如要求卖方在列出一系列详细费用（包括成本、海洋运费、内陆运费、包装费、银行费用、外包装费、码头和港口费、转运费）后，再给出CFR价的总额。对于这样的要求，应根据实际情况考虑是否接受，如果难以办到，就应及时要求对方修改信用证条款。

在商业发票样例4-1中，“We hereby certify that the contents of invoice herein are true and correct.”就是证明句。

13.出单人签名

商业发票只能由信用证中规定的受益人出具，除非信用证另有规定。如果以影印、计算机处理或复写方法制作的发票作为正本，应在发票上注明“正本”（Original）字样，并由出单人签字。

《UCP600》规定，商业发票可不必签字。但有时来证规定发票需要签字的，还是要签字，如SIGNED COMMERCIAL INVOICE…。无手签要求的情况下可以使用印鉴，但若来证要求“MANUALLY SIGNED”或“HAND SIGNED”等，则必须手签。

在商业发票样例4-1中，出单人签名为：

TIANJIN XINYUE IMPORT & EXPORT COMPANY

张萍

14.发票份数

发票有正副本之分，发票正副本份数的确定方法包括：

（1）若信用证规定“发票若干份”（Invoice in × Copies），如发票有三份，则提交至少一份正本发票。

（2）若信用证规定“一份发票”（One Invoice）或“发票一份”（Invoice in One Copy），则需提交一份正本发票。

（3）若信用证规定“发票的一份”（One Copy of Invoice），则提交一份副本发票即符合要求，当然也可提交一份正本发票。

职业技能操练

工作项目

缮制商业发票。

项目背景

2024年3月26日，天津金凤进出口有限公司与加拿大枫叶服饰有限公司签订了一份女式衬衫出口合同。2024年4月2日，枫叶服饰有限公司通过中国银行加拿大多伦多分行开出了信用证。2024年5月6日，天津金凤进出口有限公司收到了其供货商天津瑞辉服装厂生产合同号码为NO.TJJF5288的货物实际出运信息。

项目任务

天津金凤进出口有限公司的外贸单证员张莉根据合同、信用证等有关资料缮制商业发票。

项目资料

1.销售合同

SALES CONTRACT

NO.：TJJF5288

DATE：Mar.26，2024

THE SELLER：Tianjin Jinfeng Import and Export Co.，Ltd.

108 Fangzhi Street，Tianjin，China

TEL：0086-022-60938239 FAX：0086-022-60938239

THE BUYER：Maple Leaf Apparel Co.，Ltd.

Palmerston Blvd 26，20099 Toronto，Canada

TEL：0049-40-3410766 FAX：0049-40-3410767

This Contract is made by and between the Buyer and the Seller，whereby the Buyer agrees to buy and the Seller agrees to sell the under-mentioned commodity according to the terms and conditions stipulated below：

Commodity & Specification	Quantity	Unit Price	Amount
CIF Toronto，Canada as per INCOTERMS®2020			
Ladies Shirt Style No.L138	2 250pcs	USD12.00/pc	USD27 000.00
Style No.L139 As per the confirmed sample of Mar.18，2024	2 268pcs	USD12.00/pc	USD27 216.00
Total	4 518pcs		USD54 216.00
TOTAL CONTRACT VALUE：SAY U.S.DOLLARS FIFTY FOUR THOUSAND TWO HUNDRED AND SIXTEEN ONLY.			

Size/color assortment for Style No.L138:　　Unit: piece

Size	S	M	L	XL	Total
White	180	360	450	180	1 170
Yellow	180	360	360	180	1 080
Total	360	720	810	360	2 250

Size/color assortment for Style No.L139:　　Unit: piece

Size	S	M	L	XL	Total
White	180	360	468	180	1 188
Blue	180	360	360	180	1 080
Total	360	720	828	360	2 268

More or less 5% of the quantity and the amount are allowed.

PACKING: 9 pieces of ladies shirt are packed in one export standard carton, solid color and solid size in the same carton.

MARKS: Shipping mark includes MLA, S/C No., Style No., port of destination and carton No..Side mark must show the color, the size of carton and pieces per carton.

TIME OF SHIPMENT: Within 45 days upon receipt of the L/C which accords with relevant clauses of this Contract.

PORT OF LOADING AND DESTINATION: From Tianjin, China to Toronto, Canada.

Transshipment is allowed and partial shipment is prohibited.

INSURANCE: To be effected by the Seller for 110% of invoice value covering All Risks as per CIC of PICC.

PAYMENT: By irrevocable Letter of Credit at sight, reaching the Seller not later than Apr.4, 2024 and remaining valid for negotiation in China for further 15 days after the effected shipment.In case of late arrival of the L/C, the Seller shall not be liable for any delay in shipment and shall have the right to rescind the contract and/or claim for damages.

DOCUMENTS:

+Signed Commercial Invoice in triplicate.

+Full set of clean on board ocean Bills of Lading marked "freight prepaid" made out to order blank endorsed notifying the Buyer.

+Insurance Policy in duplicate endorsed in black.

+ Packing List in triplicate.

+ Certificate of Origin certified by Chamber of Commerce or CCPIT.

This contract is made in two original copies and becomes valid after signature, one copy to be held by each party.

Signed by

THE SELLER:	THE BUYER:
Tianjin Jinfeng Import and Export Co., Ltd.	Maple Leaf Apparel Co., Ltd.
张伟	John Smith

2.信用证

MT 700	ISSUE OF A DOCUMENTARY CREDIT
SENDER	BANK OF CHINA，TORONTO BRANCH，CANADA
RECEIVER	BANK OF CHINA，TIANJIN BRANCH，CHINA
SEQUENCE OF TOTAL	27：1/1
FORM OF DOC.CREDIT	40A：IRREVOCABLE
DOC.CREDIT NUMBER	20：FFF197899
DATE OF ISSUE	31C：240402
APPLICABLE RULES	40E：UCP LATEST VERSION
DATE AND PLACE OF EXPIRY	31D：DATE 240603 PLACE IN CHINA
APPLICANT	50：MAPLE LEAF APPAREL CO.，LTD. PALMERSTON BLVD 26，20099 TORONTO，CANADA
BENEFICIARY	59：TIANJIN JINFENG IMPORT & EXPORT CO.，LTD. 108 FANGZHI STREET，TIANJIN，CHINA
AMOUNT	32B：CURRENCY USD AMOUNT 54 216.00
PERCENTAGE CREDIT AMOUNT TOLERANCE	39A：05/05
AVAILABLE WITH BY	41D：ANY BANK IN CHINA BY NEGOTIATION
DRAFTS AT	42C：AT SIGHT
DRAWEE	42A：BANK OF CHINA，NEW YORK
PARTIAL SHIPMENT	43P：PROHIBITED
TRANSSHIPMENT	43T：ALLOWED
PORT OF LOADING	44E：CHINESE MAIN PORT
PORT OF DISCHARGE	44F：TORONTO，CANADA
LATEST DATE OF SHIPMENT	44C：240519
DESCRIPTION OF GOODS AND/OR SERVICES	45A：4 518 PIECES OF LADIES SHIRT

STYLE NO.	QUANTITY	UNIT PRICE	AMOUNT
L138	2 250PCS	USD12.00/PC	USD27 000.00
L139	2 268PCS	USD12.00/PC	USD27 216.00

AT CIF TORONTO，CANADA AS PER INCOTERMS® 2020

DOCUMENTS REQUIRED	46A：+COMMERCIAL INVOICE SIGNED IN TRIPLICATE. +PACKING LIST IN TRIPLICATE. +CERTIFICATE OF ORIGIN CERTIFIED BY CHAMBER OF COMMERCE OR CCPIT. +FULL SET（3/3）OF CLEAN ON BOARD OCEAN BILLS OF LADING MADE OUT TO ORDER，BLANK ENDORSED，MARKED FREIGHT PREPAID AND NOTIFY APPLICANT. +INSURANCE POLICY/CERTIFICATE IN DUPLICATE ENDORSED IN BLANK FOR 110% INVOICE VALUE，COVERING ALL RISKS OF CIC OF PICC INCL.WAREHOUSE TO WAREHOUSE AND I.O.P.AND SHOWING THE CLAIMING CURRENCY IS THE SAME AS THE CURRENCY OF CREDIT.

	+CERTIFICATE OF QUALITY ISSUED BY THE CUSTOMS, P.R.CHINA CERTIFYING THAT ALL PRODUCTS WILL BE MADE OUT OF AZO FREE, PAH FREE AND PHTHALATES FREE MATERIALS. +SHIPPING ADVICE SHOWING THE NAME OF THE CARRYING VESSEL, DATE OF SHIPMENT, MARKS, QUANTITY, NET WEIGHT AND GROSS WEIGHT OF THE SHIPMENT TO APPLICANT WITHIN 3 DAYS AFTER THE DATE OF BILL OF LADING.
ADDITIONAL CONDITION	47A: +DOCUMENTS DATED PRIOR TO THE DATE OF THIS CREDIT ARE NOT ACCEPTABLE. +THE NUMBER AND THE DATE OF THIS CREDIT AND THE NAME OF ISSUING BANK MUST BE QUOTED ON ALL DOCUMENTS. +MORE OR LESS 5 PCT OF QUANTITY OF GOODS IS ALLOWED. +TRANSSHIPMENT ALLOWED AT HONGKONG ONLY. +SHORT FORM/CHARTER PARTY/THIRD PARTY BILL OF LADING ARE NOT ACCEPTABLE. +SHIPMENT MUST BE EFFECTED BY 1×40' FULL CONTAINER LOAD B/L TO SHOW EVIDENCE OF THIS EFFECT IS REQUIRED. +ONE COPY OF BILL OF LADING, COMMERCIAL INVOICE AND PACKING LIST SHOULD BE MAILED TO THE APPLICANT BY DHL WITHIN THREE DAYS AFTER BILL OF LADING DATE, BENEFICIARY'S CERTIFICATE TO THIS EFFECT IS REQUIRED. +ALL PRESENTATIONS CONTAINING DISCREPANCIES WILL ATTRACT A DISCREPANCY FEE OF USD60.00 PLUS TELEX COSTS OR OTHER CURRENCY EQUIVALENT. THIS CHARGE WILL BE DEDUCTED FROM THE BILL AMOUNT WHETHER OR NOT WE ELECT TO CONSULT THE APPLICANT FOR A WAIVER.
CHARGES	71B: ALL CHARGES AND COMMISSIONS OUTSIDE CANADA ARE FOR ACCOUNT OF BENEFICIARY EXCLUDING REIMBURSING FEE.
PERIOD FOR PRESENTATION	48: WITHIN 15 DAYS AFTER THE DATE OF SHIPMENT BUT WITHIN THE VALIDITY OF THIS CREDIT.
CONFIRMATION INSTRUCTION	49: WITHOUT INSTRUCTION
REIMBURSING BANK	53A: BANK OF CHINA NEW YORK
INFORMATION TO PRESENTING BANK	78: ALL DOCUMENTS ARE TO BE REMITTED IN TWO LOTS BY COURIER TO BANK OF CHINA, TORONTO BRANCH, TRADE FINANCE SERVICES, PALMERSTON BLVD 26, 20099 TORONTO, CANADA.

3.货物出运信息

品名：女式衬衫

数量：Style No.L138：2 250件

Style No.L139：2 268件

装箱率：9件/纸箱

纸箱重量：毛重10千克/箱，净重9千克/箱

纸箱尺寸：45厘米×45厘米×58厘米

发票号码：MLA22011

工作目标

根据上述合同和信用证等有关资料填写商业发票。

工作实施

1.逐项填写

（1）发票名称

COMMERCIAL INVOICE

（2）出票人名称和地址

TIANJIN JINFENG IMPORT & EXPORT CO.，LTD.

108 FANGZHI STREET，TIANJIN，CHINA

（3）受单人或抬头人名称和地址

MAPLE LEAF APPAREL CO.，LTD.

PALMERSTON BLVD 26，20099 TORONTO，CANADA

（4）发票号码

MLA22011

（5）发票日期

MAY 6，2024

（6）合同号码

NO.：TJJF5288

DATE：Mar.26，2024

（7）信用证号码、开证日期及开证行

L/C NO.：FFF197899

Date of Issue：APR.2，2024

Issued by：BANK OF CHINA，TORONTO BRANCH

（8）启运地和目的地

From TIANJIN，CHINA to TORONTO，CANADA

（9）唛头和数量

MLA

TJJF5288

L138/L139

TORONTO，CANADA

C/NO.：1-502

（10）包装数量和种类、货物描述

LADIES SHIRT

STYLE NO.：L138

STYLE NO.：L139

PACKED IN 9 PCS/CTN，TOTALLY FIVE HUNDRED AND TWO CARTONS ONLY

（11）数量、单价和金额

Quantity	Unit Price	Amount
CIF TORONTO CANADA AS PER INCOTERMS®2020		
2 250PCS	USD12.00/PC	USD27 000.00
2 268PCS	USD12.00/PC	USD27 216.00
4 518PCS		USD54 216.00

（12）发票上加注的各种证明

可以不填。

（13）出单人签名

TIANJIN JINFENG IMPORT & EXPORT CO.，LTD.

张莉

（14）发票份数

IN TRIPLICATE（一式三份），至少出具一份正本。

2.把各项内容填入后，缮制商业汇票

TIANJIN JINFENG IMPORT & EXPORT CO.，LTD.

108 FANGZHI STREET，TIANJIN，CHINA

COMMECIAL INVOICE

To：MAPLE LEAF APPAREL CO.，LTD.
PALMERSTON BLVD 26，20099 TORONTO，CANADA
FROM TIANJIN，CHINA TO TORONTO，CANADA

Invoice No.:	MLA22011
Invoice Date:	May 6，2024
S/C NO.:	TJJF5288
S/C DATE:	Mar.26，2024
L/C NO.:	FFF197899
Date of Issue:	APR.2，2024
Issued by:	BANK OF CHINA，TORONTO BRANCH

<table>
<tr><th>Marks & Nos</th><th>Number and Kind of Package/
Description of Goods</th><th>Quantity</th><th>Unit Price</th><th>Amount</th></tr>
<tr><td colspan="5">CIF Toronto，Canada as per INCOTERMS®2020</td></tr>
<tr><td rowspan="2">MLA
TJJF5288
L138/L139
TORONTO，
CANADA
C/NO.：1-502</td><td rowspan="2">LADIES SHIRT
STYLE NO.L138
STYLE NO.L139
PACKED IN 9PCS/CTN，
TOTALLY FIVE HUNDRED
AND TWO CARTONS ONLY</td><td>2 250PCS</td><td>USD12.00/PC</td><td>USD27 000.00</td></tr>
<tr><td>2 268PCS</td><td>USD12.00/PC</td><td>USD27 216.00</td></tr>
<tr><td colspan="2">Total</td><td>4 518PCS</td><td></td><td>USD54 216.00</td></tr>
<tr><td>SAY TOTAL</td><td colspan="4">U.S.DOLLARS FIFTY FOUR THOUSAND TWO HUNDRED AND SIXTEEN ONLY</td></tr>
<tr><td colspan="5">TIANJIN JINFENG IMPORT & EXPORT CO.，LTD.
张莉</td></tr>
</table>

工作情境测试

随堂测4

一、单项选择题

1.（　　）是出口单证中最重要的单据，它能让有关当事人了解一笔交易的全貌，其他单据都是以其为依据的。

A.装箱单　　B.产地证书　　C.发票　　D.提单

2.凡“约”“大概”“大约”或类似的词语用于信用证数量时，应理解为（　　）。

A.有关数量不超过10%的增减幅度　　B.有关数量不超过15%的增减幅度

C.有关数量的增减幅度可由双方协商　　D.有关数量的增减幅度可按单方要求来定

3.商品描述中显示：25 000pcs Men's Shirts，L/C amount and quantity 5% more or less acceptable.15 000pcs to be delivered before July.31，10 000pcs to be delivered before Aug 20.下面不正确的做法是（　　）。

A.7月底之前出运15 000件，8月20日前出运10 000件

B.7月底之前出运15 000件，8月20日前出运11 500件

C.7月底之前出运15 500件，8月20日前出运10 500件

D.7月底之前出运14 500件，8月20日前出运9 500件

4.信用证注明：1 000PCS Shirt CIFC4 Oslo at EUR5.00/PC，Total amount EUR 4 800.00，出口商在一次全部出运后，提交的发票最终金额应该写（　　）。

A.EUR5 000.00　　B.EUR4 800.00　　C.USD5 000.00　　D.USD4 800.00

5.L/C规定总金额为USD50 000，因外汇管制，出口商需要在发票上显示以当地货币表示的金额，则应采用以下方式中的（　　）。

A.USD50 000

B.MYR190 000

C.MYR190 000（Equivalent of USD50 000）

D.USD50 000（Equivalent of MYR190 000）

6.渣打银行东京分行开立一份L/C，开证人是ABC CO.，LTD.TOKYO，JAPAN，L/C规定“Invoice must be made out to XYZ CO.，LTD.TOKYO，JAPAN.”，则发票的抬头应该做成（　　）。

A.ABC CO.，LTD.TOKYO，JAPAN

B.XYZ CO.，LTD.TOKYO，JAPAN

C.ABC CO.，LTD.TOKYO，JAPAN AND XYZ CO.，LTD.TOKYO，JAPAN

D.渣打银行东京分行

7.根据《UCP600》的规定，除非信用证另有规定，商业发票的出单人应该是（　　）。

A.开证申请人　　B.受益人　　C.开证行　　D.通知行

8.信用证条款规定：CIF London INCOTERMS® 2020，则发票中填写正确的是（　　）。

A.CIF London　　B.CIF London INCOTERMS

C.CIF London INCOTERMS® 2020　　D.CIF

二、判断题

1.如果合同和信用证中均未规定具体唛头，则填写发票时，“唛头”一栏可以空白

不填。　　　　（　　）

2.信用证中注明“Invoice in three copies”，受益人向银行交单时，提供三张副本发票，则此做法违反信用证的规定。　　　　（　　）

3.发票中的货物描述可以使用统称。　　　　（　　）

4.《UCP600》规定商业发票可不必签字，但有时来证规定发票需要签字的，还是要签字。　　　　（　　）

5.发票金额一般不应超过信用证金额，但当采用“部分金额信用证支付、部分金额其他付款方式支付”的支付条件时，发票金额就可能超过信用证规定的金额。　　　　（　　）

6.当信用证要求提交商业发票时，标为“厂商发票”和“商业发票”的单据都是可以接受的。　　　　（　　）

7.商业发票不可以替代汇票。　　　　（　　）

8.发票中的货物描述必须与信用证的规定一致，但并不要求如同镜子反射那样一致。　　　　（　　）

三、技能训练——缮制商业发票

根据下面的销售合同、信用证以及补充资料缮制商业发票。

1.销售合同

SHANGHAI TOOL IMPORT & EXPORT CO., LTD.

31, GANXIANG ROAD SHANGHAI CHINA

SALES CONTRACT

TEL: 021-65756156　　　　S/C NO.: RT05342

FAX: 021-65756155　　　　DATE: Mar.20, 2024

E-mail: STI@168.com　　　　P/I NO.: 2024032

TO:

MAMUT ENTERPRISES AV

TARRAGONA75-3ER, BARCELONA, SPAIN

Dear Sirs,

Marks & Nos	Description of Goods	Quantity	Unit Price	Amount
M.E BARCELONA C/NO.1-515	HAND TOOLS		FOB SHANGHAI	
	(1) 9pc Extra Long Hex Key Set	1 200SETS	USD1.76	USD2 112
	(2) 8pc Double Offset Ring Spanner	1 200SETS	USD3.10	U5D3 720
	(3) 12pc Double Offset Ring Spanner	800SETS	USD7.50	USD6 000
	(4) 12pc Combination Spanner	1 200SETS	USD3.55	USD4 260
	(5) 10pc Combination Spanner	1 000SETS	USD5.80	USD5 800
	Packing: Plastic Carton			

We hereby confirm having sold to you the following goods on the terms and conditions as specified below:

Payment: IRREVOCABLE L/C 30 DAYS AFTER SIGHT.Our bank information is as follows:

(1) Beneficiary: SHANGHAI TOOL IMPORT & EXPORT CO., LTD.

（2）Bank Name：BANK OF CHINA，SHANGHAI BRANCH

（3）Account NO.：97148090235684

（4）Switch Code：BKCHCNBJ300

THE BUYER：	THE SELLER：
MAMUT ENTERPRISES AV	SHANGHAI TOOL IMPORT & EXPORT CO.，LTD.
JUN	LILI

2.信用证

SEQUENCE OF TOTAL.	*27：1/1
FORM OF DOC.CREDIT	*40A：IRREVOCABLE
DOC.CREDIT NUMBER	*20：31173
DATE OF ISSUE	31C：240401
DATE AND PLACE OF EXPIRY	*31D：DATE 240531 PLACE CHINA
APPLICANT	*50：MAMUT ENTERPRISES AV TARRAGONA75-3ER BARCELONA，SPAIN
ISSUING BANK	52A：CREDIT ANDORRA ANDORRA LA VELLA，ANDORRA
BENEFICIARY	*59：SHANGHAI TOOL IMPORT & EXPORT CO.，LTD 31，GANXIANG ROAD SHANGHAI，CHINA
AMOUNT	*32B：CURRENCY USD AMOUNT 21 892.00
AVAILABLE WITH/BY	*41D：ANY BANK IN CHINA BY NEGOTIATION
DRAFTS AT...	42C：30 DAYS AFTER SIGHT
DRAWEE	42A：CREDIT ANDORRA ANDORRA LA VELLA，ANDORRA
PARTIAL SHIPMENT	43P：NOT ALLOWED
TRANSSHIPMENT	43T：ALLOWED
LOADING ON BOARD	44A：SHANGHAI
FOR TRANSPORTATION TO	44B：BARCELONA（SPAIN）
LATEST DATE OF SHIPMENT	44C：240510
DESCRIPTION OF GOODS	45A：HAND TOOLS AS PER PROFORMA INVOICE NO.2024032 DATED MARCH 10，2024 FOB SHANGHAI
DOCUMENTS REQUIRED	46A： +SIGNED COMMERCIAL INVOICE，1 ORIGINAL AND 4 COPIES. +PACKING LIST 1 ORIGINAL AND 4 COPIES. +CERTIFICATE OF ORIGIN CERTIFIED BY CHAMBER OF COMMERCE OR CCPIT. +FULL SET OF B/L（2 ORIGINALS AND 5 COPIES）CLEAN ON BOARD，MARKED “FREIGHT COLLECT”，CONSIGNED TO：MAMUT ENTERPRISES AV，TARRAGONA75-3ER BARCELONA，SPAIN TEL：+376-823-323 FAX：+376-860-914-860-807，NOTIFY：BLUE WATER SHIPPING ESPANA，ER 2NA，A，08003 BARCELONA（SPAIN） TEL：34-93-295-48-48 FAX：34-93-268-16-81
CHARGES	71B：ALL BANKING CHARGES OUTSIDE SPAIN ARE FOR ACCOUNT OF BENEFICIARY.
PERIOD FOR PRESENTATION	48：DOCUMENTS MUST BE PRESENTED WITHIN 15 DAYS AFTER THE DATE OF SHIPMENT BUT WITHIN THE VALIDITY OF THE CREDIT.

3.补充资料

(1) PACKING	G.W (kgs)	N.W (kgs)	MEAS. (m^3)
① 9pc Extra Long Hex Key Set，Packed in 1 plastic carton of 10 sets each	20/CTN	18/CTN	0.2/CTN
② 8pc Double Offset Ring Spanner，Packed in 1 plastic carton of 16 sets each	20/CTN	18/CTN	0.2/CTN
③ 12pc Double Offset Ring Spanner，Packed in 1 plastic carton of 8 sets each	19/CTN	17/CTN	0.2/CTN
④ 12pc Combination Spanner，Packed in 1 plastic carton of 10 sets each	19/CTN	17/CTN	0.2/CTN
⑤ 10pc Combination Spanner，Packed in 1 plastic carton of 10 sets each	18/CTN	16/CTN	0.2/CTN

Packed in THREE 40' CONTAINERS.

(2) INVOICE NO.：TY034

(3) H.S.CODE：8204.1100

(4) 申请单位注册号：66778W

(5) CERTIFICATE OF ORIGIN NO.：C221283892860096

(6) B/L NO.：CSC04118

(7) B/L DATE：May 10，2024

(8) VESSEL：DONGFANG V.112

(9) 集装箱号：COSU1234501；COSU1234502；COSU1234503

(10) 生产单位注册号：1377886611

(11) 上海工具进出口公司海关注册号：1387124675

5

工作情境5

缮制包装单据

情境目标

知识目标

1. 了解包装单据的含义和种类。
2. 熟悉装箱单的内容。
3. 掌握装箱单的制作要点。

技能目标

能够熟练制作装箱单。

素养目标

1. 具有一丝不苟、精益求精的职业精神和工作态度。
2. 具有实事求是的工作作风。

情境导入

包装单据是货运单据中的一项重要单据，是对商业发票的补充。由于商品不同，进口商需要的包装单据也不同。在了解包装单据的含义和种类的基础上，重点掌握装箱单。装箱单的内容是正确缮制装箱单的基础和关键。

工作活动

工作活动1　包装单据的含义和种类

工作活动2　装箱单的内容和制作

工作活动1
包装单据的含义和种类

工作活动目标

1.能够理解包装单据的含义。
2.能够理解并列举包装单据的种类。

职业工作情境

单证工作人员需要明确包装单据的含义和种类。

职业知识储备

知识点1
包装单据的含义

包装单据（Packing Documents）是记载或描述商品包装情况的单据，是对商业发票的补充，也是货运单据中的一项重要单据。除散装货物外，包装单据一般为不可缺少的文件。进口地海关验货、公证行检验、进口商核对货物时，通常都以包装单据为依据。通过包装单据，进口商还可了解货物包装件号内的具体内容，以便销售。包装单据一般包括合同号、发票号、出单日期、运输标志、品名、包装规格、包装件数、毛重、净重等内容；填写时，必须与货物实际包装相符，并与发票、提单等单据相一致。

知识点2
包装单据的种类

微课5-1
包装单据的含义和种类

包装单据主要包括以下三种：

（1）装箱单（Packing List）。它又称包装单，是表明出口货物的包装形式、包装内容、数量、重量、体积或件数的单据。装箱单是商业发票的补充文件，用以补充说明各种不同规格货物所装的箱号及各箱的重量、体积、尺寸等内容。

（2）重量单（Weight List）。它又称磅码单，是指按照装货重量（Shipping Weight）成交的货物在装运时，出口商必须向进口商提供的一种证明文件。它证明所装货物的重量与合同规定相符。货到目的港如重量短缺，出口商不负责任。对于按照卸货重量（Delivered Weight）成交的货物，如果货物重量短缺，进口商必须提供重量证明书，才可向出口商、轮船公司或保险公司提出索赔。

重量单上除了列明装箱单上的内容以外，还要列明每件包装商品的毛重和净重、整批货物的总毛重和总净重，以供买方安排运输、存仓、销售时参考；有的还需增列皮重；按公量计量、计价的商品，则需列明公量及计算公量的有关数据。凡提供重量单的商品，一般无须提供装箱单。

（3）尺码单（Measurement List）。它又称体积单，是着重说明货物包装件的长、宽、高及总体积的清单。尺码单供买方及承运人了解货物的尺码，以便合理运输、储存和计算运费。

工作活动2 装箱单的内容和制作

工作活动目标

1.能够描述装箱单的内容。
2.能够熟练制作装箱单。

职业工作情境

单证工作人员需要熟悉装箱单的内容，了解装箱单的填制依据，掌握装箱单的缮制技巧和要点。

职业知识储备

知识点1 装箱单的内容

装箱单并无固定的格式和内容，通常由出口商根据货物的种类和进口商的要求仿照商业发票的大体格式来制作。一般情况下，装箱单的内容包括：

1.单据名称
2.抬头
3.号码和日期
4.唛头和数量
5.包装数量和种类、货物描述
6.包装数量、净重、毛重和体积
7.其他
8.签署

装箱单如样例5-1所示。

样例 5-1

装箱单

TIANJIN XINYUE IMPORT & EXPORT COMPANY

88 JIEFANG ROAD，TIANJIN，CHINA

（1）PACKING LIST

（2）To：RLI TRADING GmbH
LERCHENWEG 10，97522 HAMBURG，
GERMANY

（3）Invoice No.： JCSM048014
Invoice Date： May 12，2024
S/C NO.： RT05884

（7）L/C NO.：8008/04
Date of Issue：APR. 8，2024
Issued by：BANK OF CHINA，
HAMBURG BRANCH

（4）Marks & Nos	（5）Number and Kind of Package/Description of Goods	（6）Quantity	（6）Package	（6）G.W.	（6）N.W.	（6）Meas.
RLI HAMBURG C/NO.1-220	LADIES SWEATER STYLE NO.M485	1 000PCS	100CTNS	1 000KGS	900KGS	11.745M^3
	STYLE NO.M486 PACKED IN 10PCS/CTN，SHIPPED IN 1×40’ FCL	1 200PCS	120CTNS	1 200KGS	1 080KGS	14.094M^3
Total		2 200PCS	220CTNS	2 200KGS	1 980KGS	25.839M^3
SAY TOTAL		TWO HUNDRED AND TWENTY CARTONS ONLY				

知识点 2
装箱单的制作

微课 5-2

装箱单的制作

装箱单一般根据合同、信用证、商业发票和有关补充资料填写。

1.单据名称

单据名称应符合信用证的规定。如信用证要求提供重量单，则名称应为“WEIGHT LIST”；如信用证要求提供尺码单，则名称应为“MEASUREMENT LIST”；如信用证要求提供装箱单，则名称应为“PACKING LIST”；也可以在前面填写受益人的名称和地址。

在装箱单样例 5-1 中，单据名称为：

PACKING LIST

2.抬头

除非信用证特别要求，否则银行可接受装箱单表面无抬头（即无开证申请人的名称和地址）的表示。通常情况下，抬头应填写开证申请人的名称和地址。

在装箱单样例 5-1 中，抬头为：

RLI TRADING GmbH
LERCHENWEG 10，97522 HAMBURG，
GERMANY

3.号码和日期

本栏目一般填写发票号码和日期，如信用证未作规定，也可不注明出单日。

在装箱单样例5-1中，号码和日期为：

Invoice No.:　　JCSM048014

Invoice Date:　　May 12，2024

4.唛头和数量

本栏填写唛头，且需与发票、信用证及实物印刷完全一致。数量应为包装数量。

在装箱单样例5-1中，唛头和数量为：

RLI

HAMBURG

C/NO.1-220

5.包装数量和种类/货物描述

装箱单中标明的货物应为发票中所描述的货物，但可用与其单据无矛盾的统称表示。

在装箱单样例5-1中，包装数量和种类/货物描述为：

LADIES SWEATER

STYLE NO.M485

STYLE NO.M486

PACKED IN 10PCS/CTN，

SHIPPED IN 1×40’ FCL

6.包装数量、净重、毛重和体积

本栏填写商品的包装数量、净重、毛重和体积。注意：净重和毛重以千克为单位，保留整数；体积以立方米为单位，且保留三位小数。

在装箱单样例5-1中，包装数量、净重、毛重和体积如下：

Package	G.W.	N.W.	Meas.
100CTNS	1 000KGS	900KGS	11.745M^3
120CTNS	1 200KGS	1 080KGS	14.094M^3

7.其他

“其他”根据信用证中关于装箱单的特殊要求，制作时应在装箱单上注明，如“所有单据注明信用证号码、开证日期和开证行名称”等。

在装箱单样例5-1中，其他填写为：

L/C NO.：8008/04

Date of Issue：APR.8，2024

Issued by：BANK OF CHINA，HAMBURG BRANCH

8.签署

当信用证没有规定装箱单需签名时，可以不盖章签名，当然也可以盖章签名。

职业技能操练

工作项目

缮制装箱单。

项目背景

2024年3月26日，天津金凤进出口有限公司与加拿大枫叶服饰有限公司签订了一份女式衬衫的出口合同。2024年4月2日，枫叶服饰有限公司通过中国银行加拿大多伦多分行开出了信用证。2024年5月6日，天津金凤进出口有限公司收到了其供货商天津瑞辉服装厂生产合同号码为NO.TJJF5288的货物实际出运信息。天津金凤进出口有限公司的外贸单证员张莉缮制了商业发票。

项目任务

天津金凤进出口有限公司的外贸单证员张莉根据销售合同、信用证和货物出运信息等有关资料缮制装箱单。

项目资料

1.销售合同

SALES CONTRACT

NO.：TJJF5288

DATE：Mar.26，2024

THE SELLER：Tianjin Jinfeng Import & Export Co.，Ltd.

108 Fangzhi Street，Tianjin，China

TEL：0086-022-60938239 FAX：0086-022-60938239

THE BUYER：Maple Leaf Apparel Co.，Ltd.

Palmerston Blvd 26，20099 Toronto，Canada

TEL：0049-40-3410766 FAX：0049-40-3410767

This Contract is made by and between the Buyer and the Seller，whereby the Buyer agrees to buy and the Seller agrees to sell the undermentioned commodity according to the terms and conditions stipulated below：

Commodity & Specification	Quantity	Unit Price	Amount
CIF Toronto，Canada as per INCOTERMS®2020			
Ladies Shirt Style No.L138	2 250pcs	USD12.00/pc	USD27 000.00
Style No.L139 As per the confirmed sample of Mar.18，2024	2 268pcs	USD12.00/pc	USD27 216.00
Total	4 518PCS		USD54 216.00
TOTAL CONTRACT VALUE：SAY U.S.DOLLARS FIFTY FOUR THOUSAND TWO HUNDRED AND SIXTEEN ONLY.			

Size/color assortment for Style No.L138:

Size	S	M	L	XL	Total
White	180	360	450	180	1 170
Yellow	180	360	360	180	1 080
Total	360	720	810	360	2 250

Size/color assortment for Style No.L139:

Size	S	M	L	XL	Total
White	180	360	468	180	1 188
Blue	180	360	360	180	1 080
Total	360	720	828	360	2 268

More or less 5% of the quantity and the amount are allowed.

PACKING: 9 pieces of ladies shirts are packed in one export standard carton, solid color and solid size in the same carton.

MARKS:

Shipping mark includes MLA, S/C No., Style No., port of destination and carton No..Side mark must show the color, the size of carton and pieces per carton.

TIME OF SHIPMENT:

Within 45 days upon receipt of the L/C which accord with relevant clauses of this Contract.

PORT OF LOADING AND DESTINATION:

From Tianjin, China to Toronto, Canada.

Transshipment is allowed and partial shipment is prohibited.

INSURANCE:

To be effected by the Seller for 110% of invoice value covering All Risks as per CIC of PICC.

PAYMENT:

By irrevocable Letter of Credit at sight, reaching the Seller not later than Apr.4, 2024 and remaining valid for negotiation in China for further 15 days after the effected shipment.In case of late arrival of the L/C, the Seller shall not be liable for any delay in shipment and shall have the right to rescind the contract and/or claim for damages.

DOCUMENTS:

+Signed Commercial Invoice in triplicate.

+Full set of clean on board ocean Bills of Lading marked "freight prepaid" made out to order blank endorsed notifying the Buyer.

+Insurance Policy in duplicate endorsed in blank.

+Packing List in triplicate.

+Certificate of Origin certified by Chamber of Commerce or CCPIT.

This contract is made in two original copies and becomes valid after signature, one copy to be held by each party.

Signed by

THE SELLER: THE BUYER:

Tianjin Jinfeng Import & Export Co., Ltd. Maple Leaf Apparel Co., Ltd.

张伟 John Smith

2.信用证

MT 700	ISSUE OF A DOCUMENTARY CREDIT
SENDER	BANK OF CHINA, TORONTO BRANCH, CANADA
RECEIVER	BANK OF CHINA, TIANJIN BRANCH, CHINA
SEQUENCE OF TOTAL	27: 1/1
FORM OF DOC.CREDIT	40A: IRREVOCABLE
DOC.CREDIT NUMBER	20: FFF197899
DATE OF ISSUE	31C: 240402
APPLICABLE RULES	40E: UCP LATEST VERSION
DATE AND PLACE OF EXPIRY	31D: DATE 240603 PLACE IN CHINA
APPLICANT	50: MAPLE LEAF APPAREL CO., LTD. PALMERSTON BLVD 26, 20099 TORONTO, CANADA
BENEFICIARY	59: TIANJIN JINFENG IMPORT & EXPORT CO., LTD. 108 FANGZHI STREET, TIANJIN, CHINA
AMOUNT	32B: CURRENCY USD AMOUNT 54 216.00
PERCENTAGE CREDIT AMOUNT TOLERANCE	39A: 05/05
AVAILABLE WITH/BY	41D: ANY BANK IN CHINA BY NEGOTIATION
DRAFTS AT	42C: AT SIGHT
DRAWEE	42A: BANK OF CHINA, NEW YORK
PARTIAL SHIPMENT	43P: PROHIBITED
TRANSSHIPMENT	43T: ALLOWED
PORT OF LOADING	44E: CHINESE MAIN PORT
PORT OF DISCHARGE	44F: TORONTO, CANADA
LATEST DATE OF SHIPMENT	44C: 240519
DESCRIPTION OF GOODS	45A: 4 518 PIECES OF LADIES SHIRT

AND/OR SERVICES	STYLE NO.	QUANTITY	UNIT PRICE	AMOUNT
	L138	2 250PCS	USD12.00/PC	USD27 000.00
	L139	2 268PCS	USD12.00/PC	USD27 216.00

AT CIF TORONTO, CANADA AS PER INCOTERMS® 2020

DOCUMENTS REQUIRED	46A: +COMMERCIAL INVOICE SIGNED IN TRIPLICATE. +PACKING LIST IN TRIPLICATE. +CERTIFICATE OF ORIGIN CERTIFIED BY CHAMBER OF COMMERCE OR CCPIT. +FULL SET (3/3) OF CLEAN ON BOARD OCEAN BILLS OF LADING MADE OUT TO ORDER, BLANK ENDORSED, MARKED FREIGHT PRE-PAID AND NOTIFY APPLICANT. +INSURANCE POLICY/CERTIFICATE IN DUPLICATE ENDORSED IN BLANK FOR 110% INVOICE VALUE, COVERING ALL RISKS OF CIC OF PICC INCL.WAREHOUSE TO WAREHOUSE AND I.O.P.AND SHOWING THE CLAIMING CURRENCY IS THE SAME AS THE CURRENCY OF CREDIT.

	+CERTIFICATE OF QUALITY ISSUED BY THE CUSTOMS, P.R.CHINA CERTIFYING THAT ALL PRODUCTS WILL BE MADE OUT OF AZO FREE, PAH FREE AND PHTHALATES FREE MATERIALS. +SHIPPING ADVICE SHOWING THE NAME OF THE CARRYING VESSEL, DATE OF SHIPMENT, MARKS, QUANTITY, NET WEIGHT AND GROSS WEIGHT OF THE SHIPMENT TO APPLICANT WITHIN 3 DAYS AFTER THE DATE OF BILL OF LADING.
ADDITIONAL CONDITION	47A: +DOCUMENTS DATED PRIOR TO THE DATE OF THIS CREDIT ARE NOT ACCEPTABLE. +THE NUMBER AND THE DATE OF THIS CREDIT AND THE NAME OF ISSUING BANK MUST BE QUOTED ON ALL DOCUMENTS. +MORE OR LESS 5 PCT OF QUANTITY OF GOODS IS ALLOWED. +TRANSSHIPMENT ALLOWED AT HONGKONG ONLY. +SHORT FORM/CHARTER PARTY/THIRD PARTY BILL OF LADING ARE NOT ACCEPTABLE. +SHIPMENT MUST BE EFFECTED BY 1×40' FULL CONTAINER LOAD B/L TO SHOW EVIDENCE OF THIS EFFECT IS REQUIRED. +ONE COPY OF BILL OF LADING, COMMERCIAL INVOICE AND PACKING LIST SHOULD BE MAILED TO THE APPLICANT BY DHL WITHIN THREE DAYS AFTER BILL OF LADING DATE, BENEFICIARY'S CERTIFICATE TO THIS EFFECT IS REQUIRED. +ALL PRESENTATIONS CONTAINING DISCREPANCIES WILL ATTRACT A DISCREPANCY FEE OF USD60.00 PLUS TELEX COSTS OR OTHER CURRENCY EQUIVALENT. THIS CHARGE WILL BE DEDUCTED FROM THE BILL AMOUNT WHETHER OR NOT WE ELECT TO CONSULT THE APPLICANT FOR A WAIVER.
CHARGES	71B: ALL CHARGES AND COMMISSIONS OUTSIDE CANADA ARE FOR ACCOUNT OF BENEFICIARY EXCLUDING REIMBURSING FEE.
PERIOD FOR PRESENTATION	48: WITHIN 15 DAYS AFTER THE DATE OF SHIPMENT BUT WITHIN THE VALIDITY OF THIS CREDIT.
CONFIRMATION INSTRUCTION	49: WITHOUT INSTRUCTION
REIMBURSING BANK	53A: BANK OF CHINA NEW YORK
INFORMATION TO PRESENTING BANK	78: ALL DOCUMENTS ARE TO BE REMITTED IN TWO LOTS BY COURIER TO BANK OF CHINA, TORONTO BRANCH, TRADE FINANCE SERVICES, PALMERSTON BLVD 26, 20099 TORONTO, CANADA.

3.货物出运信息

品名：女式衬衫

数量：Style No.L138：2 250件

Style No.L139：2 268件

装箱率：9件/纸箱

纸箱重量：毛重10千克/箱，净重9千克/箱

纸箱尺寸：45厘米×45厘米×58厘米

工作目标

根据上述有关资料缮制装箱单。

工作实施

1.逐项填写

（1）单据名称

PACKING LIST

（2）抬头

MAPLE LEAF APPAREL CO.，LTD.

PALMERSTON BLVD 26，20099 TORONTO，CANADA

（3）号码和日期

MLA22011

MAY 6，2024

（4）唛头和数量

MLA

TJJF5288

L138/L139

TORONTO，CANADA

C/NO.：1-502

（5）包装数量和种类/货物描述

LADIES SHIRT

STYLE NO.：L138

STYLE NO.：L139

PACKED IN 9 PCS/CTN，SHIPPED IN 1×40’FCL.

（6）包装数量、净重、毛重和体积

Package	G.W.	N.W.	Meas.
250CTNS	2 500KGS	2 250KGS	29.363M^3
252CTNS	2 520KGS	2 268KGS	29.597M^3

（7）其他

L/C NO.：FFF197899

Date of Issue：APR.2，2024

Issued by：BANK OF CHINA，TORONTO BRANCH

（8）签署

无

2.把各项内容填入后，缮制装箱单

TIANJIN JINFENG IMPORT & EXPORT CO.，LTD.

108FANGZHI STREET，TIANJIN，CHINA

PACKING LIST

To：MAPLE LEAF APPAREL CO.，LTD.
PALMERSTON BLVD 26，20099
TORONTO，CANADA

Invoice No.：MLA22011
Invoice Date：MAY 6，2024
S/C NO.：TJJF5288
L/C NO.：FFF197899
Date of Issue：APR.2，2024
Issued by：BANK OF CHINA，
TORONTO BRANCH

Marks & Nos	Number and Kind of Package/Description of Goods	Quantity	Package	G.W.	N.W.	Meas.
MLA TJJF5288 L138/L139 TORONTO， CANADA C/NO.：1-502	LADIES SHIRT STYLE NO.：L138 STYLE NO.：L139 PACKED IN 9 PCS/CTN， SHIPPED IN 1×40’FCL	2 250PCS 2 268PCS	250CTNS 252CTNS	2 500KGS 2 520KGS	2 250KGS 2 268KGS	29.363M^3 29.597M^3
Total		4 518PCS	502CTNS	5 020KGS	4 518KGS	58.960M^3
SAY TOTAL	FIVE HUNDRED AND TWO CARTONS ONLY.					

工作情境测试

随堂测5

一、单项选择题

1.以下单据中，对发票有补充作用的是（　　）。

A.运输单据　　B.保险单　　C.装箱单　D.汇票

2.以下单据中可以不签署的是（　　）。

A.运输单据　　B.包装单据　　C.汇票　　D.保险单

3.下列单证中不属于包装单据的是（　　）。

A.重量单　　B.尺码单　　C.装货单　　D.装箱单

4.在商品和包装上不注明生产国的包装是（　　）。

A.中性包装　　B.无牌包装　　C.非使用包装　　D.定牌包装

5.合同中规定“PACKED IN 9 PCS/CTN”，商品数量是1 800件，则装箱单中的数量应填（　　）。

A.1 800PCS　　B.200CTN　　C.9PCS　　D.20CTN

6.包装单据一般不应显示货物的（　　），因为进口商转售商品时只要交付包装单据和货物，不愿泄漏其购买成本。

A.品名、总金额　　B.单价、总金额

C.包装件数、品名　　D.品名、单价

7.以下单据中与入境货物报验单上填报的货物总值不一致的是（　　）。

A.合同　　B.商业发票　　C.装箱单　　D.报关单

8.唛头是货物的识别标志，运输企业在装卸、搬运货物时，通常根据唛头来识别，因此装箱单上必须正确显示这一运输标志。下列不属于唛头内容的是（　　）。

A.收货人简称　　B.目的港、件号等

C.合同号　　D.货物重量或体积

二、判断题

1.如信用证未规定装箱单需要签名，可以不盖章签名，当然也可以盖章签名。（　　）

2.在装箱单中，体积以立方米为单位，且保留整数。（　　）

3.装箱单中必须填写发票号码和日期。（　　）

4.除非信用证特别要求，否则银行可接受装箱单表面无抬头的表示。（　　）

5.装箱单中所描述的货物可用与其单据无矛盾的统称表示。（　　）

6.装箱单中净重和毛重以千克为单位，且保留整数。（　　）

7.装箱单中数量应为销售数量。（　　）

8.进口商通过包装单据可了解货物包装件号内的具体内容。（　　）

三、技能训练——缮制装箱单

根据下面的销售合同、信用证以及补充资料缮制装箱单。

1.销售合同

SHANGHAI TOOL IMPORT & EXPORT CO., LTD.

31, GANXIANG ROAD SHANGHAI CHINA

SALES CONTRACT

TEL: 021-65756156　　S/C NO.: RT05342

FAX: 021-65756155　　DATE: Mar.20, 2024

E-mail: STI@168.com　　P/I NO.: 2024032

TO:

MAMUT ENTERPRISES AV

TARRAGONA75-3ER, BARCELONA, SPAIN

Dear Sirs,

We hereby confirm having sold to you the following goods on terms and conditions as specified below:

Marks & Nos	Description of Goods	Quantity	Unit Price	Amount
M.E BARCELONA C/NO.1-515	HAND TOOLS (1) 9pc Extra Long Hex Key Set (2) 8pc Double Offset Ring Spanner (3) 12pc Double Offset Ring Spanner (4) 12pc Combination Spanner (5) 10pc Combination Spanner Packing: Plastic carton		FOB SHANGHAI	
		1 200SETS	USD1.76	USD2 112
		1 200SETS	USD3.10	USD3 720
		800SETS	USD7.50	USD6 000
		1 200SETS	USD3.55	USD4 260
		1 000SETS	USD5.80	USD5 800

Payment: IRREVOCABLE L/C 30 DAYS AFTER SIGHT.Our bank information is as follows:

(1) Beneficiary: SHANGHAI TOOL IMPORT & EXPORT CO., LTD.

(2) Bank Name: BANK OF CHINA SHANGHAI BRANCH

(3) Account NO.: 97148090235684

（4）Switch Code：BKCHCNBJ300

THE BUYER	THE SELLER
MAMUT ENTERPRISES AV	SHANGHAI TOOL IMPORT & EXPORT CO.，LTD.
JUN	LILI

2. 信用证

SEQUENCE OF TOTAL.	*27：1/1
FORM OF DOC.CREDIT	*40A：IRREVOCABLE
DOC.CREIT NUMBER	*20：31173
DATE OF ISSUE	31C：240401
DATE AND PLACE OF EXPIRY	*31D：DATE 240531 PLACE CHINA
APPLICANT	*50：MAMUT ENTERPRISES AV TARRAGONA75-3ER BARCELONA，SPAIN
ISSUING BANK	52A：CREDIT ANDORRA ANDORRA LA VELLA，ANDORRA
BENEFICIARY	*59：SHANGHAI TOOL IMPORT & EXPORT CO.，LTD 31，GANXIANG ROAD SHANGHAI，CHINA
AMOUNT	*32B：CURRENCY USD AMOUNT 21 892.00
AVAILABLE WITH/BY	*41D：ANY BANK IN CHINA BY NEGOTIATION
DRAFTS AT...	42C：30 DAYS AFTER SIGHT
DRAWEE	42A：CREDIT ANDORRA ANDORRA LA VELLA，ANDORRA
PARTIAL SHIPMENT	43P：NOT ALLOWED
TRANSSHIPMENT	43T：ALLOWED
LOADING ON BOARD	44A：SHANGHAI
FOR TRANSPORTATION TO	44B：BARCELONA（SPAIN）
LATEST DATE OF SHIPMENT	44C：240510
DESCRIPTION OF GOODS	45A：HAND TOOLS AS PER PROFORMA INVOICE NO.2024032 DATED MARCH 10，2024 FOB SHANGHAI
DOCUMENTS REQUIRED	46A： +SIGNED COMMERCIAL INVOICE，1 ORIGINAL AND 4 COPIES. +PACKING LIST 1 ORIGINAL AND 4 COPIES. +CERTIFICATE OF ORIGIN CERTIFIED BY CHAMBER OF COMMERCE OR CCPIT. +FULL SET OF B/L（2 ORIGINALS AND 5 COPIES）CLEAN ON BOARD，MARKED “FREIGHT COLLECT”，CONSIGNED TO：MAMUT ENTERPRISES AV，TARRAGONA75-3ER BARCELONA，SPAIN，TEL：+376-823-323，FAX：+376-860-914-860-807，NOTIFY：BLUE WATER SHIPPING ESPANA，ER 2NA，A，08003 BARCELONA（SPAIN），TEL：34-93-295-48-48，FAX：34-93-268-16-81
CHARGES	71B：ALL BANKING CHARGES OUTSIDE SPAIN ARE FOR ACCOUNT OF BENEFICIARY.
PERIOD FOR PRESENTATION	48：DOCUMENTS MUST BE PRESENTED WITHIN 15 DAYS AFTER THE DATE OF SHIPMENT BUT WITHIN THE VALIDITY OF THE CREDIT.

3.补充资料

(1) PACKING	G.W. (kgs)	N.W. (kgs)	MEAS. (m^3)
①9pc Extra Long Hex Key Set			
Packed in 1 plastic carton of 10 sets each	20/CTN	18/CTN	0.2/CTN
②8pc Double Offset Ring Spanner			
Packed in 1 plastic carton of 16 sets each	20/CTN	18/CTN	0.2/CTN
③12pc Double Offset Ring Spanner			
Packed in 1 plastic carton of 8 sets each	19/CTN	17/CTN	0.2/CTN
④12pc Combination Spanner			
Packed in 1 plastic carton of 10 sets each	19/CTN	17/CTN	0.2/CTN
⑤10pc Combination Spanner			
Packed in 1 plastic carton of 10 sets each	18/CTN	16/CTN	0.2/CTN

Packed in THREE 40’ CONTAINERS

(2) INVOICE NO.: TY034

(3) H.S.CODE: 8204.1100

(4) 注册号: 66778W

(5) CERTIFICATE NO.: 1283890096

(6) B/L NO.: CSC04118

(7) B/L DATE: May 10, 2024

(8) VESSEL: DONGFANG V.112

(9) 集装箱号: COSU1234501; COSU1234502; COSU1234503

(10) 生产单位注册号: 1377886611

(11) 上海工具进出口公司海关注册号: 1387124675

6

工作情境6

缮制订舱委托书

情境目标

知识目标

1. 理解集装箱运输的含义。
2. 了解集装箱装箱方式。
3. 熟悉订舱委托书的内容。
4. 掌握订舱委托书的制作要点。

技能目标

1. 能够熟练制作订舱委托书。
2. 能够办理订舱手续。

素养目标

1. 具有一丝不苟、精益求精的职业精神和工作态度。
2. 具备防范提单流通转让的风险意识。
3. 具有吃苦耐劳的精神。

情境导入

在国际贸易合同履行的过程中，租船、订舱、装船出运是必不可少的环节。按照CIF、CFR条件成交时，出口方应及时办理租船订舱手续，完成订舱工作。出口方可以自行办理，也可以委托国际货运代理公司办理。不同运输方式下办理出口托运的流程不同。在海洋运输方式下，集装箱货物托运应用较为广泛。因此，对集装箱运输的含义和集装箱装箱方式的认知是掌握出口托运操作流程的基础和前提。在办理出口货物海运托运手续的过程中，外贸企业必须缮制订舱委托书，委托国际货运代理公司办理货物运输的相关手续。

工作活动

工作活动1　集装箱运输方式

工作活动2　出口托运操作流程

工作活动3　订舱委托书的内容与制作

工作活动1
集装箱运输方式

工作活动目标

1.能够理解集装箱运输方式的含义和优点。
2.能够理解并列举集装箱装箱方式。

职业工作情境

单证工作人员需要明确集装箱运输方式的含义和优点，熟悉集装箱装箱方式，并能在实际工作中根据具体情况选择集装箱装箱方式。

职业知识储备

知识点1
集装箱运输的含义和优点

（1）集装箱运输的含义。集装箱运输是以集装箱作为运输单位进行货物运输的一种现代化运输方式。其适用于海洋运输、铁路运输、航空运输以及国际多式联运等。在我国的进出口贸易中，集装箱海运已经成为普遍采用的一种重要的运输方式。国际上通常使用干货柜（Dry Container），其有20英尺货柜、40英尺货柜和40英尺高柜之分。

（2）集装箱运输的优点。集装箱运输可以实现机械化装卸，可以节约劳动力，缩短装卸时间；可以提高运输效率，加快运输工具的周转；可以提高货运质量，减少货损货差；可以节约包装材料和费用，降低运输成本；可以更有效地在各种运输方式间开展联运。

知识点2
集装箱装箱方式

微课6-1

集装箱运输方式

1.整箱装（Full Container Load，FCL）

整箱装是指货物装满整箱以后，以箱为单位托运的集装箱，一般在货主有足够货源装载一个或数个整箱时采用。

整箱运输中货物的装箱方式又可以分为门到门、内装箱和自拉自送三种方式。

（1）门到门。它是指国际货运代理公司为客户提供货物运输门到门服务，即国际货运代理公司从承运人处提取空箱，送至客户所在地，将货物装箱、封铅，再由国际货运代理公司将重箱自客户所在地运至港区集港，安排货物装船运输至目的地，由国际货运代理公司在进口地的代理或分支机构负责将货物送至进口商仓库或进口商指定的其他地方，实现货物运输的门到门方式。

（2）内装箱。它是指国际货运代理公司将空箱提回自己的货运站，向客户发出“发货通知书”或“进仓通知书”，客户在指定期限内将指定货物送至指定货运站，国际货运代理公司在货运站内完成货物装箱并封铅，然后向客户出具“货物进仓接收单”或“入库单”，再由国际货运代理公司安排重箱送至港区。

（3）自拉自送。它是指国际货运代理公司完成订舱手续，并向承运人提出用箱申请后，由客户自己派车队提取空箱，运至客户货物存储地，并在货物装箱后，将货物按港区要求集港。

2.拼箱装（Less than Container Load，LCL）

拼箱装是指承运人（或其代理人）接收货主托运数量不足整箱的小票货物后，根据货物性质和目的地进行分类整理，把运往同一目的地的货物集中到一定数量后再拼装入箱。这种方式在货主托运数量不足以装满整箱时采用。拼箱货的分类、整理、集中装箱（拆箱）以及交货等工作均在承运人码头集装箱货运站或内陆集装箱转运站进行。

工作活动2
出口托运操作流程

工作活动目标

1.能够掌握出口货物海运托运操作流程。
2.能够掌握出口货物空运托运操作流程。

职业工作情境

单证工作人员需要熟悉海运和空运方式下出口货物托运操作流程，并能在实际业务工作中办理出口货物订舱手续。

职业知识储备

知识点1
出口货物海运托运操作流程（集装箱货物托运）

出口货物海运托运操作流程根据运输货物的形式不同，可以分为件杂货班轮托运与集装箱货物托运两类，由于绝大多数出口货物海运采用集装箱方式托运，因此，这里重点介绍集装箱货物托运操作流程。

（1）外贸企业填制订舱委托书，委托国际货运代理公司办理货物运输相关手续。

（2）国际货运代理公司接受外贸企业的委托，填制托运单，向船公司提出订舱申请。

（3）船公司同意承运后，将装货单、配舱回单等退还给国际货运代理公司，要求托运人（外贸企业）将货物按规定时间送达指定码头仓库。

（4）国际货运代理公司通知外贸企业已订舱。

（5）外贸企业或国际货运代理公司自船公司的空箱堆场按订舱规定的数量提取空箱装箱，装箱方式可以采用门到门、内装箱及自拉自送三种。

（6）外贸企业将货物按规定时间运至码头仓库，交至理货公司，完成货物集港任务。

（7）码头堆场接收指定货物后签发场站收据给国际货运代理公司。

（8）外贸企业准备好报关单据后寄送国际货运代理公司，由其委托报关行向海关报关，海关审查合格后，在装货单上盖放行章，货物报关完成。

（9）待运货物按要求装上指定载货船舶。

（10）国际货运代理公司进入船舶代理公司系统打印海运提单确认书，传真或电邮给外贸企业确认。经外贸企业确认后，国际货运代理公司在海运提单申领单上盖章，而后凭此到船舶代理公司处领取正本海运提单，再寄给外贸企业。

知识点2
出口货物空运托运操作流程

出口货物空运托运操作流程包括：

（1）托运和预配舱。外贸企业填写“国际货物托运委托书”，作为货主委托国际货运代理公司承办航空货物出口托运的依据。国际货运代理公司随后填制托运单向航空公司办理出口订舱托运手续。国际货运代理公司对相关单证审核后，进行预配舱，初步确定航班和日期，并通知货主交单、交货。

（2）收运货物。国际货运代理公司对货主送进仓的货物进行称重、丈量，清点、核对数量，核对唛头并贴标签。对于特殊货物，包括鲜活易腐品、贵重物品、冷冻品、危险品，需按照航空公司的要求检查货物的包装、品质等是否符合各种运输规定。

（3）正式订舱。国际货运代理公司根据实际接收并已被海关放行的货物的数量、重量、体积与实际舱位进行配舱，并向航空公司吨控部门正式订舱，经吨控部门确认舱位，国际货运代理公司领取集装器装货。

（4）装运出库，航空签单。对于经航空公司确认舱位的货物，国际货运代理公司填制总运单并送交航空公司签发。在准备文件的同时将货物装在航空集装器上，并缮制集装货物组装记录。最后，将货物、总运单和随机文件一起交航空公司验收，等待装运。

工作活动3
订舱委托书的内容与制作

工作活动目标

1. 能够描述订舱委托书的内容。
2. 能够熟练缮制订舱委托书。
3. 能够办理订舱手续。

职业工作情境

单证工作人员需要熟悉订舱委托书的内容，了解订舱委托书的填制依据，掌握订舱委托书的缮制技巧和要点，办理订舱手续。

职业知识储备

知识点1
订舱委托书的内容

订舱委托书包括以下内容：

1.参考业务编号
2.托运人
3.收货人
4.被通知人
5.运输方式
6.启运港和目的港
7.可否转运和分批装运
8.运费支付方式
9.正本提单份数
10.货名
11.唛头、包装件数
12.总毛重和总体积
13.装运期限
14.预定船期
15.预配箱量
16.集装箱装箱方式
17.特殊条款
18.受托人
19.委托人

订舱委托书如样例6-1所示。

样例6-1　订舱委托书

2024.05.06

托运人	TIANJIN XINYUE IMPORT & EXPORT COM-PANY 88 JIEFANG ROAD，TIANJIN，CHINA	合同号	RT05884
		发票号	JCSM048014
		信用证号	8008/04
		运输方式	BY SEA
收货人	TO ORDER OF SHIPPER	启运港	TIANJIN
		目的港	HAMBURG
		装运期限	NOT LATER THAN MAY 19，2024
被通知人	RLI TRADING GMBH LERCHENWEG 10，97522 HAMBURG，GERMANY TEL：0028-40-1278066 FAX：0028-40-1278066	可否转运	YES
		可否分批	NO
		运费支付方式	PREPAID
		正本提单份数	3 COPIES

续表

<table>
<tr><td>货名</td><td>唛头</td><td>包装件数</td><td>总毛重</td><td>总体积</td></tr>
<tr><td>LADIES
SWEATER</td><td>RLI
HAMBURG
C/NO.1-220</td><td>220CTNS</td><td>2 200KGS</td><td>25.893M³</td></tr>
<tr><td colspan="2">预定船期</td><td>预配箱量</td><td colspan="2">集装箱装箱方式</td></tr>
<tr><td colspan="2">天津中远海运集装箱运输有限公司2024年5月12日的船期，船名HUASHUN，航次为586F</td><td>1×40’ GP FCL</td><td colspan="2">门到门
仓库地址：天津河西洞庭路68号
天津市万嘉服装厂
联系人：赵莉
电话：022-60928669</td></tr>
<tr><td>注意事项</td><td colspan="4">提单上要显示以下内容：
（1）L/C NO.：8008/04
（2）L/C DATE：APR.2，2024
（3）NAME OF ISSUING BANK：BANK OF CHINA，HAMBURG BRANCH</td></tr>
<tr><td colspan="2">受托人</td><td colspan="3">委托人</td></tr>
<tr><td colspan="2">天津卓航国际货运代理有限公司</td><td colspan="3">TIANJIN XINYUE IMPORT & EXPORT COMPANY</td></tr>
<tr><td colspan="2">联系人：赵大利</td><td colspan="3">联系人：张莉</td></tr>
<tr><td colspan="2">电话：022-60938239　传真：022-60938239</td><td colspan="3">电话：022-66381571　传真：022-66381571</td></tr>
</table>

知识点2
订舱委托书的制作

微课6-2

订舱委托书的制作（1）

订舱委托书根据合同、信用证、商业发票、装箱单、货物出运信息和其他信息填制。

1.参考业务编号

该栏填写合同号、发票号和信用证号等作为参考业务编号。

在订舱委托书样例6-1中，参考业务编号为：

合同号：RT05884

发票号：JCSM048014

信用证号：8008/04

2.托运人

该栏填写托运人的名称和地址。订舱委托书中的托运人通常是货主，在信用证结算方式下，该栏填写受益人的名称和地址；在汇付和托收结算方式下，一般填写外贸合同中卖方的名称和地址。

在订舱委托书样例6-1中，托运人为：

TIANJIN XINYUE IMPORT & EXPORT COMPANY

88 JIEFANG ROAD，TIANJIN，CHINA

3.收货人

该栏根据信用证或合同的规定填写收货人的名称和地址。

收货人也称为提单抬头，包括记名抬头、不记名抬头和指示抬头三种类型。采用记名抬头时，如规定Consigned to A Company，则收货人栏填写特定的收货人名称A Company，相应的提单不能流通转让，因此很少使用；采用不记名抬头时，收货人栏空着不填或填

To the holder/bearer，相应的，提单无须背书即可流通转让，风险很大，因此也很少使用；实务中使用最多的是指示抬头，收货人栏填写To order/To order of shipper/To order of issuing bank/To order of negotiating bank等。

在订舱委托书样例6-1中，收货人为："TO ORDER OF SHIPPER"。

4.被通知人

被通知人是船公司在货物到达目的港时发送到货通知的收件人。被通知人接到承运人的到货通知后，通知收货人去换单提货。

在信用证结算方式下，本栏要严格按照信用证的要求填写被通知人的名称、地址，往往还填写其联系电话和传真号。在汇付和托收结算方式下，本栏一般填写进口商的名称、地址、联系电话和传真号。若收货人是记名抬头，则本栏往往填写"Same as the consignee"。

在订舱委托书样例6-1中，被通知人为：

RLI TRADING GMBH

LERCHENWEG 10，97522 HAMBURG，GERMANY

TEL：0028-40-1278066

FAX：0028-40-1278066

5.运输方式

本栏填写海洋运输、航空运输、铁路运输等运输方式。

在订舱委托书样例6-1中，运输方式为"BY SEA"。

6.启运港和目的港

本栏根据合同或信用证的规定或者商业发票填写启运港和目的港名称。

在订舱委托书样例6-1中，启运港为"TIANJIN"，目的港为"HAMBURG"。

7.可否转运和分批装运

若合同或信用证规定了转运港，则要标出转运港，否则只要标注是否允许转运即可；若信用证未规定是否允许转运，则根据《UCP600》的规定，允许转运。

关于分批装运，要注明是否允许分批装运；若信用证未规定是否允许分批装运，则根据《UCP600》的规定，允许分批装运。

在订舱委托书样例6-1中，可否转运填"YES"，可否分批填"NO"。

微课6-3

订舱委托书的制作（2）

8.运费支付方式

在CFR、CPT、CIF、CIP贸易术语条件下，运费预付填"Freight prepaid"；在FOB和FCA贸易术语条件下，运费到付填"Freight collect/Freight payable at destination"。

在订舱委托书样例6-1中，运费支付方式为"PREPAID"。

9.正本提单份数

若信用证未规定正本提单份数，一般要求2～3份正本，当然只有1份正本也是允许的。

在订舱委托书样例6-1中，正本提单份数为"3 COPIES"。

10.货名

该栏填写商品名称，可以使用统称。

在订舱委托书样例6-1中，货名为"LADIES SWEATER"。

11.唛头、包装件数

该栏根据装箱单填写唛头和包装件数。

在订舱委托书样例6-1中，唛头为：

RLI

HAMBURG

C/NO.1-220

包装件数为“220CTNS”。

12.总毛重和总体积

该栏根据装箱单填写总毛重和总体积。

在订舱委托书样例6-1中，总毛重为“2 200KGS”，总体积为“25.893M^3”。

13.装运期限

该栏按照合同或信用证的规定填写装运期限。

在订舱委托书样例6-1中，装运期限为“NOT LATER THAN MAY 19，2024”。

14.预定船期

该栏目由外贸单证员登录中国国际海运网，查询船期后确定集装箱运输公司，进而确定船期和船名后填写。

在订舱委托书样例6-1中，预定船期为“订天津中远海运集装箱运输有限公司2024年5月12日的船期，船名HUASHUN，航次为586F”。

15.预配箱量

该栏根据货物的性质、总毛重和总体积填写合理的箱型和箱数。若合同或信用证已规定箱型和箱数，则照办；若未规定，则根据货物的性质、总毛重和总体积确定合理的箱型和箱数，常见的箱型有20英尺柜、40英尺柜、40英尺高柜等。预订箱数时，可以订整箱，不足一箱时也可订拼箱。

在订舱委托书样例6-1中，预配箱量为“1×40’GP FCL”。

16.集装箱装箱方式

该栏目填写门到门、内装箱和自拉自送等集装箱装箱方式。若选择门到门，往往同时标注货物仓库地点、联系人名字、电话号码等提货信息；若选择内装箱和自拉自送，则要标注货代公司传真号、进仓地址和编号。

在订舱委托书样例6-1中，集装箱装箱方式为“门到门”。

仓库地址：天津河西洞庭路68号天津市万嘉服装厂

联系人：赵丽丽

电话：022-60928669

17.特殊条款

该栏在“注意事项”中填写提单的特殊条款和对集装箱冷冻、熏蒸等特殊要求。

在订舱委托书样例6-1中，特殊条款为：

提单上要显示以下内容：

（1）L/C NO.：8008/04

（2）L/C DATE APR.2，2024

（3）NAME OF ISSUING BANK：BANK OF CHINA，HAMBURG BRANCH

以上14～17项内容，在有些订舱委托书中是分栏填写的，也有合并填写在“注意事项”或“声明事项”栏中的。

18.受托人

受托人就是接受托运人的委托，办理订舱业务的人，一般指货运代理公司。该栏填写受托货代公司的名称、联系人名称、电话和传真号码。

在订舱委托书样例6-1中，受托人为：

天津卓航国际货运代理有限公司

联系人：赵大利

电话：022-60938239　传真：022-60938239

19.委托人

委托人就是信用证的受益人，该栏填写受益人的公司名称、联系人名称、电话和传真号码。

在订舱委托书样例6-1中，委托人为：

TIANJIN XINYUE IMPORT & EXPORT COMPANY

联系人：张莉

电话：022-66381571　传真：022-66381571

知识点3
办理订舱手续

外贸单证员把订舱委托书传真给国际货运代理公司，指示代理向中远海运集装箱运输有限公司洽订船期、船名、航次以及集装箱的数量，完成订舱手续。

在订舱委托书样例6-1中，外贸单证员张莉把订舱委托书传真给天津卓航国际货运代理有限公司，指示代理向天津中远海运集装箱运输有限公司洽订2024年5月12日的船期、船名HUASHUN、航次为586F、1个40英尺的集装箱。

职业技能操练

工作项目

1.缮制订舱委托书。

2.办理订舱手续。

项目背景

2024年3月26日，天津金凤进出口有限公司与加拿大枫叶服饰有限公司签订了一份女式衬衫出口合同。2024年4月2日，枫叶服饰有限公司通过中国银行加拿大多伦多分行开出了信用证。2024年5月6日，天津金凤进出口有限公司收到了其供货商天津瑞辉服装厂生产合同号码为NO.TJJF5288的服装实际出运信息。天津金凤进出口有限公司外贸单证员张莉缮制了商业发票和装箱单。

项目任务

1.天津金凤进出口有限公司的外贸单证员张莉根据商业发票、装箱单等资料缮制订舱委托书。

2.办理订舱手续。

项目资料：

1. 基本信息

受托公司：天津宏达国际货运代理公司（天津市滨海新区塘沽三槐路86号）

联系人：赵云涛

联系电话：022-60836678　传真：022-60836679

集装箱装箱方式：内装箱

进仓地址：天津市滨海新区塘沽胡家园街河头村

编号："SHUN1026416"

2. 信用证

MT 700	ISSUE OF A DOCUMENTARY CREDIT
SENDER	BANK OF CHINA, TORONTO BRANCH, CANADA
RECEIVER	BANK OF CHINA, TIANJIN BRANCH, CHINA
SEQUENCE OF TOTAL	27: 1/1
FORM OF DOC.CREDIT	40A: IRREVOCABLE
DOC.CREDIT NUMBER	20: FFF197899
DATE OF ISSUE	31C: 240402
APPLICABLE RULES	40E: UCP LATEST VERSION
DATE AND PLACE OF EXPIRY	31D: DATE 240603 PLACE IN CHINA
APPLICANT	50: MAPLE LEAF APPAREL CO., LTD. PALMERSTON BLVD 26, 20099 TORONTO, CANADA
BENEFICIARY	59: TIANJIN JINFENG IMPORT & EXPORT CO., LTD. 108 FANGZHI STREET, TIANJIN, CHINA
AMOUNT	32B: CURRENCY USD AMOUNT 54 216.00
PERCENTAGE CREDIT AMOUNT TOLERANCE	39A: 05/05
AVAILABLE WITH/BY	41D: ANY BANK IN CHINA BY NEGOTIATION
DRAFTS AT	42C: AT SIGHT
DRAWEE	42A: BANK OF CHINA, NEW YORK
PARTIAL SHIPMENT	43P: PROHIBITED
TRANSSHIPMENT	43T: ALLOWED
PORT OF LOADING	44E: CHINESE MAIN PORT
PORT OF DISCHARGE	44F: TORONTO, CANADA
LATEST DATE OF SHIPMENT	44C: 240519
DESCRIPTION OF GOODS AND/OR SERVICES	45A: 4 518 PIECES OF LADIES SHIRT

STYLE NO.	QUANTITY	UNIT PRICE	AMOUNT
L138	2 250PCS	USD12.00/PC	USD27 000.00
L139	2 268PCS	USD12.00/PC	USD27 216.00

AT CIF TORONTO, CANADA AS PER INCOTERMS® 2020

DOCUMENTS REQUIRED	46A: +COMMERCIAL INVOICE SIGNED IN TRIPLICATE. +PACKING LIST IN TRIPLICATE. +CERTIFICATE OF ORIGIN CERTIFIED BY CHAMBER OF COMMERCE OR CCPIT.

	+FULL SET（3/3）OF CLEAN ON BOARD OCEAN BILLS OF LADING MADE OUT TO ORDER，BLANK ENDORSED，MARKED FREIGHT PREPAID AND NOTIFY APPLICANT. +INSURANCE POLICY/CERTIFICATE IN DUPLICATE，ENDORSED IN BLANK FOR 110% INVOICE VALUE，COVERING ALL RISKS OF CIC OF PICC INCL.WAREHOUSE TO WAREHOUSE AND I.O.P.AND SHOWING THE CLAIMING CURRENCY IS THE SAME AS THE CURRENCY OF CREDIT. +CERTIFICATE OF QUALITY ISSUED BY THE CUSTOMS，P.R.CHINA CERTIFYING THAT ALL PRODUCTS WILL BE MADE OUT OF AZO FREE，PAH FREE AND PHTHALATES FREE MATERIALS. +SHIPPING ADVICE SHOWING THE NAME OF THE CARRYING VESSEL，DATE OF SHIPMENT，MARKS，QUANTITY，NET WEIGHT AND GROSS WEIGHT OF THE SHIPMENT TO APPLICANT WITHIN 3 DAYS AFTER THE DATE OF BILL OF LADING.
ADDITIONAL CONDITION	47A：+DOCUMENTS DATED PRIOR TO THE DATE OF THIS CREDIT ARE NOT ACCEPTABLE. +THE NUMBER AND THE DATE OF THIS CREDIT AND THE NAME OF ISSUING BANK MUST BE QUOTED ON ALL DOCUMENTS. +MORE OR LESS 5 PCT OF QUANTITY OF GOODS IS ALLOWED. +TRANSSHIPMENT ALLOWED AT HONGKONG ONLY. +SHORT FORM/CHARTER PARTY/THIRD PARTY BILL OF LADING ARE NOT ACCEPTABLE. +SHIPMENT MUST BE EFFECTED BY 1×40’ FULL CONTAINER LOAD B/L TO SHOW EVIDENCE OF THIS EFFECT IS REQUIRED. +ONE COPY OF BILL OF LADING，COMMERCIAL INVOICE AND PACKING LIST SHOULD BE MAILED TO THE APPLICANT BY DHL WITHIN THREE DAYS AFTER BILL OF LADING DATE，BENEFICIARY’ CERTIFICATE TO THIS EFFECT IS REQUIRED. +ALL PRESENTATIONS CONTAINING DISCREPANCIES WILL ATTRACT A DISCREPANCY FEE OF USD60.00 PLUS TELEX COSTS OR OTHER CURRENCY EQUIVALENT.THIS CHARGE WILL BE DEDUCTED FROM THE BILL AMOUNT WHETHER OR NOT WE ELECT TO CONSULT THE APPLICANT FOR A WAIVER.
CHARGES	71B：ALL CHARGES AND COMMISSIONS OUTSIDE CANADA ARE FOR ACCOUNT OF BENEFICIARY EXCLUDING REIMBURSING FEE.
PERIOD FOR PRESENTATION	48：WITHIN 15 DAYS AFTER THE DATE OF SHIPMENT BUT WITHIN THE VALIDITY OF THIS CREDIT.
CONFIRMATION INSTRUCTION	49：WITHOUT INSTRUCTION
REIMBURSING BANK	53A：BANK OF CHINA NEW YORK BRANCH
INFORMATION TO PRESENTING BANK	78：ALL DOCUMENTS ARE TO BE REMITTED IN TWO LOTS BY COURIER TO BANK OF CHINA，TORONTO BRANCH，TRADE FINANCE SERVICES，PALMERSTON BLVD 26，20099 TORONTO，CANADA.

3.商业发票

TIANJIN JINFENG IMPORT & EXPORT CO.,LTD.

108FANGZHI STREET, TIANJIN, CHINA

COMMERCIAL INVOICE

To: MAPLE LEAF APPAREL CO., LTD.
PALMERSTON BLVD 26, 20099 TORONTO,
CANADA

FROM TIANJIN, CHINA TO TORONTO, CANADA

Invoice No.: MLA22011
Invoice Date: May 6, 2024
S/C NO.: TJJF5288
S/C DATE: Mar.26, 2024
L/C NO.: FFF197899
Date of Issue: April 2, 2024
Issued by: Bank of China, Toronto Branch

Marks & Nos	Number and Kind of Package/ Description of Goods	Quantity	Unit Price	Amount
CIF Toronto, Canada as per INCOTERMS® 2020				
MLA TJJF5288 L138/L139 TORONTO, CANADA C/NO.: 1-502	LADIES SHIRT STYLE NO.L138 STYLE NO.L139 PACKED IN 9PCS/CTN, TOTALLY FIVE HUNDRED AND TWO CARTONS ONLY	2 250PCS 2 268PCS	USD12.00/PC USD12.00/PC	USD27 000.00 USD27 216.00
Total		4 518PCS		USD54 216.00
SAY TOTAL	U.S.DOLLARS FIFTY FOUR THOUSAND TWO HUNDRED AND SIXTEEN ONLY			
TIANJIN JINFENG IMPORT & EXPORT CO., LTD. 张莉				

4.装箱单

TIANJIN JINFENG IMPORT & EXPORT CO., LTD.

108FANGZHI STREET, TIANJIN, CHINA

PACKING LIST

To: MAPLE LEAF APPAREL CO., LTD.
PALMERSTON BLVD 26, 20099
TORONTO, CANADA

Invoice No.: MLA22011
Invoice Date: MAY 6, 2024
S/C NO.: TJJF5288
L/C NO.: FFF197899
Date of Issue: APR.2, 2024
Issued by: BANK OF CHINA,
TORONTO BRANCH

Marks & Nos	Number and kind of package/ Description of Goods	Quantity	Package	G.W.	N.W.	Meas.
MLA TJJF5288 L138/L139 TORONTO, CANADA C/NO.: 1-502	LADIES SHIRT STYLE NO.: L138 STYLE NO.: L139 PACKED IN 9 PCS/CTN, SHIPPED IN 1×40' FCL	2 250PCS 2 268PCS	250CTNS 252CTNS	2 500KGS 2 520KGS	2 250KGS 2 268KGS	$29.363M^3$ $29.597M^3$
Total		4 518PCS	502CTNS	5 020KGS	4 518KGS	$58.960M^3$
SAY TOTAL	FIVE HUNDRED AND TWO CARTONS ONLY					

5.其他信息

（1）外贸单证员张莉登录中国国际海运网（http://www.shippingchina.com），输入天津装运港到多伦多目的港的航线，查到若干家国际货运代理公司的船期；点击各国际货运代理公司的网站或进行电话联系，获得天津港至多伦多的运价表；通过比较，在2024年5月6日选择天津宏达国际货运代理公司，指示代理向中远海运集装箱运输有限公司订2024年5月12日的船期，船名为HAPPY FISH，航次为0683H，报价为USD12 750/40’。

（2）合同中进口商联系电话和传真为：

TEL：0049-40-3410766 FAX：0049-40-3410767

工作目标

根据上述信用证和商业发票等有关资料填写订舱委托书。

工作实施

1.逐项填写订舱委托书

（1）参考业务编号

Invoice No.：MLA22011

S/C NO.：TJJF5288

L/C NO.：FFF197899

（2）托运人

TIANJIN JINFENG IMPORT & EXPORT CO.，LTD.

108FANGZHI STREET，TIANJIN，CHINA

（3）收货人

TO ORDER OF SHIPPER

（4）被通知人

MAPLE LEAF APPAREL CO.，LTD.

PALMERSTON BLVD 26，20099 TORONTO，CANADA

TEL：0049-40-3410766 FAX：0049-40-3410767

（5）运输方式

BY SEA

（6）启运港和目的港

TIANJIN和TORONTO

（7）可否转运和分批装运

可否转运：YES；可否分批装运：NO。

（8）运费支付方式

PREPAID

（9）正本提单份数

3 COPIES

（10）货名

LADIES SHIRT

（11）唛头、包装件数

唛头：

MLA

TJJF5288

L138/L139

TORONTO，CANADA

C/NO.：1-502

包装件数：502CTNS

（12）总毛重和总体积

5 020KGS和58.960M^3

（13）装运期限

NOT LATER THAN MAY 19，2024

（14）预定船期

天津中远海运集装箱运输有限公司2024年5月12日的船期，船名为HAPPY FISH，航次为0683H。

（15）预配箱量

1×40’GPFCL

（16）集装箱装箱方式

内装箱

天津宏达国际货运代理公司传真：+0086-022-60836679

进仓地址：天津市滨海新区塘沽胡家园街河头村

编号：“SHUN1026416”

（17）特殊条款

提单上要显示以下内容：①L/C NO.：FFF197899。②L/C DATE：APR.2，2024。③NAME OF ISSUING BANK：BANK OF CHINA，TORONTO BRANCH。

（18）受托人

天津宏达国际货运代理公司

联系人：赵云涛

联系电话：022-60836678　传真：022-60836679

（19）委托人

天津金凤进出口有限公司

联系人：张莉

联系电话：022-60938239　传真：022-60938239

2.把各项内容填入后，缮制订舱委托书

订舱委托书

2024.05.06

<table>
<tr><td rowspan="4">托运人</td><td colspan="2" rowspan="4">TIANJIN JINFENG IMPORT & EXPORT CO., LTD.
108 FANGZHI STREET，TIANJIN，CHINA</td><td>合同号</td><td colspan="2">TJJF5288</td></tr>
<tr><td>发票号</td><td colspan="2">MLA22011</td></tr>
<tr><td>信用证号</td><td colspan="2">FFF197899</td></tr>
<tr><td>运输方式</td><td colspan="2">BY SEA</td></tr>
<tr><td rowspan="3">收货人</td><td colspan="2" rowspan="3">TO ORDER OF SHIPPER</td><td>启运港</td><td colspan="2">TIANJIN</td></tr>
<tr><td>目的港</td><td colspan="2">TORONTO</td></tr>
<tr><td>装运期限</td><td colspan="2">NOT LATER THAN MAY 19，2024</td></tr>
<tr><td rowspan="4">被通知人</td><td colspan="2" rowspan="4">MAPLE LEAF APPAREL CO.，LTD.
PALMERSTON BLVD 26， 20099 TORONTO，CANADA
TEL：0049-40-3410766　FAX：0049-40-3410767</td><td>可否转运</td><td colspan="2">YES</td></tr>
<tr><td>可否分批</td><td colspan="2">NO</td></tr>
<tr><td>运费支付方式</td><td colspan="2">PREPAID</td></tr>
<tr><td>提单份数</td><td colspan="2">3 COPIES</td></tr>
<tr><td colspan="2">货名</td><td>唛头</td><td>包装件数</td><td>总毛重</td><td>总体积</td></tr>
<tr><td colspan="2">LADIES SHIRT</td><td>MLA
TJJF5288
L138/L139
TORONTO，CANADA
C/NO.：1-502</td><td>502CTNS</td><td>5 020KGS</td><td>58.960M³</td></tr>
<tr><td colspan="2">预定船期</td><td>预配箱量</td><td colspan="3">集装箱装箱方式</td></tr>
<tr><td colspan="2">天津中远海运集装箱运输有限公司2024年5月12日的船期，船名为HAPPY FISH，航次为0683H</td><td>1×40’GPFCL</td><td colspan="3">内装箱
天津宏达国际货运代理公司传真：+0086-022-60836679
进仓地址：天津市滨海新区塘沽胡家园街河头村
编号：“SHUN1026416”</td></tr>
<tr><td colspan="2">注意事项</td><td colspan="4">提单上要显示以下内容：
（1）L/C NO.：FFF197899
（2）L/C DATE：APR.2，2024
（3）NAME OF ISSUING BANK：BANK OF CHINA，TORONTO BRANCH</td></tr>
<tr><td colspan="3">受托人</td><td colspan="3">委托人</td></tr>
<tr><td colspan="3">天津宏达国际货运代理公司</td><td colspan="3">天津金凤进出口有限公司</td></tr>
<tr><td colspan="3">联系人：赵云涛</td><td colspan="3">联系人：张莉</td></tr>
<tr><td colspan="3">电话：022-60836678　传真：022-60836679</td><td colspan="3">电话：022-60938239　传真：022-60938239</td></tr>
</table>

3.办理订舱手续

外贸单证员张莉把订舱委托书传真给天津宏达国际货运代理公司，指示代理向天津中远海运集装箱运输有限公司订2024年5月12日的船期，船名为HAPPY FISH，航次为0683H，1个40英尺的集装箱。

工作情境测试

随堂测6

一、单项选择题

1.FOB条件下，海运订舱委托书的运费支付方式栏中应注明（　　）。

A.FREIGHT PREPAID　　B.FREIGHT COLLECT

C.FREIGHT PAID　　D.FREIGHT IN ADVANCE

2.出口货物采用整箱装时，外贸企业一般选择的集装箱装箱方式为（　　）。

A.门到门　　B.内装箱　　C.自拉自送　　D.港至港

3.制作海运订舱委托书时，发货人一般为（　　）。

A.货运代理人　　B.被通知人　　C.出口商　　D.进口商

4.在集装箱货物交接方式中，CY to CY是指（　　）。

A.场到场的交接　　B.门到门的交接

C.站到站的交接　　D.钩到钩的交接

5.国际海运集装箱按用途不同可以分为不同类型，其中“RF”代表（　　）。

A.干货箱　　B.冷藏集装箱

C.框架集装箱　　D.开项集装箱

6.在信用证结算方式下，制作海运订舱委托书时，收货人应以（　　）为准填写。

A.信用证　　B.合同　　C.发票　　D.装箱单

7.在信用证结算方式下，订舱委托书托运人栏应填写（　　）。

A.收货人名称和地址　　B.开证行名称和地址

C.受益人名称和地址　　D.货代公司名称和地址

8.在我国的出口业务中，出口商委托货代代为办理出口货物托运手续时，首先由外贸企业填制（　　）。

A.托运单　　B.装货单　　C.配舱回单　　D.订舱委托书

二、判断题

1.关于船公司、船期、航线和箱数等订舱信息，一般出现在订舱委托书的注意事项中。（　　）

2.在FOB、CIF、CFR术语条件下，我方出口商可以自行确定信得过的货运代理，办理出口货物托运手续。（　　）

3.如果托运的两种货的箱数分别为100纸箱、50麻袋，则总件数为150件。（　　）

4.在托收结算方式下，订舱委托书托运人栏一般填写外贸合同中卖方的名称和地址。（　　）

5.若选择门到门运输方式，在集装箱装箱方式栏要标注货代公司传真号、进仓地址和编号。（　　）

6.订舱委托书中的货物名称栏可以填写货物统称。　(　　)

7.在FCA贸易术语条件下，订舱委托书中的运费支付方式填写“Freight Collect”。　(　　)

8.国际货运代理公司接受外贸企业的委托后，填制托运单，向船公司提出订舱申请。　(　　)

三、技能训练——缮制订舱委托书

(一)根据下面的销售合同、信用证、商业发票、装箱单以及补充资料缮制订舱委托书并办理订舱手续

1.销售合同

SHANGHAI TOOL IMPORT & EXPORT CO., LTD.

31, GANXIANG ROAD SHANGHAI CHINA

SALES CONTRACT

TEL: 021-65756156　　S/C NO.: RT05342

FAX: 021-65756155　　DATE: Mar.20, 2024

E-mail: STI@168.com　　P/I NO.: 2024032

TO:

MAMUT ENTERPRISES AV

TARRAGONA75-3ER, BARCELONA, SPAIN

Dear Sirs,

We hereby confirm having sold to you the following goods on the terms and conditions as specified below:

Marks & Nos	Description of Goods	Quantity	Unit Price	Amount
M.E BARCELONA C/NO.1-515	HAND TOOLS	CFR BARCELONA		
	(1) 9pc Extra Long Hex Key Set	1 200SETS	USD1.76	USD2 112
	(2) 8pc Double Offset Ring Spanner	1 200SETS	USD3.10	USD3 720
	(3) 12pc Double Offset Ring Spanner	800SETS	USD7.50	USD6 000
	(4) 12pc Combination Spanner	1 200SETS	USD3.55	USD4 260
	(5) 10pc Combination Spanner Packing: Plastic Carton	1 000SETS	USD5.80	USD5 800

Payment: IRREVOCABLE L/C 30 DAYS AFTER SIGHT. Our bank information is as follows:

(1) Beneficiary: SHANGHAI TOOL IMPORT & EXPORT CO., LTD.

(2) Bank Name: BANK OF CHINA SHANGHAI BRANCH

(3) Account NO.: 97148090235684

(4) Switch Code: BKCHCNBJ300

THE BUYER:　　THE SELLER:

MAMUT ENTERPRISES AV　　SHANGHAI TOOL IMPORT & EXPORT CO., LTD.

JUN　　LILI

2.信用证

SEQUENCE OF TOTAL	*27：1/1
FORM OF DOC.CREDIT	*40A：IRREVOCABLE
DOC.CREIT NUMBER	*20：31173
DATE OF ISSUE	31C：240401
DATE AND PLACE OF EXPIRY	*31D：DATE 240531 PLACE CHINA
APPLICANT	*50：MAMUT ENTERPRISES AV TARRAGONA75-3ER，BARCELONA，SPAIN
ISSUING BANK	52A：CREDIT ANDORRA ANDORRA LA VELLA，ANDORRA
BENEFICIARY	*59：SHANGHAI TOOL IMPORT & EXPORT CO.，LTD 31，GANXIANG ROAD SHANGHAI，CHINA
AMOUNT	*32B：CURRENCY USD AMOUNT 21 892.00
AVAILABLE WITH/BY	*41D：ANY BANK IN CHINA BY NEGOTIATION
DRAFTS AT...	42C：30 DAYS AFTER SIGHT
DRAWEE	42A：CREDIT ANDORRA ANDORRA LA VELLA，ANDORRA
PARTIAL SHIPMENT	43P：NOT ALLOWED
TRANSSHIPMENT	43T：ALLOWED
LOADING ON BOARD	44A：SHANGHAI
FOR TRANSPORTATION TO	44B：BARCELONA（SPAIN）
LATEST DATE OF SHIPMENT	44C：240510
DESCRIPTION OF GOODS	45A：HAND TOOLS AS PER PROFORMA INVOICE NO.2024032 DATED MARCH 10，2024 FOB SHANGHAI
DOCUMENTS REQUIRED	46A： +SIGNED COMMERCIAL INVOICE，1 ORIGINAL AND 4 COPIES. +PACKING LIST 1 ORIGINAL AND 4 COPIES. +CERTIFICATE OF ORIGIN CERTIFIED BY CHAMBER OF COMMERCE OR CCPIT. + FULL SET OF B/L（2 ORIGINALS AND 5 COPIES）CLEAN ON BOARD，MARKED “FREIGHT COLLECT”，CONSIGNED TO：MAMUT ENTERPRISES AV，TARRAGONA75-3ER BARCELONA，SPAIN，TEL：+376-823-323 FAX：+376-860-914-860-807，NOTIFY：BLUE WATER SHIPPING ESPANA，ER 2NA，A，08003 BARCELONA（SPAIN）TEL：34-93-295-48-48，FAX：34-93-268-16-81.
CHARGES	71B：ALL BANKING CHARGES OUTSIDE SPAIN ARE FOR ACCOUNT OF BENEFICIARY.
PERIOD FOR PRESENTATION	48：DOCUMENTS MUST BE PRESENTED WITHIN 15 DAYS AFTER THE DATE OF SHIPMENT BUT WITHIN THE VALIDITY OF THE CREDIT.

3. 商业发票

SHANGHAI TOOL IMPORT & EXPORT CO., LTD

31, GANXIANG ROAD SHANGHAI, CHINA

COMMERCIAL INVOICE

To: MAMUT ENTERPRISES AV　　Invoice No.: TY034

TARRAGONA75-3ER　　Invoice Date: APR.20, 2024

BARCELONA, SPAIN　　S/C NO.: RT05342

FROM SHANGHAI, CHINA TO BARCELONA, SPAIN　　S/C DATE: MAR.20, 2024

L/C NO.: 31173

Marks & Nos	Number and Kind of Package/ Description of Goods	Quantity	Unit Price	Amount
CFR BARCELONA, SPAIN as per INCOTERMS® 2020				
M.E BARCELONA C/NO.1-515	HAND TOOLS (1) 9pc Extra Long Hex Key Set (2) 8pc Double Offset Ring Spanner (3) 12pc Double Offset Ring Spanner (4) 12pc Combination Spanner (5) 10pc Combination Spanner TOTALLY FIVE HUNDRED AND FIFTEEN CARTONS ONLY	1 200SETS	USD1.76	USD2 112.00
		1 200SETS	USD3.10	USD3 720.00
		800SETS	USD7.50	USD6 000.00
		1 200SETS	USD3.55	USD4 260.00
		1 000SETS	USD5.80	USD5 800.00
Total		5 400SETS		USD21 892.00
SAY TOTAL	U.S.DOLLARS TWENTY ONE THOUSAND EIGHT HUNDRED AND NINETY TWO ONLY			
AS PER PROFORMA INVOICE NO.2024032 DATED MARCH 10, 2024 WE HEREBY CERTIFY THAT THE CONTENTS OF INVOICE HEREIN ARE TRUE AND CORRECT.				
SHANGHAI TOOL IMPORT & EXPORT CO., LTD LILI				

4. 装箱单

SHANGHAI TOOL IMPORT & EXPORT CO., LTD.

31, GANXIANG ROAD SHANGHAI, CHINA

PACKING LIST

To: MAMUT ENTERPRISES AV　　Invoice No.: TY034

TARRAGONA75-3ER　　Invoice Date: APR.20, 2024

BARCELONA, SPAIN　　S/C NO.: RT05342

L/C NO.: 31173

Marks & Nos	Number and Kind of Package/ Description of Goods	QTY (SETS)	PKG (CTNS)	G.W. (KGS)	N.W. (KGS)	Meas. (M^3)
M.E BARCELONA C/NO.1-515	HAND TOOLS (1) 9pc Extra Long Hex Key Set (2) 8pc Double Offset Ring Spanner (3) 12pc Double Offset Ring Spanner (4) 12pc Combination Spanner (5) 10pc Combination Spanner Packed in 1 plastic carton of 10 sets each shipped in 3×40' container	1 200	120	20/CTN	18/CTN	0.2/CTN
		1 200	75	20/CTN	18/CTN	0.2/CTN
		800	100	19/CTN	17/CTN	0.2/CTN
		1 200	120	19/CTN	17/CTN	0.2/CTN
		1 000	100	18/CTN	16/CTN	0.2/CTN
Total		5 400	515	9 880	8 850	103
SAY TOTAL	FIVE HUNDRED AND FIFTEEN CARTONS ONLY					

5.补充资料

（1）外贸单证员LILI登录中国国际海运网（http：//www.shippingchina.com），输入上海装运港到巴塞罗那目的港的航线，查到若干家国际货运代理公司的船期；点击各国际货运代理公司的网站或进行电话联系，获得上海港至巴塞罗那港的运价表；通过比较，在2024年4月10日选择上海明通国际货运代理有限公司，指示代理向中远海运集装箱运输有限公司洽订2024年5月8日的船期，船名为DONGFANG，航次为V.112，3个40英尺的集装箱，报价为USD2 258/40’。

（2）上海杰昆五金工具有限公司仓库地址：上海市闵行区新源路1386弄；联系人：李平；联系电话：021-65756156。

（3）上海明通国际货运代理有限公司地址：上海市虹口区四川北路1628号；联系人：马涛；联系电话：021-91985750；传真：021-91985768。

（二）2024年6月14日，青岛科瑞有限公司外贸单证员刘娟根据下面的外贸合同、商业发票、装箱单和其他信息，制作订舱委托书并委托青岛嘉林国际货运代理有限公司订舱。

1.外贸合同

QINGDAO KERUI CO.，LTD

No.2 Taiping St.Qingdao，China

Tel：0086-532-88391926 Fax：0086-532-88391928

S/C No.：2024072 Date：May 13，2024

SALES CONTRACT

TO：TAKA CO.，LTD.

12-15，Aza shinbo，Ohaza Yamaya，Osaka，Japan

Tel：0081-665-39-3123 Fax：0081-665-39-3133

Dear sirs,

We hereby confirm having sold to you the following goods on the terms and conditions as specified below:

（1）Commodity & Specification	（2）Quantity	（3）Unit Price	（4）Amount
A.Door Handle	CFR Osaka，Japan as per INCOTERMS®2020		
Article No.DH5010	4 500 pairs	USD8.80/pair	USD39 600.00
Article No.DH5020	4 500 pairs	USD8.50/pair	USD38 250.00
B.Spirit Level			
Article No.19161	8 820 pcs	USD2.00/pc	USD17 640.00
Article No.19163	14 700 pcs	USD2.20/pc	USD32 340.00
Total			USD127 830.00
Total Contract Value	U. S. DOLLARS ONE HUNDRED AND TWENTY SEVEN THOUSAND EIGHT HUNDRED AND THIRTY ONLY		

（5）Packing：Door Handle packed in 20 pairs/carton，Spirit Level packed in 60 pieces/carton.

（6）Marks：TAKA in a circle/OSAKA.

（7）Shipment：Shipped from Qingdao，China to Osaka，Japan not later than Jun. 30，2024.Partial shipment and transshipment are prohibited.

（8）Payment：By D/P at sight.

Our Bank：Bank of China，Qingdao Branch.

No.25 Shandong Rd.Qingdao，China

A/C No.：80020002700605309

THE BUYER	THE SELLER
TAKA CO.，LTD.	QINGDAO KERUI CO.，LTD
TAKA	GAOHONG

2.商业发票

QINGDAO KERUI CO.，LTD

No.2 Taiping St.Qingdao，China

Tel：0086-532-88391926　Fax：0086-532-88391928

COMMERCIAL INVOICE

To：TAKA CO.，LTD.	Invoice No.：KR22071
12-15，Aza shinbo，Ohaza Yamaya，Osaka，Japan	Invoice Date：JUN.14，2024
Tel：0081-665-39-3123　Fax：0081-665-39-3133	S/C NO.：2024072
From Qingdao，China To Osaka，Japan	S/C DATE：MAY 13，2024

Marks & Nos	Number and Kind of Package/Description of Goods	Quantity	Unit Price	Amount
CFR Osaka，Japan as per INCOTERMS® 2020				
TAKA OSAKA (in a circle)	（1）Door Handle			
	Article No.DH5010	4 500pairs	USD8.80/pair	USD39 600.00
	Article No.DH5020	4 500pairs	USD8.50/pair	USD38 250.00
	（2）Spirit Level			
	Article No.19161	8 820pcs	USD2.00/pc	USD17 640.00
	Article No.19163	14 700pcs	USD2.20/pc	USD32 340.00
Total				USD127 830.00
SAY TOTAL	U. S. DOLLARS ONE HUNDRED AND TWENTY SEVEN THOUSAND EIGHT HUNDRED AND THIRTY ONLY.			
QINGDAO KERUI CO.，LTD 刘娟				

3.装箱单

QINGDAO KERUI CO., LTD

No.2 Taiping St.Qingdao, China

Tel: 0086-532-88391926 Fax: 0086-532-48391928

PACKING LIST

TO: TAKA CO., LTD.
12-15, Aza shinbo, Ohaza Yamaya, Osaka, Japan
Tel: 0081-665-39-3123 Fax: 0081-665-39-3133
From Qingdao, China To Osaka, Japan

Invoice No.: KR22071
Invoice Date: Jun.14, 2024
S/C NO.: 2024072
S/C DATE: May 13, 2024

Marks & Nos	Number and Kind of Package/ Description of Goods	Quantity	Package	G.W. (kgs)	N.W. (kgs)	Meas. (M^3)
TAKA OSAKA	(1) Door Handle					
	Article No.DH5010	4 500pairs	225CTNS	4 162.5	3 937.5	12.325
	Article No.DH5020	4 500pairs	225CTNS	4 050	3 825	12.325
	(2) Spirit Level					
	Article No.19161	8 820pcs	147CTNS	2 352	2 205	8.467
	Article No.19163	14 700pcs	245CTNS	4 165	3 920	18.816
Total			842CTNS	14 730	13 888	51.933
SAY TOTAL	EIGHT HUNDRED AND FORTY TWO CARTONS ONLY.					

4.其他信息

(1) 青岛嘉林国际货运代理有限公司地址：青岛市市南区南京路2号1101室；联系人：赵鹏；电话：0086-532-87391986；传真：0086-532-87391988。

(2) 要求订中国外运公司2024年6月21日的船期；船名为COSCO RAN；航次为499E；青岛港口装2个20英尺柜；门到门运输。

(3) 存储门把手和水平仪的仓库地址：日照市龙门镇玉珊路9号日照市龙门五金厂；联系人：郭峰；联系电话：0532-89214452。

7

工作情境7

缮制原产地证

情境目标

知识目标

1. 理解原产地证的含义和作用。
2. 熟悉原产地证的种类。
3. 熟悉一般原产地证的内容。
4. 掌握一般原产地证的制作要点。
5. 熟悉普惠制原产地证的内容。
6. 掌握普惠制原产地证的制作要点。

技能目标

1. 能够熟练制作和申领一般原产地证。
2. 能够制作和申领普惠制原产地证。

素养目标

1. 具有一丝不苟、精益求精的职业精神和工作态度。
2. 具有诚实守信的品质。

情境导入

原产地证明书是证明产品真实来源地的商业文书，简称原产地证。其通常用于不使用海关发票或领事发票的国家或地区，以确定对货物征税的税率。原产地证主要包括一般原产地证和普惠制原产地证。一般原产地证由海关、中国国际贸易促进委员会（以下简称贸促会）、出口商或出口厂家签发。普惠制原产地证是受惠国有关机构就本国出口商向给惠国出口受惠产品签发的用以证明原产地的一种文件。

原产地证的含义、作用和种类是缮制原产地证的基础，一般原产地证和普惠制原产地证的内容和填制技巧是缮制原产地证的关键。出口商可以通过贸促会的网站填写和申领一般原产地证，也可以通过“中国国际贸易单一窗口”填写并向当地海关申领。普惠制原产地证在我国由海关签发。

工作活动

工作活动1　原产地证的含义和作用
工作活动2　原产地证的种类
工作活动3　一般原产地证的制作和申领
工作活动4　普惠制原产地证的制作和申领

工作活动1 原产地证的含义和作用

工作活动目标

1.能够理解原产地证的含义。
2.能够列举并理解原产地证的作用。

职业工作情境

单证工作人员需要明确原产地证的含义和作用。

职业知识储备

知识点 原产地证的作用

原产地证的作用包括三点：

（1）原产地证是证明出口货物产地的书面文件。

（2）原产地证是进口国海关实施差别关税和进口限制、分配进口配额和采取不同税率的依据。

（3）原产地证是进出口通关和进行贸易统计的重要依据。

工作活动2 原产地证的种类

工作活动目标

1.能够列举原产地证的种类。
2.掌握一般原产地证的含义。
3.掌握普惠制原产地证的含义。

职业工作情境

单证工作人员需要明确一般原产地证和普惠制原产地证的含义和种类。

职业知识储备

原产地证主要包括一般原产地证、普惠制原产地证和其他主要产地证。

知识点1
一般原产地证的含义

一般原产地证（Certificate of Origin，C/O）是出口国根据一定原产地规则签发的证明货物原产地的一种文书。在我国，一般原产地证有四种形式：

（1）海关出具的“中华人民共和国出口货物原产地证明书”。

（2）贸促会出具的“中华人民共和国出口货物原产地证明书”。

（3）出口商出具的“原产地证书”。

（4）生产厂家出具的“原产地证书”。

知识点2
普惠制原产地证的含义

普惠制（Generalized System of Preferences，G.S.P.）是发达国家给予发展中国家的出口制成品和半制成品（包括某些初级产品）普遍的、非歧视性的、非互惠的一种关税优惠制度。

普惠制原产地证（G.S.P.产地证）是受惠国有关机构就本国出口商向给惠国出口受惠商品所签发的用以证明原产地的一种文件。在我国，普惠制原产地证是由海关签发的。2012—2019年，乌克兰、加拿大、瑞士、列支敦士登、欧盟、土耳其、日本等陆续取消了给予我国的出口货物普惠制关税优惠待遇。2021年，欧亚经济联盟宣布取消给予我国的普惠制关税优惠待遇。目前，挪威、新西兰、澳大利亚3个国家仍给予我国普惠制关税优惠待遇。中国与新西兰和澳大利亚两个国家签有自由贸易协定，中国企业向这两个国家出口商品时，如果符合特定的自贸协定优惠原产地规则，就可以享受协定关税待遇。实际上，只有挪威尽管和中国没有签署自贸协定但还在提供普惠制待遇。

普惠制原产地证格式A（FORM A）使用范围最广。

知识点3
其他主要产地证

目前，除了一般原产地证和普惠制原产地证以外，还有以下11种主要区域性产地证：

（1）亚太贸易协定原产地证（Certificate of Origin under the Asia-Pacific Trade Agreement），也称FORM B。亚太贸易协定包括中国、韩国、斯里兰卡、孟加拉国、印度、老挝和蒙古国共7个成员国。

（2）中国-东盟自由贸易区优惠原产地证（Asean-China Free Trade Area Preferential Tariff Certificate of Origin），也称FORM E。中国-东盟自由贸易区包括中国、文莱、柬埔寨、印度尼西亚、老挝、马来西亚、缅甸、菲律宾、新加坡、泰国和越南共11个成员国。

（3）中国-巴基斯坦自由贸易区优惠原产地证（Certificate of Origin China-Pakistan FTA），也称FORM P。

（4）中国-智利自由贸易区优惠原产地证（Certificate of Origin Form F for China-Chile FTA），也称FORM F。

（5）中国-新加坡自由贸易区原产地证（China-Singapore Free Trade Area Preferential

Tariff Certificate of Origin)，也称FORM X。

（6）中国-新西兰自由贸易区优惠原产地证（Certificate of Origin Form for the Free Trade Agreement between the Government of the People's Republic of China and the Government of New Zealand)，也称FORM N。

（7）中国-秘鲁自贸区原产地证（Certificate of Origin Form for China-Peru FTA)，也称FORM R。

（8）中国-哥斯达黎加自由贸易协定原产地证（Certificate of Origin Form for China-Costa Rica Free Trade Agreement)，也称FORM L。

（9）海峡两岸经济合作框架协议（Economic Cooperation Framework Agreement，ECFA）原产地证。

（10）中国-澳大利亚自由贸易协定原产地证（Certificate of Origin Form for China-Australia Free Trade Agreement)，也称 FORM AU。

（11）中国-韩国自由贸易协定原产地证（Certificate of Origin Form for China-Korea FTA)，也称FORM K.

工作活动3
一般原产地证的制作和申领

工作活动目标

1. 能够描述一般原产地证的内容。
2. 能够熟练填写一般原产地证。
3. 能够申领一般原产地证。

职业工作情境

单证工作人员需要明确一般原产地证的内容、填制要点和申领方法。

职业知识储备

知识点1
一般原产地证的内容

一般原产地证的内容主要包括：

1. 出口方（Exporter）
2. 收货方（Consignee）
3. 运输方式和路线（Means of Transport and Route）
4. 目的国或地区（Country/Region of Destination）
5. 仅供签证机构使用（For Certifying Authority Use only）
6. 唛头及包装号（Marks and Numbers）

7.包装数量及种类、商品名称（Number and Kind of Packages;Description of Goods）
8.H.S.编码（H.S.Code）
9.毛重或其他数量（Gross Weight or Other Quantity）
10.发票号码及日期（Number and Date of Invoices）
11.出口商的声明（Declaration by the Exporter）
12.签证机构证明（Certification）
13.一般原产地证书号（Certificate No.）
一般原产地证如样例7-1所示。

样例7-1　　一般原产地证

ORIGINAL

<table>
<tr><td colspan="2">1.Exporter</td><td colspan="3">13.Certificate No.19C3301A1082/00023</td></tr>
<tr><td colspan="2">TIANJIN XINYUE IMPORT & EXPORT COMPANY
88 JIEFANG ROAD，TIANJIN，CHINA</td><td colspan="3" rowspan="3">CERTIFICATE OF ORIGIN
OF
THE PEOPLE'S REPUBLIC OF CHINA</td></tr>
<tr><td colspan="2">2.Consignee</td></tr>
<tr><td colspan="2">RLI TRADING GMBH
LERCHENWEG 10，97522 HAMBURG，GERMANY</td></tr>
<tr><td colspan="2">3.Means of Transport and Route</td><td colspan="3">5.For Certifying Authority Use only</td></tr>
<tr><td colspan="2">SHIPPED FROM TIANJIN CHINA TO HAMBURG，GERMANY BY SEA</td><td colspan="3" rowspan="3"></td></tr>
<tr><td colspan="2">4.Country/Region of Destination</td></tr>
<tr><td colspan="2">GERMANY</td></tr>
<tr><td>6. Marks and Numbers</td><td>7. Number and Kind of Packages/Description of Goods</td><td>8.H.S.Code</td><td>9.Quantity</td><td>10. Number and Date of Invoices</td></tr>
<tr><td>RLI
HAMBURG
C/NO.1-220</td><td>TWO HUNDRED
AND TWENTY（220）CARTONS OF
LADIES SWEATER
****
L/C NO.：8008/04
Date of Issue：APR.8，2024
Issued by：BANK OF CHINA，HAMBURG BRANCH</td><td>6110110031</td><td>2 200PCS</td><td>JCSM048014
May 12，2024</td></tr>
<tr><td colspan="2">11.Declaration by the Exporter</td><td colspan="3">12.Certification</td></tr>
<tr><td colspan="2">The undersigned hereby declares that the above details and statements are correct，that all the goods were produced in China and that they comply with the Rules of Origin of the People's Republic of China.</td><td colspan="3">It is hereby certified that the declaration by the exporter is correct.</td></tr>
<tr><td colspan="2">TIANJIN XINYUE IMPORT & EXPORT COMPANY
张 萍</td><td colspan="3" rowspan="2">TIANJIN，May 12，2024</td></tr>
<tr><td colspan="2">TIANJIN，May 12，2024</td></tr>
<tr><td colspan="2">Place and date，signature and stamp of authorized signatory</td><td colspan="3">Place and date，signature and stamp of authorized signatory</td></tr>
</table>

知识点2
一般原产地证的制作

微课7-1

一般原产地证的制作

一般原产地证根据合同、信用证、商业发票、装箱单等资料填写。

1.出口方（Exporter）

此栏不得留空，应填写出口方的名称、详细地址及国家（地区），一般按有效外贸合同的卖方或发票出票人的名称、地址填打。若经过其他国家或地区，需填写转口商名称时，可在出口商后面加填英文VIA，然后再填写转口商的名称、地址和国家。

在一般原产地证7-1中，出口方（Exporter）为：

TIANJIN XINYUE IMPORT & EXPORT COMPANY

88 JIEFANG ROAD，TIANJIN，CHINA

2.收货方（Consignee）

此栏应填写最终收货方的名称、详细地址及国家（地区），通常是外贸合同中的买方或信用证上规定的提单被通知人。但由于贸易的需要，信用证会规定所有单证收货人一栏留空。在这种情况下，此栏应加注“TO WHOM IT MAY CONCERN”或“TO ORDER”，但不得留空。若需填写转口商名称，可在收货人后面加填英文VIA，然后再填写转口商的名称、地址和国家。

在一般原产地证7-1中，收货方（Consignee）为：

RLI TRADING GMBH

LERCHENWEG 10， 97522 HAMBURG， GERMANY

3.运输方式和路线（Means of Transport and Route）

此栏一般应填写装货、到货地点（始运港、目的港）及运输方式（如海运、陆运、空运）。转运货物应加上转运港，如VIA HONGKONG。

在一般原产地证7-1中，运输方式和路线为：

SHIPPED FROM TIANJIN CHINA TO HAMBURG，GERMANY BY SEA

4.目的国或地区（Country/Region of Destination）

此栏填写货物运抵的最终目的国或地区。

在一般原产地证7-1中，目的国为：GERMANY。

5.仅供签证机构使用（For Certifying Authority Use only）

此栏为签证机构在签发后发证书、补发证书或加注其他声明时使用。证书申领单位应将该栏留空。

6.唛头及包装号（Marks and Numbers）

此栏应按照商业发票上所列唛头填写完整图案、文字标记及包装号码，不可简单地填写“按照发票号”（As per Invoice No.）或“按照提单号”（As per B/L No.）；如货物无唛头，应填写“无唛头”（N/M或No Mark）。如果唛头过多，此栏不够填写，可填打在第7、8、9、10栏截止线以下的空白处。如还不够，此栏可填打“SEE THE ATTACHMENT”，用附页填打所有唛头（附页的纸张要与原证书一般大小），在右上角打上证书号，并由申请单位和签证当局授权签字人分别在附页末页的右下角和左下角手签、盖印。附页手签的笔迹、地点、日期均应与证书第11栏、第12栏相一致。

在一般原产地证7-1中，唛头及包装号为：

RLI

HAMBURG

C/NO.1-220

7.包装数量及种类、商品名称（Number and Kind of Packages/Description of Goods）

包装数量必须同时用英文和阿拉伯数字表示。商品名称必须具体，其详细程度应达到可以在H.S.Code中准确归类，不能笼统地填“MACHINE”“GARMENT”等；商品名称等项填完后，应在下一行加上“***”表示结束的符号，以防止加填伪造内容。国外信用证有时要求填具合同、信用证号码等，可加填在此栏空白处。

在一般原产地证7-1中，包装数量及种类、商品名称为：

TWO HUNDRED AND TWENTY（220）CARTONS OF LADIES SWEATER

****

L/C NO.：8008/04

Date of Issue： APR.8， 2024

8.H.S.编码（H.S.Code）

H.S.Code即商品H.S.税目号。此栏不得留空，若同一证书中包含几种商品，则应将相应的税目号全部填写上。

在一般原产地证7-1中，H.S.编码为：6110110031。

9.毛重或其他数量（Gross Weight or Other Quantity）

此栏应按商品的正常计量单位填写，如“只”“件”“双”“台”“打”等。以重量计算的，应填毛重；只有净重的，则填净重，但要标上N.W.（Net Weight）。

在一般原产地证7-1中，数量为2 200PCS。

10.发票号码及日期（Number and Date of Invoices）

此栏不得留空。月份一律用英文（可用缩写）表示，日期必须按照正式商业发票填具，发票日期不得迟于出货日期。

在一般原产地证7-1中，发票号码及日期为：

JCSM048014

May 12，2024

11.出口商的声明（Declaration by the Exporter）

出口商的声明的内容通常已经印刷好：The undersigned hereby declares that the above details and statements are correct，that all the goods were produced in China and that they comply with the Rules of Origin of the People's Republic of China.（下列签署人在此声明，上述货物详细情况与声明是正确的，所有货物均在中国生产，完全符合中华人民共和国原产地规则）。

此栏由申请单位的手签人员签字并盖章，还必须填制申报地点和时间，日期不得早于发票日期。

在一般原产地证7-1中，出口商的声明为：

TIANJIN XINYUE IMPORT & EXPORT COMPANY

张萍

TIANJIN，May 12，2024

12.签证机构证明（Certification）

签证机构证明的内容通常已经印刷好：It is hereby certified that the declaration by the exporter is correct.（兹证明出口商声明是正确的）。

所申请的证书，经签证机构审核人员审核无误后在此栏手签姓名并盖签机构章，证明签署的时间和地点。签发日期不得早于发票日期和申请日期。

在一般原产地证7-1中，时间和地点为：TIANJIN，May 12，2024。

13.一般原产地证书号（Certificate No.）

一般原产地证书号由发证机构指定。此栏不得留空，否则证书无效。

在一般原产地证7-1中，一般原产地证书号为“19C3301A1082/00023”。

知识点3
一般原产地证的申领

一般原产地证可以通过网络向贸促会申领，也可向海关申领。

（1）外贸公司通过贸促会的网站填写一般原产地证，贸促会的工作人员网上审核通过后，在一般原产地证上盖章后生效。

（2）外贸公司也可通过“中国国际贸易单一窗口”填写一般原产地证并向海关申领。

在一般原产地证7-1中，天津欣悦进出口公司的单证员张萍通过天津贸促会网站填写一般原产地证，天津贸促会的工作人员审核通过后，在一般原产地证上盖章后生效。

职业技能操练

工作项目

1.缮制一般原产地证

2.申领一般原产地证

项目背景

2024年3月26日，天津金凤进出口有限公司与德国瑞秋贸易有限公司签订了一份女式衬衫的出口合同。2024年4月2日，瑞秋贸易有限公司通过中国银行德国汉堡分行开出了信用证。2024年5月6日，天津金凤进出口有限公司的外贸单证员张莉缮制了商业发票和装箱单。

项目任务

天津金凤进出口有限公司的外贸单证员张莉根据信用证、商业发票、装箱单和其他信息等资料缮制并申领一般原产地证。

项目资料

1.信用证

MT 700	ISSUE OF A DOCUMENTARY CREDIT
SENDER	BANK OF CHINA，STADERSAND BRANCH，GERMANY
RECEIVER	BANK OF CHINA，TIANJIN BRANCH，CHINA
SEQUENCE OF TOTAL	27：1/1
FORM OF DOC.CREDIT	40A：IRREVOCABLE
DOC.CREDIT NUMBER	20：FFF197899
DATE OF ISSUE	31C：240402
APPLICABLE RULES	40E：UCP LATEST VERSION
DATE AND PLACE OF EXPIRY	31D：DATE 240603 PLACE IN CHINA
APPLICANT	50：RACHEL TRADING GMBH LERCHENWEG 10 97522 STADERSAND GERMANY
BENEFICIARY	59：TIANJIN JINFENG IMPORT & EXPORT CO.，LTD. 108 FANGZHI STREET，TIANJIN，CHINA
AMOUNT	32B：CURRENCY USD AMOUNT 54 216.00
PERCENTAGE CREDIT AMOUNT TOLERANCE	39A：05/05
AVAILABLE WITH/BY	41D：ANY BANK IN CHINA BY NEGOTIATION
DRAFTS AT...	42C：AT SIGHT
DRAWEE	42A：BANK OF CHINA，NEW YORK
PARTIAL SHIPMENT	43P：PROHIBITED
TRANSSHIPMENT	43T：ALLOWED
PORT OF LOADING	44E：CHINESE MAIN PORT
PORT OF DISCHARGE	44F：STADERSAND，GERMANY
LATEST DATE OF SHIPMENT	44C：240519
DESCRIPTION OF GOODS AND/OR SERVICES	45A：4 518 PIECES OF LADIES SHIRT

STYLE NO.	QUANTITY	UNIT PRICE	AMOUNT
L138	2 250PCS	USD12.00/PC	USD27 000.00
L139	2 268PCS	USD12.00/PC	USD27 216.00

AT CIF STADERSAND GERMANY AS PER INCOTERMS® 2020

DOCUMENTS REQUIRED 46A：+COMMERCIAL INVOICE SIGNED IN TRIPLICATE.

+PACKING LIST IN TRIPLICATE.

+CERTIFICATE OF ORIGIN CERTIFIED BY CHAMBER OF COMMERCE OR CCPIT.

+FULL SET（3/3）OF CLEAN ON BOARD OCEAN BILLS OF LADING MADE OUT TO ORDER，BLANK ENDORSED，MARKED FREIGHT PREPAID AND NOTIFY APPLICANT.

	+INSURANCE POLICY/CERTIFICATE IN DUPLICATE ENDORSED IN BLANK FOR 110% INVOICE VALUE, COVERING ALL RISKS OF CIC OF PICC INCL.WAREHOUSE TO WAREHOUSE AND I.O.P.AND SHOWING THE CLAIMING CURRENCY IS THE SAME AS THE CURRENCY OF CREDIT. +CERTIFICATE OF QUALITY ISSUED BY THE CUSTOMS, P.R.CHINA CERTIFYING THAT ALL PRODUCTS WILL BE MADE OUT OF AZO FREE, PAH FREE AND PHTHALATES FREE MATERIALS. +SHIPPING ADVICE SHOWING THE NAME OF THE CARRYING VESSEL, DATE OF SHIPMENT, MARKS, QUANTITY, NET WEIGHT AND GROSS WEIGHT OF THE SHIPMENT TO APPLICANT WITHIN 3 DAYS AFTER THE DATE OF BILL OF LADING.
ADDITIONAL CONDITION	47A: +DOCUMENTS DATED PRIOR TO THE DATE OF THIS CREDIT ARE NOT ACCEPTABLE. +THE NUMBER AND THE DATE OF THIS CREDIT AND THE NAME OF ISSUING BANK MUST BE QUOTED ON ALL DOCUMENTS. +MORE OR LESS 5 PCT OF QUANTITY OF GOODS IS ALLOWED. +TRANSSHIPMENT ALLOWED AT HONGKONG ONLY. +SHORT FORM/CHARTER PARTY/THIRD PARTY BILL OF LADING ARE NOT ACCEPTABLE. +SHIPMENT MUST BE EFFECTED BY 1×40' FULL CONTAINER LOAD B/L TO SHOW EVIDENCE OF THIS EFFECT IS REQUIRED. +ONE COPY OF BILL OF LADING, COMMERCIAL INVOICE AND PACKING LIST SHOULD BE MAILED TO THE APPLICANT BY DHL WITHIN THREE DAYS AFTER BILL OF LADING DATE, BENEFICIARY'S CERTIFICATE TO THIS EFFECT IS REQUIRED. +ALL PRESENTATIONS CONTAINING DISCREPANCIES WILL ATTRACT A DISCREPANCY FEE OF USD60.00 PLUS TELEX COSTS OR OTHER CURRENCY EQUIVALENT. THIS CHARGE WILL BE DEDUCTED FROM THE BILL AMOUNT WHETHER OR NOT WE ELECT TO CONSULT THE APPLICANT FOR A WAIVER.
CHARGES	71B: ALL CHARGES AND COMMISSIONS OUTSIDE GERMANY ARE FOR ACCOUNT OF BENEFICIARY EXCLUDING REIMBURSING FEE.
PERIOD FOR PRESENTATION	48: WITHIN 15 DAYS AFTER THE DATE OF SHIPMENT BUT WITHIN THE VALIDITY OF THIS CREDIT.
CONFIRMATION INSTRUCTION	49: WITHOUT INSTRUCTION
REIMBURSING BANK	53A: BANK OF CHINA NEW YORK
INFORMATION TO PRESENTING BANK	78: ALL DOCUMENTS ARE TO BE REMITTED IN TWO LOTS BY COURIER TO BANK OF CHINA, STADERSAND BRANCH, TRADE FINANCE SERVICES, LERCHENWEG 10 97522 STADERSAND, GERMANY.

2.商业发票

TIANJIN JINFENG IMPORT & EXPORT CO., LTD.

108 FANGZHI STREET, TIANJIN, CHINA

COMMERCIAL INVOICE

To: RACHEL TRADING GMBH	Invoice No.: RTG22011
LERCHENWEG 10	Invoice Date: May 6, 2024
97522 STADERSAND GERMANY	S/C NO.: TJJF5288
	S/C DATE: Mar.26, 2024
Issued by: BANK OF CHINA, STADERSAND BRANCH, GERMANY	L/C NO.: FFF197899
FROM TIANJIN, CHINA TO STADERSAND, GERMANY	Date of Issue: April 2, 2024

Marks & Nos	Number and Kind of Package/ Description of Goods	Quantity	Unit Price	Amount
CIF STADERSAND, GERMANY as per INCOTERMS® 2020				
RTG TJJF5288 L138/L139 STADERSAND GERMANY C/NO.: 1-502	LADIES SHIRT STYLE NO.L138 STYLE NO.L139 PACKED IN 9PCS/CTN, TOTALLY FIVE HUNDRED AND TWO CARTONS ONLY	2 250PCS 2 268PCS	USD12.00/PC USD12.00/PC	USD27 000.00 USD27 216.00
Total		4 518PCS		USD54 216.00
SAY TOTAL	U.S.DOLLARS FIFTY FOUR THOUSAND TWO HUNDRED AND SIXTEEN ONLY.			
TIANJIN JINFENG IMPORT & EXPORT CO., LTD. 张莉				

3.装箱单

TIANJIN JINFENG IMPORT & EXPORT CO., LTD.

108 FANGZHI STREET, TIANJIN, CHINA

PACKING LIST

To: RACHEL TRADING GMBH	Invoice No.: RTG22011
LERCHENWEG 10	Invoice Date: MAY 6, 2024
97522 STADERSAND GERMANY	S/C NO.: TJJF5288
	L/C NO.: FFF197899
	Date of Issue: April 2, 2024

Issued by: BANK OF CHINA, STADERSAND BRANCH, GERMANY

Marks & Nos	Number and Kind of Package/Description of Goods	Quantity	Package	G.W.	N.W.	Meas.
RTG TJJF5288 L138/L139 STADERSAND GERMANY C/NO.: 1-502	LADIES SHIRT STYLE NO.: L138 STYLE NO.: L139 PACKED IN 9 PCS/CTN, SHIPPED IN 1×40' FCL	2 250PCS 2 268PCS	250CTNS 252CTNS	2 500KGS 2 520KGS	2 250KGS 2 268KGS	$29.363M^3$ $29.597M^3$
Total		4 518PCS	502CTNS	5 020KGS	4 518KGS	$58.960M^3$
SAY TOTAL	FIVE HUNDRED AND TWO CARTONS ONLY					

4.其他信息

（1）天津金凤进出口有限公司的单证员张莉通过天津贸促会的网站填写并申领一般原产地证。

（2）女式衬衫（Ladies Shirt）的H.S.编码为6206900030。

（3）一般原产地证书号（Certificate No.）为C193301A1082/00023。

项目目标

根据上述信用证、商业发票等资料缮制一般原产地证。

项目实施

1.逐项填写一般原产地证

（1）出口方（Exporter）

TIANJIN JINFENG IMPORT & EXPORT CO.，LTD.

108 FANGZHI STREET，TIANJIN，CHINA

（2）收货方（Consignee）

RACHEL TRADING GMBH

LERCHENWEG 10

97522 STADERSAND GERMANY

（3）运输方式和路线（Means of Transport and Route）

SHIPPED FROM TIANJIN CHINA TO STADERSAND，GERMANY BY SEA VIA HONG-KONG CHINA

（4）目的国或地区（Country/Region of Destination）

GERMANY

（5）仅供签证机构使用（For Certifying Authority Use only）

（6）唛头及包装号（Marks and Numbers）

RTG

TJJF5288

L138/L139

STADERSAND，GERMANY

C/NO.：1-502

（7）包装数量及种类、商品名称（Number and Kind of Packages/Description of Goods）

FIVE HUNDRED AND TWO（502）CARTONS OF LADIES SHIRT

****

L/C NO.：FFF197899

Date of Issue：April 2，2024

Issued by：BANK OF CHINA，STADERSAND BRANCH，GERMANY

（8）H.S.编码（H.S.Code）

6206900030

（9）毛重或其他数量（Quantity）

4 518PCS

（10）发票号码及日期（Number and Date of Invoices）

RTG22011

May 6，2024

（11）出口商的声明（Declaration by the Exporter）

TIANJIN JINFENG IMPORT & EXPORT CO.，LTD.

张莉

（12）签证机构证明（Certification）

TIANJIN　MAY 6，2024

（13）一般原产地证书号（Certificate No.）

一般原产地证书号由发证机构指定。此栏不得留空，否则证书无效。

2.把各项内容填入后，缮制一般原产地证

3.申领一般原产地证

天津金凤进出口有限公司的单证员张莉通过天津贸促会网站填写一般原产地证，天津贸促会的工作人员审核通过后，在一般原产地证上盖章后生效。

ORIGINAL

<table>
<tr><td colspan="2">1.Exporter</td><td colspan="3">Certificate No.C193301A1082/00023</td></tr>
<tr><td colspan="2">TIANJIN JINFENG IMPORT & EXPORT CO.，LTD.
108 FANGZHI STREET，TIANJIN，CHINA</td><td colspan="3" rowspan="3">CERTIFICATE OF ORIGIN
OF
THE PEOPLE'S REPUBLIC OF CHINA</td></tr>
<tr><td colspan="2">2.Consignee</td></tr>
<tr><td colspan="2">RACHEL TRADING GMBH
LERCHENWEG 10
97522 STADERSAND GERMANY</td></tr>
<tr><td colspan="2">3.Means of Transport and Route</td><td colspan="3">5.For Certifying Authority Use only</td></tr>
<tr><td colspan="2">SHIPPED FROM TIANJIN CHINA TO STADERSAND，GERMANY BY SEA VIA HONGKONG CHINA</td><td colspan="3" rowspan="3"></td></tr>
<tr><td colspan="2">4.Country/Region of Destination</td></tr>
<tr><td colspan="2">GERMANY</td></tr>
<tr><td>6.Marks and Numbers</td><td>7.Number and Kind of Packages/Description of Goods</td><td>8.H.S.Code</td><td>9.Quantity</td><td>10.Number and Date of Invoices</td></tr>
<tr><td>RTG
TJJF5288
L138/L139
STADERSAND，
GERMANY
C/NO.：1-502</td><td>FIVE HUNDRED AND TWO（502）
CARTONS OF LADIES SHIRT
****
L/C NO.：FFF197899
Date of Issue：April 2，2024
Issued by：BANK OF CHINA，
STADERSAND BRANCH，GERMANY</td><td>6206900030</td><td>4 518PCS</td><td>RTG22011
May 6，2024</td></tr>
</table>

续表

11.Declaration by the Exporter	12.Certification
The undersigned hereby declares that the above details and statements are correct, that all the goods were produced in China and that they comply with the Rules of Origin of the People's Republic of China.	It is hereby certified that the declaration by the exporter is correct.
TIANJIN JINFENG IMPORT & EXPORT CO., LTD. 张莉	
TIANJIN, May 6, 2024	TIANJIN, May 6, 2024
Place and date, signature and stamp of authorized signatory	Place and date, signature and stamp of authorized signatory

工作活动 4
普惠制原产地证的制作和申领

工作活动目标

1.能够描述普惠制原产地证的内容。
2.能够填写普惠制原产地证。
3.能够申领普惠制原产地证。

职业工作情境

单证工作人员需要明确普惠制原产地证的内容、填制要点和申领方法。

职业知识储备

知识点 1
普惠制原产地证的内容

普惠制原产地证的内容包括：

（1）出口商的名称、地址、国家（Exporter's Business Name,Address,Country）
（2）收货人的名称、地址、国家（Consignee's Name,Address,Country）
（3）运输方式及路线（Means of Transport and Route）
（4）供官方使用（For Official Use）
（5）商品顺序号（Item No.）
（6）唛头及包装号（Marks and Numbers）
（7）包装件数及种类/商品名称（Number and Kind of Packages/Description of Goods）
（8）原产地标准（Origin Criterion）

（9）毛重或其他数量（Gross Weight or Other Quantity）

（10）发票号码及日期（Number and Date of Invoices）

（11）签证当局的证明（Certification）

（12）出口商的申明（Declaration by the Exporter）

普惠制原产地证如样例7-2所示。

知识点2
普惠制原产地证的填制

普惠制原产地证根据信用证中的有关单据、商业发票和装箱单等资料填制。

1.出口商的名称、地址、国家（Exporter's Business Name，Address，Country）

此栏应填明详细地址，包括街道名、门牌号码等。中国地名的英文名称应采用汉语拼音，如TIANJIN（天津）、GUANGZHOU（广州）、TAIYUAN（太原）等。

样例7-2

ORIGINAL

<table>
<tr><td colspan="3">1.Goods Consigned from（Exporter's Business Name, Address, Country）</td><td colspan="3">Reference No.</td></tr>
<tr><td colspan="3">TIANJIN XINYUE IMPORT & EXPORT COMPANY
88 JIEFANG ROAD，TIANJIN，CHINA</td><td colspan="3" rowspan="3">GENERALIZED SYSTEM OF PREFERENCES
CERTIFICATE OF ORIGIN
FORM A
（Combined Declaration and Certificate）Issued in
THE PEOPLE'S REPUBLIC OF CHINA
See Notes overleaf</td></tr>
<tr><td colspan="3">2.Goods Consigned to（Consignee's Name，Address，Country）</td></tr>
<tr><td colspan="3">LILLE CLOTHING CO.，LTD
NO. 280 INTERNATIONAL BUILDING PARRAMATTA PENRITH SOUTH DISTRICT
SYDNEY，AUSTRALIA</td></tr>
<tr><td colspan="3">3.Means of Transport and Route</td><td colspan="3">4.For Official Use</td></tr>
<tr><td colspan="3">FROM TIANJIN TO SYDNEY BY SEA</td><td colspan="3" rowspan="3"></td></tr>
<tr><td colspan="3">Country/Region of Destination</td></tr>
<tr><td colspan="3">AUSTRALIA</td></tr>
<tr><td>5.Item No.</td><td>6.Marks and Numbers</td><td>7.Number and Kind of Packages/Description of Goods</td><td>8.Origin Criterion</td><td>9.Gross Weight or other Quantity</td><td>10.Number and Date of Invoices</td></tr>
<tr><td>1</td><td>LILLE
SYDNEY
C/NO.：1-220</td><td>TWO HUNDRED AND TWENTY（220）CARTONS OF LADIES JACKET
************</td><td>"P"</td><td>2 200PCS</td><td>JCSM048014
May 12，2024</td></tr>
<tr><td colspan="3">11.Certification</td><td colspan="3">12.Declaration by the Exporter</td></tr>
<tr><td colspan="3">It is hereby certified，on the basis of control carried out，that the declaration by the exporter is correet.</td><td colspan="3">The undersigned hereby declares that the above details and statements are correct，produced in CHINA and that they comply with the Origin requirements specified for those goods exported to AUSTRALIA.</td></tr>
</table>

续表

海关签字、盖章	TIANJIN XINYUE IMPORT & EXPORT COMPANY TIANJIN, CHINA 张萍
TIANJIN, May 12, 2024	TIANJIN, May 12, 2024
Place and date, signature and stamp of authorized signatory	Place and date, signature and stamp of authorized signatory

在普惠制原产地证样例7-2中，出口商的名称、地址、国家为：

TIANJIN XINYUE IMPORT & EXPORT COMPANY

88 JIEFANG ROAD, TIANJIN, CHINA

2.收货人的名称、地址、国家（Consignee's Name, Address, Country）

此栏应填写给惠国最终收货人的名称。如最终收货人不明确，可填商业发票中受单人或抬头人的名称，但不能填中间转口商的名称。

挪威对此栏有非强制性要求，如果商品直接运往给惠国，而且进口商要求将此栏留空，则可以不填。

在普惠制原产地证样例7-2中，收货人的名称、地址、国家为：

LILLE CLOTHING CO., LTD

NO.280 INTERNATIONAL BUILDING PARRAMATTA PENRITH SOUTH DISTRICT, SYDNEY, AUSTRALIA

3.运输方式及路线（Means of Transport and Route）

该栏一般应填装货、到货地点（启运港、目的港）及运输方式（如海运、陆运、空运）。转运商品应加上转运港，如VIA HONGKONG。

在普惠制原产地证样例7-2中，运输方式及路线为：

FROM TIANJIN TO SYDNEY, BY SEA

4.供官方使用（For Official Use）

此栏由签证当局填写，申请签证的单位应将此栏留空。特殊情况下，签证当局会在此栏加注。例如：①货物已出口，签证日期迟于出货日期，签发“后发”证书时，此栏盖上“ISSUED RETROSPECTIVELY”红色印章。②证书遗失或毁损，签发“复本”证书时，此栏盖上“DUPLICATE”红色印章，并在此栏注明原证书的编号和签证日期，声明原发证书作废，其文字是“THIS CERTIFICATE IS IN_REPLACEMENT OF CERTIFICATE OF ORIGIN NO....DATED...WHICH IS CANCELLED.”。

5.商品顺序号（Item No.）

如果同批出口货物有不同品种，则按不同品种、发票号等分列“1”“2”“3”……以此类推。如果是单项商品，则此栏填“1”。

在普惠制原产地证样例7-2中，商品顺序号为“1”。

6.唛头及包装号（Marks and Numbers）

填写此栏时应注意：

（1）此栏应按照出口发票上所列唛头填写完整图案、文字标记及包装号码，不可简单地填写“按照发票号”或“按照提单号”（As per B/L No.）。

（2）唛头不得出现中国大陆以外地区制造的字样（如Made in Hong Kong等）。

（3）如果货物无唛头，应填“无唛头”（“N/M”或“No Mark”）。如唛头过多，此栏不够填，可填打在第7、8、9、10栏截止线以下的空白处。如还不够，可在此栏打上“SEE THE ATTACHMENT”，用附页填打所有唛头（附页的纸张要与原证书一般大小），在右上角打上证书号，并由申请单位和签证当局授权签字人分别在附页末页的右下角和左下角处手签、盖印。附页手签的笔迹、地点、日期均应与证书第11、12栏相一致。

在普惠制原产地证样例7-2中，唛头及包装号为：

LILLE

SYDNEY

C/NO.1-220

7.包装数量及种类/商品名称（Number and Kind of Packages/Description of Goods）

填写此栏时应注意：

（1）包装数量必须用英文和阿拉伯数字同时表示，如ONE HUNDRED（100）CARTONS OF HAND TOOLS。

（2）商品名称必须具体，其详细程度应达到在H.S.Code中能准确归类，不能笼统地填“MACHINE”（机器）、“GARMENT”（服装）等。此外，对于一些特殊商品，如玩具电扇，应载明“TOYS：ELECTRIC FANS”，不能只填“ELECTRIC FANS”（电扇）。商品的商标、牌名及货号一般可以不填。

（3）商品名称等项填完后，应在下一行加上“*****”表示结束的符号，以防止加填伪造内容。

（4）信用证有时要求填写合同、信用证号码等，可加填在此栏空白处。

在普惠制原产地证样例7-2中，包装数量及种类/商品名称为：

TWO HUNDRED AND TWENTY（220）CARTONS OF LADIES JACKET

****

8.原产地标准（Origin Criterion）

此栏用字最少，但却是国外海关审核的核心项目。对于含有进口成分的商品，因情况复杂，国外要求严格，极易因弄错而造成退证查询，因此应认真审核，谨慎填具。现将填写该栏的一般规定说明如下：

（1）完全原产品，不含任何进口成分，出口到给惠国，填“P”。

（2）含有进口成分的产品出口到挪威，填“W”，其后加上出口产品的H.S.税目号，如“W”42.02。其条件包括：①产品列入了上述给惠国的“加工清单”，符合其加工条件；②产品未列入“加工清单”，但产品生产过程中使用的进口原材料和零部件要经过充分的加工，产品的H.S.税目号不同于所用原材料或零部件的H.S.税目号。

在普惠制原产地证样例7-2中，原产地标准为“P”。

9.毛重或其他数量（Gross Weight or Other Quantity）

此栏应按商品的正常计量单位填写，如“只”“件”“双”“台”“打”等。以重量计算的，填毛重，只有净重的，填净重亦可，但要标上N.W.（Net Weight）。

在普惠制原产地证样例7-2中，毛重或其他数量为“2 200PCS”。

10.发票号码及日期（Number and Date of Invoices）

此栏不得留空。月份一律用英文（可用缩写）表示。此栏的日期必须按正式商业发票填写，发票日期不得迟于出货日期。

在普惠制原产地证样例7-2中，发票号码及日期为：

JCSM048014

May 12， 2024

11.签证当局的证明（Certification）

此栏填写海关的签证地点、日期。海关签证人经审核后在此栏（正本）签名、盖签证印章。

此栏日期不得早于发票日期（第10栏）和申报日期（第12栏），但应早于货物的出运日期。

在普惠制原产地证样例7-2中，此栏中的地点、日期填写为：

TIANJIN， May 12， 2024

12.出口商的申明（Declaration by the Exporter）

在生产国横线上填写“中国”的英文“China”，在进口国横线上填最终进口国的英文，进口国必须与第3栏目的港的国别一致。

另外，申请单位应授权专人在此栏手签，标上申报地点、日期，并加盖申请单位中英文印章。手签人的手迹必须在海关注册备案，并保持相对稳定。此栏日期不得早于发票日期（第10栏，最早是同日）。盖章时应避免覆盖进口国名称和手签人姓名。本证书一律不得涂改，不得加盖校对章。

在普惠制原产地证样例7-2中，此栏填写为：

CHINA

AUSTRALIA

TIANJIN XINYUE IMPORT & EXPORT COMPANY

TIANJIN，CHINA

张萍

TIANJIN，May 12，2024

知识点3
普惠制原产地证的申领

出口商的单证员填制好普惠制原产地证后，向海关提出申请，经海关核对签章后即成为有效单据。

职业技能操练

工作项目

1.缮制普惠制原产地证

2.申领普惠制原产地证

项目背景

2024年3月26日，天津金凤进出口有限公司与澳大利亚澳星进出口有限公司签订了一份女式衬衫的出口合同。2024年4月2日，澳星进出口有限公司通过中国银行澳大利亚珀斯分行开出了信用证。2024年5月6日，天津金凤进出口有限公司的外贸单证员张莉缮制了商业发票和装箱单。

项目任务

天津金凤进出口有限公司的外贸单证员张莉根据信用证、商业发票、装箱单等资料缮制、申领普惠制原产地证。

项目资料

1.信用证

MT 700	ISSUE OF A DOCUMENTARY CREDIT
SENDER	BANK OF CHINA，PERTH BRANCH，AUSTRALIA
RECEIVER	BANK OF CHINA，TIANJIN BRANCH，CHINA
SEQUENCE OF TOTAL	27：1/1
FORM OF DOC.CREDIT	40A：IRREVOCABLE
DOC.CREDIT NUMBER	20：FFF197899
DATE OF ISSUE	31C：240402
APPLICABLE RULES	40E：UCP LATEST VERSION
DATE AND PLACE OF EXPIRY	31D：DATE 240603 PLACE IN CHINA
APPLICANT	50：AOXING IMPORT & EXPORT CO.，LTD 28 STIRING HIGHWAY PERTH WA 5008 AUSTRALIA
BENEFICIARY	59：TIANJIN JINFENG IMPORT & EXPORT CO.，LTD. 108 FANGZHI STREET，TIANJIN，CHINA
AMOUNT	32B：CURRENCY USD AMOUNT 54 216.00
PERCENTAGE CREDIT AMOUNT TOLERANCE	39A：05/05
AVAILABLE WITH/BY	41D：ANY BANK IN CHINA BY NEGOTIATION
DRAFTS AT...	42C：AT SIGHT
DRAWEE	42A：BANK OF CHINA，NEW YORK
PARTIAL SHIPMENT	43P：PROHIBITED
TRANSSHIPMENT	43T：ALLOWED
PORT OF LOADING	44E：CHINESE MAIN PORT

PORT OF DISCHARGE	44F：PERTH，AUSTRALIA
LATEST DATE OF SHIPMENT	44C：240519
DESCRIPTION OF GOODS AND/OR SERVICES	45A：4 518 PIECES OF LADIES SHIRT STYLE NO. QUANTITY UNIT PRICE AMOUNT L138 2 250PCS USD12.00/PC USD27 000.00 L139 2 268PCS USD12.00/PC USD27 216.00 AT CIF PERTH AUSTRALIA AS PER INCOTERMS® 2020
DOCUMENTS REQUIRED	46A：+COMMERCIAL INVOICE SIGNED IN TRIPLICATE. +PACKING LIST IN TRIPLICATE. +CERTIFICATE OF ORIGIN GSP CHINA FORM A，CERTIFIED BY CHAMBER OF COMMERCE OR OTHER AUTHORITY DULY ENTITLED FOR THIS PURPOSE. +FULL SET（3/3）OF CLEAN ON BOARD OCEAN BILLS OF LADING MADE OUT TO ORDER，BLANK ENDORSED，MARKED FREIGHT PREPAID AND NOTIFY APPLICANT. +INSURANCE POLICY/CERTIFICATE IN DUPLICATE ENDORSED IN BLANK FOR 110% INVOICE VALUE，COVERING ALL RISKS OF CIC OF PICC INCL.WAREHOUSE TO WAREHOUSE AND I.O.P.AND SHOWING THE CLAIMING CURRENCY IS THE SAME AS THE CURRENCY OF CREDIT. +CERTIFICATE OF QUALITY ISSUED BY THE CUSTOMS，P.R.CHINA CERTIFYING THAT ALL PRODUCTS WILL BE MADE OUT OF AZO FREE，PAH FREE AND PHTHALATES FREE MATERIALS. +SHIPPING ADVICE SHOWING THE NAME OF THE CARRYING VESSEL，DATE OF SHIPMENT，MARKS，QUANTITY，NET WEIGHT AND GROSS WEIGHT OF THE SHIPMENT TO APPLICANT WITHIN 3 DAYS AFTER THE DATE OF BILL OF LADING.
ADDITIONAL CONDITION	47A：+DOCUMENTS DATED PRIOR TO THE DATE OF THIS CREDIT ARE NOT ACCEPTABLE. +THE NUMBER AND THE DATE OF THIS CREDIT AND THE NAME OF ISSUING BANK MUST BE QUOTED ON ALL DOCUMENTS. +MORE OR LESS 5 PCT OF QUANTITY OF GOODS IS ALLOWED. +TRANSSHIPMENT ALLOWED AT HONGKONG ONLY. +SHORT FORM/CHARTER PARTY/THIRD PARTY BILL OF LADING ARE NOT ACCEPTABLE. +SHIPMENT MUST BE EFFECTED BY 1×40’ FULL CONTAINER LOAD B/L TO SHOW EVIDENCE OF THIS EFFECT IS REQUIRED. +ONE COPY OF BILL OF LADING，COMMERCIAL INVOICE AND PACKING LIST SHOULD BE MAILED TO THEAPPLICANT BY DHL WITHIN THREE DAYS AFTER BILL OF LADING DATE，BENEFICIARY’S CERTIFICATE TO THIS EFFECT IS REQUIRED.

	+ALL PRESENTATIONS CONTAINING DISCREPANCIES WILL ATTRACT A DISCREPANCY FEE OF USD60.00 PLUS TELEX COSTS OR OTHER CURRENCY EQUIVALENT. THIS CHARGE WILL BE DEDUCTED FROM THE BILL AMOUNT WHETHER OR NOT WE ELECT TO CONSULT THE APPLICANT FOR A WAIVER.
CHARGES	71B：ALL CHARGES AND COMMISSIONS OUTSIDE AUSTRALIA ARE FOR ACCOUNT OF BENEFICIARY EXCLUDING REIMBURSING FEE.
PERIOD FOR PRESENTATION	48：WITHIN 15 DAYS AFTER THE DATE OF SHIPMENT BUT WITHIN THE VALIDITY OF THIS CREDIT.
CONFIRMATION INSTRUCTION	49：WITHOUT INSTRUCTION
REIMBURSING BANK	53A：BANK OF CHINA NEW YORK
INFORMATION TO PRESENTING BANK	78：ALL DOCUMENTS ARE TO BE REMITTED IN TWO LOTS BY COURIER TO BANK OF CHINA，PERTH BRANCH，TRADE FINANCE SERVICES，28 STIRING HIGHWAY，PERTH WA 5008 AUSTRALIA.

2.商业发票

TIANJIN JINFENG IMPORT & EXPORT CO.，LTD.
108 FANGZHI STREET，TIANJIN，CHINA

COMMERCIAL INVOICE

To：AOXING IMPORT & EXPORT CO.，LTD　　Invoice No.：AX22011
28 STIRING HIGHWAY　　Invoice Date：May 6，2024
PERTH WA 5008 AUSTRALIA　　S/C NO.：TJJF5288
S/C DATE：Mar.26，2024
FROM TIANJIN，CHINA TO PERTH，AUSTRALIA　　L/C NO.：FFF197899

Marks & Nos	Number and Kind of Packages/ Description of Goods	Quantity	Unit Price	Amount
CIF PERTH，AUSTRALIA as per INCOTERMS® 2020				
AX TJJF5288 L138/L139 PERTH AUSTRALIA C/NO.：1-502	LADIES SHIRT STYLE NO.L138 STYLE NO.L139 PACKED IN 9PCS/CTN， TOTALLY FIVE HUNDRED AND TWO CARTONS ONLY	2 250PCS 2 268PCS	USD12.00/PC USD12.00/PC	USD27 000.00 USD27 216.00
Total		4 518PCS		USD54 216.00
SAY TOTAL	U.S.DOLLARS FIFTY FOUR THOUSAND TWO HUNDRED AND SIXTEEN ONLY.			

TIANJIN JINFENG IMPORT & EXPORT CO.，LTD.
张莉

3.装箱单

TIANJIN JINFENG IMPORT & EXPORT CO., LTD.
108 FANGZHI STREET, TIANJIN, CHINA
PACKING LIST

Invoice No.:	AX22011
Invoice Date:	MAY 6, 2024
S/C NO.:	TJJF5288
L/C NO.:	FFF197899

To: AOXING IMPORT & EXPORT CO., LTD.
28 STIRING HIGHWAY
PERTH WA 5008 AUSTRALIA

Marks & Nos	Number and Kind of Packages/Description of Goods	Quantity	Package	G.W.	N.W.	Meas.
AX TJJF5288 L138/L139 PERTH AUSTRALIA C/ NO.: 1-502	LADIES SHIRT STYLE NO.: L138 STYLE NO.: L139 PACKED IN 9 PCS/CTN, SHIPPED IN 1×40' FCL					
		2 250PCS	250CTNS	2 500KGS	2 250KGS	29.363M^3
		2 268PCS	252CTNS	2 520KGS	2 268KGS	29.597M^3
Total		4 518PCS	502CTNS	5 020KGS	4 518KGS	58.960M^3
SAY TOTAL		FIVE HUNDRED AND TWO CARTONS ONLY				

4.其他信息

（1）天津金凤进出口有限公司的单证员张莉填写并申领普惠制原产地证。

（2）女式衬衫（Ladies Shirt）的H.S.编码为6206900030。

工作目标

根据上述信用证、商业发票等有关资料缮制普惠制原产地证。

工作实施

1.逐项填写普惠制原产地证

（1）出口商的名称、地址、国家（Exporter's Business Name, Address, Country）

TIANJIN JINFENG IMPORT & EXPORT CO., LTD.

108 FANGZHI STREET, TIANJIN, CHINA

（2）收货人的名称、地址、国家（Consignee's Name, Address, Country）

AOXING IMPORT & EXPORT CO., LTD

28 STIRING HIGHWAY

PERTH WA 5008 AUSTRALIA

（3）运输方式及路线（Means of Transport and Route）

FROM TIANJIN, CHINA TO PERTH, AUSTRALIA BY SEA VIA HONGKONG, CHINA

（4）供官方使用（For Official Use）

（5）商品顺序号（Item No.）

"1"。

（6）唛头及包装号（Marks and Numbers）

AX

TJJF5288

L138/L139

PERTH， AUSTRALIA

C/NO.：1-502

（7）包装数量及种类/商品名称（Number and Kind of Packages/Description of Good ）

FIVE HUNDRED AND TWO（502）CARTONS OF LADIES SHIRT

****

L/C NO.：FFF197899

Date of Issue： April 2，2024

Issued by：Bank of China，PERTH BRANCH，AUSTRALIA

（8）原产地标准（Origin Criterion）

“P”。

（9）毛重或其他数量（Gross Weight or Other Quantity）

4 518PCS。

（10）发票号码及日期（Number and Date of Invoices）

AX22011

MAY 6， 2024

（11）签证当局的证明（Certification）

TIANJIN， May 6， 2024

（12）出口商的申明（Declaration by the Exporter）

CHINA

AUSTRALIA

TIANJIN JINFENG IMPORT & EXPORT CO.， LTD.

TIANJIN，CHINA

张莉

TIANJIN，May 6，2024

2.把各项内容填入后，缮制普惠制原产地证

ORIGINAL

<table>
<tr><td>1.Goods Consigned from（Exporter's Business Name，Address，Country）</td><td>Reference No.</td></tr>
<tr><td>TIANJIN JINFENG IMPORT & EXPORT CO.，LTD.
108 FANGZHI STREET， TIANJIN， CHINA</td><td rowspan="4">GENERALIZED SYSTEM OF PREFERENCES
CERTIFICATE OF ORIGIN
FORM A
（Combined Declaration and Certificate）Issued in
THE PEOPLE'S REPUBLIC OF CHINA
See Notes overleaf</td></tr>
<tr><td>2.Goods Consigned to（Consignee's Name，Address，Country）</td></tr>
<tr><td>AOXING IMPORT & EXPORT CO.，LTD
28 STIRING HIGHWAY
PERTH WA 5008 AUSTRALIA</td></tr>
</table>

续表

<table>
<tr><td colspan="3">3.Means of Transport and Route</td><td colspan="3">4.For Official Use</td></tr>
<tr><td colspan="3">FROM TIANJIN，CHINA TO PERTH，AUSTRALIA
BY SEA VIA HONGKONG，CHINA</td><td colspan="3" rowspan="3"></td></tr>
<tr><td colspan="3">Country/Region of Destination</td></tr>
<tr><td colspan="3">AUSTRALIA</td></tr>
<tr><td>5.Item No.</td><td>6.Marks and Numbers</td><td>7.Number and Kind of Packages/Description of Goods</td><td>8.Origin Criterion</td><td>9. Gross Weight and Other Quantity</td><td>10.Number and Date of Invoices</td></tr>
<tr><td>1</td><td>AX
TJJF5288
L138/L139
PERTH，
AUSTRALIA
C/NO.：
1-502</td><td>LADIES SHIRT
****
STYLE NO.：L138
STYLE NO.：L139
PACKED IN 9 PCS/CTN，
SHIPPED IN
1×40’ FCL</td><td>“P”</td><td>4 518PCS</td><td>AX22011
MAY 6，2024</td></tr>
<tr><td colspan="3">11.Certification</td><td colspan="3">12.Declaration by the Exporter</td></tr>
<tr><td colspan="3">It is hereby certified，on the basis of control carried out，that the declaration by the exporter is correct.</td><td colspan="3">The undersigned hereby declares that the above details and statements are correct，produced in CHINA and that they comply with the Origin requirements specified for those goods exported to AUSTRALIA.</td></tr>
<tr><td colspan="3">海关签字、盖章</td><td colspan="3">TIANJIN JINFENG IMPORT & EXPORT CO.，LTD.
TIANJIN，CHINA
张莉</td></tr>
<tr><td colspan="3">TIANJIN，May 6，2024</td><td colspan="3">TIANJIN，May 6，2024</td></tr>
<tr><td colspan="3">Place and date，signature and stamp of authorized signatory</td><td colspan="3">Place and date，signature and stamp of authorized signatory</td></tr>
</table>

3.申领普惠制原产地证

出口商的单证员张莉填制好普惠制原产地证后，向海关提出申请，经海关核对签章后，即成为有效单据。

工作情境测试

随堂测7

一、单项选择题

1.以下原产地证书有关日期填写错误的是（　　）。

A.发票June 14，2024，出口商声明June 26，2024，签证June 28，2024，出运July 1，2024

B.发票June 14，2024，出口商声明June 26，2024，签证June 28，2024，出运June 25，2024

C.发票June 14，2024，出口商声明June 26，2024，签证June 26，2024，出运July 1，2024

D.发票June 25，2024，出口商声明June 25，2024，签证June 25，2024，出运July 1，2024

2.下列国家中，（　　）不给予来自我国的出口产品以普惠制待遇。

A.挪威　　B.新西兰　　C.澳大利亚　　D.美国

3.根据我国的规定，企业最迟于货物报关出运前（　　）天向签证机构申请办理一般原产地证书。

A.3　　B.5　　C.7　　D.14

4.G.S.P.Form A是有关（　　）的证明书。

A.品质　　B.普惠制原产地　　C.检疫　　D.其他产地

5.原产国的基本含义是指出口产品的（　　）。

A.起运国　　B.制造国　　C.出口国　　D.消费国

6.普惠制原产地证主要有三种形式，其中，使用范围较广的是（　　）。

A.普惠制原产地证明书格式A　　B.普惠制原产地证明书格式59A

C.普惠制原产地证明书格式APR　　D.普惠制原产地证明书

7.普惠制原产地证中的“Origin Criterion”（原产地标准）一栏应根据货物原料进口成分的比例填制，“P”表示（　　）。

A.含进口成分　　B.无进口成分

C.进口成分要在40%以下　　D.进口成分在20%以下

8.在填制一般原产地证明书时，为了防止加填伪造，规定在商品名称填完后，紧接下一行加上（　　）符号，以表示结束。

A.........　　B.+++++++++　　C.*********　　D.?????????

二、判断题

1.原产地证明书通常用于不使用海关发票或领事发票的国家或地区。（　　）

2.普惠制是发达国家给予发展中国家的出口制成品和半制成品普遍的、非歧视性的、互惠的一种关税优惠制度。（　　）

3.在一般原产地证中，出口方栏目不得留空，应填写出口方的名称、详细地址及国家（地区）；若经过其他国家或地区，需填写转口商名称，可在出口商后面加填英文VIA，然后再填写转口商的名称、地址和国家。（　　）

4.在一般原产地证中，发票日期不得早于出货日期。（　　）

5.在信用证支付方式下，一般原产地证的制单依据主要包括信用证、商业发票和装箱单等资料。（　　）

6.信用证规定所有单证收货人一栏留空，但产地证收货人栏不得空白。（　　）

7.由中国贸促会签发的一般原产地证的“运输方式”一栏中，装运港可以是中国香港。（　　）

8.在普惠制原产地证中，出口商的声明日期不得早于发票日期。（　　）

三、技能训练——缮制一般原产地证

根据以下信用证、商业发票、装箱单等资料缮制并申领一般原产地证。

项目资料：

1.信用证

SEQUENCE OF TOTAL	*27：1/1
FORM OF DOC.CREDIT	*40A：IRREVOCABLE
DOC.CREIT NUMBER	*20：31173
DATE OF ISSUE	31C：240401
DATE AND PLACE OF EXPIRY	*31D：DATE 240531 PLACE CHINA
APPLICANT	*50：MAMUT ENTERPRISES AV TARRAGONA75-3ER BARCELONA，SPAIN
ISSUING BANK	52A：CREDIT ANDORRA ANDORRA LA VELLA，ANDORRA
BENEFICIARY	*59：SHANGHAI TOOL IMPORT & EXPORT CO.，LTD 31，GANXIANG ROAD SHANGHAI，CHINA
AMOUNT	*32B：CURRENCY USD AMOUNT 21 892.00
AVAILABLE WITH/BY	*41D：ANY BANK IN CHINA BY NEGOTIATION
DRAFTS AT...	42C：30 DAYS AFTER SIGHT
DRAWEE	42A：CREDIT ANDORRA ANDORRA LA VELLA，ANDORRA
PARTIAL SHIPMENT	43P：NOT ALLOWED
TRANSSHIPMENT	43T：ALLOWED
LOADING ON BOARD	44A：SHANGHAI
FOR TRANSPORTATION TO	44B：BARCELONA（SPAIN）
LATEST DATE OF SHIPMENT	44C：240510
DESCRIPTION OF GOODS	45A：HAND TOOLS AS PER PROFORMA INVOICE NO.2022032 DATED MARCH 10，2024 FOB SHANGHAI
DOCUMENTS REQUIRED	46A： +SIGNED COMMERCIAL INVOICE，1 ORIGINAL AND 4 COPIES. +PACKING LIST 1 ORIGINAL AND 4 COPIES. +CERTIFICATE OF ORIGIN CERTIFIED BY CHAMBER OF COMMERCE OR CCPIT. + FULL SET OF B/L（2 ORIGINALS AND 5 COPIES）CLEAN ON BOARD，MARKED “FREIGHT COLLECT”，CONSIGNED TO：MAMUT ENTERPRISES AV，TARRAGONA75-3ER BARCELONA，SPAIN，

	TEL: +376 823 323 FAX: +376-860-914-860-807, NOTIFY: BLUE WATER SHIPPING ESPANA, ER 2NA, A, 08003 BARCELONA (SPAIN), TEL: 34-93-295-48-48, FAX: 34-93-268-16-81.
CHARGES	71B: ALL BANKING CHARGES OUTSIDE SPAIN ARE FOR ACCOUNT OF BENEFICIARY.
PERIOD FOR PRESENTATION	48: DOCUMENTS MUST BE PRESENTED WITHIN 15 DAYS AFTER THE DATE OF SHIPMENT BUT WITHIN THE VALIDITY OF THE CREDIT.

2.商业发票

SHANGHAI TOOL IMPORT & EXPORT CO., LTD

31, GANXIANG ROAD SHANGHAI,CHINA

COMMECIAL INVOICE

To: MAMUT ENTERPRISES AV
TARRAGONA75-3ER
BARCELONA,SPAIN
FROM SHANGHAI,CHINA TO BARCELONA,SPAIN

Invoice No.: TY034
Invoice Date: Apr.20,2024
S/C NO.: RT05342
S/C DATE: Mar. 20,2024
L/C NO.: 31173

Marks & Nos	Number and Kind of Packages/ Description of Goods	Quantity	Unit Price	Amount
CFR BARCELONA, SPAIN as per INCOTERMS® 2020				
M.E BARCELONA C/NO.1-515	HAND TOOLS (1) 9pc Extra Long Hex Key Set	1 200SETS	USD1.76	USD2 112.00
	(2) 8pc Double offset Ring Spanner	1 200SETS	USD3.10	USD3 720.00
	(3) 12pc Double offset Ring Spanner	800SETS	USD7.50	USD6 000.00
	(4) 12pc Combination Spanner	1 200SETS	USD3.55	USD4 260.00
	(5) 10pc Combination Spanner TOTALLY FIVE HUNDRED AND FIFTEEN CARTONS ONLY	1 000SETS	USD5.80	USD5 800.00
Total		5 400SETS		USD21 892.00
SAY TOTAL	U.S.DOLLARS TWENTY ONE THOUSAND EIGHT HUNDRED AND NINETY TWO ONLY.			

AS PER PROFORMA INVOICE NO.2024032 DATED MAR. 10 2024
WE HEREBY CERTIFY THAT THE CONTENTS OF INVOICE HEREIN ARE TRUE AND CORRECT.

SHANGHAI TOOL IMPORT & EXPORT CO., LTD
LILI

3.装箱单

SHANGHAI TOOL IMPORT & EXPORT CO., LTD.

31, GANXIANG ROAD SHANGHAI,CHINA

PACKING LIST

Invoice No.: TY034
Invoice Date: Apr.20,2024
S/C NO.: RT05342
L/C NO.: 31173

To: MAMUT ENTERPRISES AV
TARRAGONA75-3ER
BARCELONA,SPAIN

Marks & Nos	Number and Kind of Packages/ Description of Goods	QTY (SETS)	PKG (CTNS)	G.W. (KGS)	N.W. (KGS)	Meas. (M^3)
M.E BARCELONA C/NO.1-515	HAND TOOLS					
	(1) 9pc Extra Long Hex Key Set	1 200	120	20/CTN	18/CTN	0.2/CTN
	(2) 8pc Double Offset Ring Spanner	1 200	75	20/CTN	18/CTN	0.2/CTN
	(3) 12pc Double Offset Ring Spanner	800	100	19/CTN	17/CTN	0.2/CTN
	(4) 12pc Combination Spanner	1 200	120	19/CTN	17/CTN	0.2/CTN
	(5) 10pc Combination Spanner	1 000	100	18/CTN	16/CTN	0.2/CTN
	Packed in 1 plastic carton of 10 sets each shipped in 3×40' container					
Total		5 400	515	9 880	8 850	103
SAY TOTAL	FIVE HUNDRED AND FIFTEEN CARTONS ONLY					

4.补充资料

(1) 上海工具进出口有限公司的外贸单证员通过“中国国际贸易单一窗口”填写一般原产地证，海关工作人员审核通过后，在一般原产地证上盖章后生效。

(2) HAND TOOLS的H.S.CODE为：8204.1100。

(3) CERTIFICATE OF ORIGIN NO.: C221283892860096。

8

工作情境8

缮制保险单据

情境目标

知识目标

1. 熟悉海运货物保险承保的范围。
2. 熟悉中国保险条款CIC的相关险别。
3. 熟悉协会货物条款ICC的相关险别。
4. 了解保险单据的作用和种类。
5. 熟悉投保单的内容。
6. 掌握投保单的制作要点。

技能目标

1. 能够制作投保单。
2. 能够办理保险手续。

素养目标

1. 具有一丝不苟、精益求精的职业精神和工作态度。
2. 具有防范国际货物运输风险的意识。
3. 培养家园情怀。

情境导入

办理货物运输保险是贸易商转嫁运输风险以及由此造成的损失的一种必要措施。在办理货物出运手续之前、同时或者稍后，根据合同规定，承担投保责任的一方应当及时办理保险手续，以免货物漏保造成损失而引发争议。办理保险首先应当了解保险承保范围和保险险别的规定，在综合考虑多方因素后，办理出口保险或进口保险手续。海运货物保险承保险别、保险条款、保险单据的种类以及保险费的计算是缮制投保单的基础。外贸业务人员填好投保单后，向保险公司提出投保申请，如保险公司接受投保，在投保人缴纳完保费后，保险公司向其出具保险单。

工作活动

工作活动 1　海运货物保险承保范围
工作活动 2　中国保险条款 CIC 相关险别
工作活动 3　协会货物条款 ICC 相关险别
工作活动 4　保险单据的种类和保险费的计算
工作活动 5　投保单的内容与制作

工作活动1 海运货物保险承保范围

工作活动目标

1.能够理解海运货物保险承保的风险、损失和费用。

2.能够列举海运货物保险承保的风险、损失和费用。

职业工作情境

单证工作人员需要熟悉海运货物保险承保的范围。

职业知识储备

知识点1 风险

1.海上风险

海上风险是指海上航行中发生的及海上与陆上、内河或驳船相连接的地方所发生的自然灾害或意外事故。

（1）自然灾害，如恶劣气候、雷电、洪水、地震、海啸等。

（2）意外事故，如运输工具遭遇搁浅、触礁、沉没、碰撞、失火、爆炸等。

2.外来风险

外来风险是指海上风险以外的由其他意外的、偶然的、难以预料和预防的外来因素所导致的风险。

（1）一般外来风险，如偷窃、钩损、雨淋、串味、短缺等。

（2）特殊外来风险，包括战争、罢工、拒收、交货不到等。

知识点2 损失

1.海上损失

海上损失是指被保险货物在海运过程中，由于海上风险所造成的损失或灭失。就货物损失的程度而言，海上损失可以分为全部损失和部分损失。

（1）全部损失。它可分为实际全损和推定全损。

实际全损是指货物的全部灭失，如焚毁、沉入海底，或已失去原有的性质和用途，如食品变质等。

推定全损是指实际全损不可避免，或为避免实际全损，需要支付的整理修复费用加上将货物运至原定目的地的费用之和超过货物保险价值。

（2）部分损失。它可分为共同海损和单独海损。

共同海损是指货物运输途中确实遭遇了自然灾害及意外事故，为了保证同一航程中遇险财产的共同安全和免除危险所做出的有意的而又合理的特殊牺牲或支出的特殊费用。共同海损的牺牲由船方、货方与运费方按获救价值的比例分摊。

单独海损是指由承保范围内的风险所导致的特定方面的损失。这种损失是偶然意外发生的，由受损方自行承担。

2.外来损失

外来损失就是由外来风险导致的损失，包括一般外来损失和特殊外来损失。

知识点3
费用

海上费用是指海上运输货物遇险后，为了营救被保险货物所支出的费用。海上费用主要包括施救费用、救助费用和特别费用等。

1.施救费用

施救费用是指被保险货物在遭遇承保责任范围内的灾害事故时，被保险人或其代理人、雇用人员或受让人为避免或减少货物损失，采取各种措施进行抢救和防护所支出的合理费用。

2.救助费用

救助费用是指被保险货物在遭受了承保责任范围内的灾害事故时，由保险人和被保险人以外的第三者采取有效的救助措施，在救助成功后，由被救助方付给救助人的一种报酬。

3.特别费用

特别费用是指运输工具在海上遭遇海难后，在中途港、避难港由于卸货、存仓及运送货物所产生的费用，被保险人为了证明货损，申请检验所支付的检验费，以及拍卖受损货物的销售费等额外费用。

工作活动2
中国保险条款CIC相关险别

工作活动目标

1.能够掌握中国保险条款CIC相关险别。

2.能够根据外贸企业的具体情况选择适当的险别。

职业工作情境

单证工作人员需要熟悉CIC中的各种保险险别。

职业知识储备

知识点1
中国保险条款海运货物保险

中国保险条款海运货物保险包括基本险和附加险。

1.基本险

（1）平安险（Free from Particular Average，F.P.A）。其承保责任范围是海运险中最小的。在海上损失中，除了由自然灾害造成的单独海损不赔之外，其余都赔。在运输工具已经发生搁浅、触礁、沉没、焚毁等意外事故的情况下，货物在此前后又在海上遭受恶劣气候、雷电、海啸等自然灾害所造成的部分损失，保险公司也负责赔偿。

（2）水渍险（With Average/With Particular Average，W.A./W.P.A）。其承保责任范围包括平安险的全部责任和上述列举的自然灾害造成的单独海损。

（3）一切险（All Risks）。其承保责任范围是在水渍险的基础上，还对货物由于各种一般外来原因造成的损失给予赔偿。

2.附加险

（1）一般附加险（General Additional Risks）。其包括偷窃提货不着险、淡水雨淋险、短量险、混杂玷污险、渗漏险、碰损破碎险、串味险、受潮受热险、钩损险、包装破裂险、锈损险等。

（2）特殊附加险（Special Additional Risks）。其包括战争险、罢工险、进口关税险、舱面货物险、拒收险、黄曲霉素险、串味险、交货不到险、出口货物到港澳存仓火险责任扩展条款。

知识点2
中国保险条款航空货物运输保险

中国保险条款航空货物运输保险包括航空运输险、航空运输一切险和航空运输附加险。

1.航空运输险（Air Transportation Risks）

航空运输险对被保险货物在运输途中遭受雷电、火灾、爆炸或由于飞机遭受恶劣气候或其他危难事故而被抛弃，或由于飞机遭受碰撞、倾覆、坠落或失踪等意外事故所造成的全部或部分损失负责赔偿。

2.航空运输一切险（Air Transportation All Risks）

航空运输一切险除了包括航空运输险责任外，还对被保险货物在运输途中由于外来原因造成的被偷窃、短少等全部或部分损失负责赔偿。

3.航空运输附加险（Air Transportation Additional Risks）

航空运输附加险包括战争险和罢工险。

知识点3
中国保险条款陆上货物运输保险

中国保险条款陆上货物运输保险包括陆运险、陆运一切险、陆上运输冷藏货物险和陆上运输货物战争险。

1.陆运险（Overland Transportation Risks）

陆运险对被保险货物在陆上运输途中遭受自然灾害或意外事故所造成的全部或部分损失负责赔偿。

2.陆运一切险（Overland Transportation All Risks）

陆运一切险除了包括上述陆运险责任外，还对由一般外来原因造成的全部或部分损失负责赔偿。

3.陆上运输冷藏货物险（Overland Transportation Insurance “Frozen Product”）

陆上运输冷藏货物险除负责赔偿陆运险中所包含的自然灾害或意外事故造成的全部或部分损失外，还负责赔偿由于冷藏机器或隔温设备在运输途中损坏所造成的被保险货物解冻融化而腐败变质的损失。

4.陆上运输货物战争险（Overland Transportation Cargo War Risks “by Train”）

陆上运输货物战争险只适用于火车运输的货物，而不适用于汽车运输的货物。保险公司负责赔偿在火车运输途中由于战争、武装冲突或各种常规武器所导致的货物损失。

工作活动3 协会货物条款ICC相关险别

工作活动目标

1.能够掌握协会货物条款ICC的相关险别。

2.能够根据外贸企业的具体情况选择适当的险别。

职业工作情境

单证工作人员需要熟悉协会货物条款ICC的相关险别。

职业知识储备

知识点1 协会货物条款

英国伦敦保险协会制定的协会货物条款（Institute Cargo Clauses，ICC）是根据1906年颁布的《英国海上保险法》和1779年英国国会确认的“劳埃德船、货保险单价格”制定的，经多次修改后于1963年1月1日定型为“协会货物条款”（ICC）。ICC的最新版本是ICC2009，自2009年1月1日起生效。它是世界通用的保险条款。

知识点2 协会货物条款保险险别

1.协会货物条款A［Institute Cargo Clauses（A），ICC（A）］

ICC（A）的赔偿范围相当于中国保险条款海运货物保险中的一切险。

2.协会货物条款B［Institute Cargo Clauses（B），ICC（B）］

ICC（B）的赔偿范围相当于中国保险条款海运货物保险中的水渍险。

3.协会货物条款C［Institute Cargo Clauses（C），ICC（C）］

ICC（C）的赔偿范围相当于中国保险条款海运货物保险中的平安险。

4.协会战争险条款（货物）［Institute War Clauses（Cargo），IWC（C）］

5.协会罢工险条款（货物）［Institute Strike Clauses（Cargo），ISC（C）］

与中国保险条款海运货物保险中的战争险和罢工险不同，协会战争险和协会罢工险可以单独投保。

6.恶意损害险条款（Malicious Damage Clauses）

恶意损害险属于附加险，不能单独投保。

工作活动4 保险单据的种类和保险费的计算

工作活动目标

1.能够理解不同种类的保险单据。

2.能够计算出保险费。

职业工作情境

单证工作人员需要熟悉保险单据的种类，掌握保险费的计算方法。

职业知识储备

知识点1 保险单据的种类

1.保险单（Insurance Policy）

保险单又称大保单，是保险人与被保险人之间订立保险合同的一种正式证明。

微课8-1

保险单据的种类和保险费计算

保险单正面印制了海上保险所需的基本事项，包括被保险人和保险人的名称；保险标的名称、数量、包装；保险金额、保险费率和保险费；运输工具、启运日期、装运港和目的港；承保险别；检验理赔人或代理人名称；赔款偿付地点；合同签订日期等。保险单背面则列明了一般保险条款，规定了保险人与被保险人的各项权利和义务、保险责任范围、除外责任、责任起讫、损失处理、索赔理赔、保险争议处理、时效条款等各项内容。

2.保险凭证（Insurance Certificate）

保险凭证实际上是一种简化的保险单，与海上保险单具有同等法律效力，故又被称为小保单，用以证明海上货物运输保险合同的有效存在。保险凭证正面所列内容与海上保险单基本上是一样的，但是，其背面是空白的，未载明保险条款，而在正面声明以同类海上保险单所载条款为准。

3.预约保险单（Open Policy）

预约保险单又称开口保险单，一般适用于经常有相同类型货物需要陆续分批装运的保险。这种事先预约的保险合同在我国货物进出口中被广泛使用，特别是进口货物基本上都采用预约保险单。

4.保险批单（Endorsement）

保险批单是保险公司出具保险单后，根据投保人的请求，针对保险内容的补充或变更出具的一种凭证。保险批单是保险单的组成部分。

知识点2
保险费的计算

保险费的计算公式为：

保险费=保险金额×保险费率

保险金额是保险公司承担赔偿或给付保险金责任的最高限额，也是保险公司计算保险费的依据。

保险金额的计算公式为：

保险金额=CIF（CIP）价×（1+投保加成率）

保险费=保险金额×保险费率=CIF（CIP）价×（1+投保加成率）×保险费率

工作活动5
投保单的内容与制作

工作活动目标

1.能够描述投保单的内容。

2.能够熟练填写投保单。

3.能够办理投保手续。

职业工作情境

单证工作人员需要明确投保单的内容、填制要点以及投保程序。

职业知识储备

知识点1
投保单的内容

微课8-2

投保单的制作（1）

投保单一般包括以下内容：

1.被保险人（Insured）

2.发票号、合同号和信用证号（Invoice No., Contract No.and L/C No.）

微课 8-3

投保单的制作（2）

3.发票金额和投保加成率（Invoice Amount and Rate）

4.标记（Marks & Nos.）

5.包装数量（Quantity）

6.被保险货物项目（Description of Goods）

7.保险金额（Amount Insured）

8.装载工具（Per Conveyance）

9.启运日期（Date of Commencement）

10.装运港和目的港（From...to...）

11.投保险别（Conditions）

12.偿付地点（Claim Payable at...）

13.投保日期（Date）

14.其他

投保单如样例 8-1 所示。

样例 8-1 投保单

货物运输保险投保单
APPLICATION FORM FOR CARGO TRANSPORTATION INSURANCE

投保单号：X318856

被保险人：
INSURED：TIANJIN XINYUE IMPORT & EXPORT COMPANY
发票号（INVOICE NO.）：JCSM048014
合同号（S/C NO.）：RT05884
信用证号码（L/C NO.）：8008/04
发票金额（INVOICE AMOUNT）：USD44 079 投保加成（PLUS）10%
兹有下列物品向中国人民保险公司投保（INSURANCE IS REQUIRED ON THE FOLLOWING COMMODITIES）：

标记（Marks & Nos.）	包装数量（Quantity）	被保险货物项目（Description of Goods）	保险金额（Amount Insured）
RLI HAMBURG C/NO.：1-220	220CTNS	LADIES SWEATER	USD48 487.00

启运日期： 装载工具
DATE OF COMMENCEMENT MAY 12，2024 PER CONVEYANCE HUASHUN， VOY.NO.586F
自 经 至
FROM TIANJIN，CHINA VIA HONGKONG，CHINA TO HAMBURG，GERMANY
提单号： 赔款偿付地点：
B/L NO.AS PER B/L CLAIM PAYABLE AT HAMBURG，GERMANY
投保险别（PLEASE INDICATE THE CONDITIONS &/OR SPECIAL COVERAGES）：
COVERING ALL RISKS OF CIC OF PICC INCL.WAREHOUSE TO WAREHOUSE AND I.O.P.
INSURANCE POLICY MUST SHOW：
（1）L/C NO.：8008/04
L/C DATE：APR.2，2024
NAME OF ISSUING BANK：BANK OF CHINA， HAMBURG BRANCH
（2）THE CLAIMING CURRENCY IS USD.
请如实告知下列情况，如“是”在（ ）中打“√”（IF ANY，PLEASE MARK “√”）：
（1）货物种类：袋装（ √ ）散装（ ）冷藏（ ）液体（ ）活动物（ ）机器/汽车（ ）危险品等级（ ）
GOODS：BAG（ √ ）JUMBO BULK（ ）REEFER（ ）LIQUID（ ）LIVE ANIMAL（ ）MACHINE/AUTO（ ）DANGEROUS CLASS（ ）
（2）集装箱种类：普通（√）开顶（ ）框架（ ）平板（ ）冷藏（ ）
CONTAINER：ORDINARY（√）OPEN（ ）FRAME（ ）FLAT（ ）REFRIGERATOR（ ）

续表

(3) 转运工具：海轮（√） 飞机（ ） 驳船（ ） 火车（ ） 汽车（ ）
BY TRANSIT：SHIP（√） PLANE（ ） BARGE（ ） TRAIN（ ） TRUCK（ ）
(4) 船舶资料： 船籍（ ） 船龄（ ）
PARTICULAR OF SHIP REGISTRY AGE
附件：被保险人确认对本保险合同的条款和内容已经完全了解 投保人（签名盖章）
THE ASSURED CONFIRMS HEREWITH THE TERMS AND CONDITIONS APPLICANT'S SIGNATURE
OF THESE INSURANCE CONTRACT FULLY UNDERSTOOD.
TIANJIN XINYUE IMPORT & EXPORT COMPANY
投保日期（DATE）May 8，2024 张萍
电话（TEL）：022-60938239
地址（ADD.）：88 JIEFANG ROAD，TIANJIN，CHINA
本公司自用（FOR OFFICE USE ONLY）
费率 保费 备注：
RATE AS ARRANGED PREMIUM AS ARRANGED
经办人BY________ 核保人__________ 负责人____________

知识点2
投保单的制作

投保单根据信用证、商业发票、装箱单、订舱委托书、提单等资料填制。

1.被保险人（Insured）

被保险人栏有以下三种填法：

（1）L/C无特殊要求，或要求“Endorsed in blank”，一般应填写L/C中受益人的名称，可不填详细地址，且出口公司应在保险单背面背书。

（2）若来证指定以××公司为被保险人，则应在此栏填写×× CO.，出口公司不要背书。

（3）若来证规定以某银行为抬头，如“to the order of ×× bank”，则在此栏先填上受益人的名称，再填上“held to the order of ×× bank”。

在投保单样例8-1中，被保险人为：

TIANJIN XINYUE IMPORT & EXPORT COMPANY

2.发票号、合同号和信用证号（Invoice No.， Contract No.and L/C No.）

此栏要根据商业发票、合同和信用证信息进行填写。

在投保单样例8-1中，发票号、合同号和信用证号分别为：

Invoice No.：JCSM048014

S/C NO.：RT05884

L/C NO.：8008/04

3.发票金额和投保加成率（Invoice Amount and Rate）

此栏根据商业发票和信用证的要求填写。如果信用证未规定投保加成比例，则根据《UCP600》的规定，应至少在CIF或CIP价的基础上加成10%进行投保。

在投保单样例8-1中，发票金额和投保加成率分别为：

发票金额（INVOICE AMOUNT）USD44 079，投保加成率（RATE）10%。

4.标记（Marks & Nos.）

此栏应与发票、提单上一致。若来证无特殊规定，一般可简单填成“as per Invoice No.×××.”。

在投保单样例8-1中，标记为：

RLI

HAMBURG

C/NO.1-220

5.包装数量（Quantity）

有包装的，填写最大包装件数；裸装货物要注明本身件数；煤炭、石油等散装货物应注明净重；有包装但以重量计价的，则包装重量与计价重量都应注明。

在投保单样例8-1中，包装数量为“220CTNS”。

6.被保险货物项目（Description of Goods）

该栏允许用统称，但不同类别的多种货物应注明各自的统称。该栏与提单此栏目的填写一致。

在投保单样例8-1中，被保险货物项目为“LADIES SWEATER”。

7.保险金额（Amount Insured）

保险金额可小写，但总保险金额（Total Amount Insured）应填写大写累计金额。填写保险金额时应注意以下三点：

（1）保险金额使用的货币应与信用证一致，且大小写应该一致。

（2）保险金额的加成百分比应严格按照信用证或合同的规定确定。如信用证或合同未规定，应按CIF或CIP发票价格的110%投保。

（3）保险金额不保留小数，出现小数时无论多少一律向上进位。

在投保单样例8-1中，保险金额为USD48 487。

8.装载工具（Per Conveyance）

海运方式下该栏填写船名，最好再加航次。如整个运输过程包括两程，应分别填写一程船名和二程船名，中间用“/”隔开。此处可根据订舱委托书或提单的内容填写。

铁路运输方式下该栏填写“By Railway”，最好再加上车号；航空运输方式下该栏填写“By Air”。

在投保单样例8-1中，装载工具为：HUASHUN， VOY.NO.586F。

9.启运日期（Date of Commencement）

此栏应根据提单中签发的日期填写，还可以简单地填写“As per B/L”。

在投保单样例8-1中，启运日期为“May 12， 2024”。

10.装运港和目的港（From...to...）

若提单中的装运港为宁波，目的港为伦敦，来证规定投保至芝加哥，则投保单的起讫地点应填“From Ningbo to London and thence to Chicago”。

在投保单样例8-1中，装运港和目的港为：

FROM TIANJIN，CHINA VIA HONGKONG，CHINA TO HAMBURG，GERMANY

11.投保险别（Conditions）

出口公司在制单时，先在投保单上填写这一栏的内容，投保单全部填好交给保险公司审核确认时，由保险公司把承保险别的详细内容加注在正本保单上。这里需要注意：

（1）应严格按照信用证规定的险别投保。

（2）如信用证未具体规定险别，或只规定了“Marine Risk”“Usual Risk or Transport

Risk”等，则可投保最低险别平安险，或一切险、水渍险、平安险中的任何一种，另外还可以加保一种或几种附加险。

（3）如信用证要求的险别超出了合同规定，或成交价格为FOB或CFR，但来证却要求由卖方投保，如果买方同意支付额外保险费，可按信用证的要求办理。

（4）投保的险别除注明险别名称外，还应注明险别适用的文本和日期。填写时，一般只需填写险别的英文缩写，同时注明险别来源，即颁布这些险别的保险公司。例如，COVERING ALL RISKS OF CIC OF PICC DATED JAN.1,1981.“PICC”指中国人民保险公司，“CIC”指中国保险条款。

在投保单样例8-1中，投保险别为：

COVERING ALL RISKS OF CIC OF PICC INCL.WAREHOUSE TO WAREHOUSE AND I.O.P.

12.偿付地点（Claim Payable at）

此栏严格按照信用证的规定填写：若来证未作规定，应填打目的港；如信用证规定不止一个目的港或赔付地，则应全部照打。

在投保单样例8-1中，偿付地点为：HAMBURG，GERMANY。

13.投保日期（Date）

保险手续要求在货物离开出口仓库前办理。投保日期应至少早于提单签发日、发运日或接受监管日。此项内容应根据订舱委托书或提单填写。

在投保单样例8-1中，投保日期为“May 8， 2024”。

14.其他

其他内容根据信用证中关于保险单的特殊要求，投保时应在投保单上注明。如“所有单据注明信用证号码、开证日期和开证行名称”“保险单上显示保险公司在目的地的保险代理名称、地址和联系方式”等。

在投保单样例8-1中，“其他”填写为：

INSURANCE POLICY MUST SHOW：

（1）L/C NO.：8008/04

L/C DATE：APR.2，2024

NAME OF ISSUING BANK：BANK OF CHINA， HAMBURG BRANCH

（2）THE CLAIMING CURRENCY IS USD.

15.签字（Signature）

该栏由投保人盖章签字。

在投保单样例8-1中，该栏填写为：

TIANJIN XINYUE IMPORT & EXPORT COMPANY

张　萍

知识点3
投保手续的办理

外贸单证员张萍填好投保单后，向中国人民财产保险股份有限公司天津分公司提出投保申请，保险公司审核后接受投保，张萍缴纳保费后，保险公司出具保险单（如样例8-2所示）。

样例 8-2　　保险单

中国人民财产保险股份有限公司天津分公司
The People's Insurance Company（Group）of China，LTD.Tianjin Branch
货物运输保险单
CARGO TRANSPORTATION INSURANCE POLICY

投保单号：X318856

发票号（INVOICE NO.）：　JCSM048014
合同号（S/C NO.）：　RT05884
信用证号码（L/C NO.）：　8008/04
L/C DATE：APR.2，2024
NAME OF ISSUING BANK：BANK OF CHINA，HAMBURG BRANCH
被保险人（INSURED）：TIANJIN XINYUE IMPORT & EXPORT COMPANY

中国人民财产保险股份有限公司（以下简称本公司）根据被保险人的要求，由被保险人向本公司缴付约定的保险费，按照本保险单承保险别和背面所载条款与下列条款承保下述货物运输保险，特立本保险单。

THIS POLICY OF INSURANCE WITNESSES THAT THE PEOPLE'S INSURANCE COMPANY (GROUP) OF CHINA LTD (HEREINAFTER CALLED "THE COMPANY") AT THE REQUEST OF THE INSURED AND IN CONSIDERATION OF THE AGREED PREMIUM PAID TO THE COMPANY BY THE INSURED, UNDERTAKES TO INSURE THE UNDERMENTIONED GOODS IN TRANSPORTATION SUBJECT TO THE CONDITIONS OF THIS POLICY AS PER THE CLAUSES PRINTED OVERLEAF AND OTHER SPECIAL CLAUSES ATTACHED HEREON.

标记 (Marks & Nos.)	包装数量 (Quantity)	保险货物项目 (Description of goods)	保险金额 (Amount Insured)
RLI HAMBURG C/NO.：1-220	220CTNS	LADIES SWEATER	USD48 487.00

总保险金额
TOTAL AMOUNT INSURED SAY U.S.DOLLARS FORTY EIGHT THOUSAND FOUR HUNDRED AND EIGHTY SEVEN ONLY.

保费 PREMIUM AS ARRANGED	启运日期 DATE OF COMMENCEMENT MAY 12.2024	装载工具 PER CONVEYANCE HUASHUN，VOY.NO.586F

自　经　至
FROM TIANJIN，CHINA VIA HONGKONG，CHINA TO HAMBURG，GERMANY

投保险别（PLEASE INDICATE THE CONDITIONS &/OR SPECIAL COVERAGES）：
COVERING ALL RISKS OF CIC OF PICC INCL.WAREHOUSE TO WAREHOUSE AND I.O.P.

所保货物如发生保险单项下可能引起索赔的损失或损坏，应立即通知本公司下述代理人查勘。如有索赔，应向本公司提交保单正本（本保险单共有2份正本）及有关文件。如一份正本已用于索赔，其余正本自动失效。

IN THE EVENT OF LOSS OR DAMAGE WHICH MAY RESULT IN A CLAIM UNDER THIS POLICY IMMEDIATE NOTICE MUST BE GIVEN TO THE COMPANY'S AGENT AS MENTIONED HEREUNDER. CLAIMS IF ANY，ONE OF THE ORIGINAL POLICY WHICH HAS BEEN ISSUED IN TWO ORIGINAL (S) TOGETHER WITH THE RELEVANT DOCUMENTS SHALL BE SURRENDERED TO THE COMPANY. IF ONE OF THE ORIGINAL POLICY HAS BEEN ACCOMPLISHED，THE OTHERS TO BE VOID.

赔款偿付地点
CLAIM PAYABLE AT HAMBURG IN USD

中国人民保险（集团）股份公司天津分公司
The People's Insurance Company（Group）of China，LTD.Tianjin Branch
王易

出单日期
ISSUING DATE May 11，2024

（Authorized Signature）

职业技能操练

工作项目

1.缮制投保单
2.办理投保手续

项目背景

2024年3月26日，天津金凤进出口有限公司与加拿大枫叶服饰有限公司签订了一份女式衬衫的出口合同。2024年4月2日，枫叶服饰有限公司通过中国银行加拿大多伦多分行开出了信用证。2024年5月6日，天津金凤进出口有限公司收到了其供货商天津瑞辉服装厂生产合同号码为NO.TJJF5288的货物实际出运信息。

项目任务

天津金凤进出口有限公司的外贸单证员张莉根据信用证、商业发票、装箱单、订舱委托书等有关资料缮制投保单，并向中国人民保险（集团）股份公司天津分公司提出投保申请，投保单号为J418658。

项目资料

1.信用证

MT 700	ISSUE OF A DOCUMENTARY CREDIT
SENDER	BANK OF CHINA，TORONTO BRANCH，CANADA
RECEIVER	BANK OF CHINA，TIANJIN BRANCH，CHINA
SEQUENCE OF TOTAL	27：1/1
FORM OF DOC.CREDIT	40A：IRREVOCABLE
DOC.CREDIT NUMBER	20：FFF197899
DATE OF ISSUE	31C：240402
APPLICABLE RULES	40E：UCP LATEST VERSION
DATE AND PLACE OF EXPIRY	31D：DATE 240603 PLACE IN CHINA
APPLICANT	50：MAPLE LEAF APPAREL CO.，LTD. PALMERSTON BLVD 26，20099 TORONTO，CANADA
BENEFICIARY	59：TIANJIN JINFENG IMPORT & EXPORT CO.，LTD. 108 FANGZHI STREET，TIANJIN，CHINA
AMOUNT	32B：CURRENCY USD AMOUNT 54 216.00
PERCENTAGE CREDIT AMOUNT TOLERANCE	39A：05/05
AVAILABLE WITH/BY	41D：ANY BANK IN CHINA BY NEGOTIATION
DRAFTS AT...	42C：AT SIGHT
DRAWEE	42A：BANK OF CHINA，NEW YORK
PARTIAL SHIPMENT	43P：PROHIBITED
TRANSSHIPMENT	43T：ALLOWED
PORT OF LOADING	44E：CHINESE MAIN PORT

PORT OF DISCHARGE	44F：TORONTO，CANADA
LATEST DATE OF SHIPMENT	44C：240519
DESCRIPTION OF GOODS AND/OR SERVICES	45A：4 518 PIECES OF LADIES SHIRT STYLE NO. QUANTITY UNIT PRICE AMOUNT L138 2 250PCS USD12.00/PC USD27 000.00 L139 2 268PCS USD12.00/PC USD27 216.00
AT CIF TORONTO，CANADA AS PER INCOTERMS® 2020	
DOCUMENTS REQUIRED	46A：+COMMERCIAL INVOICE SIGNED IN TRIPLICATE. +PACKING LIST IN TRIPLICATE. +CERTIFICATE OF ORIGIN CERTIFIED BY CHAMBER OF COMMERCE OR CCPIT. +FULL SET（3/3）OF CLEAN ON BOARD OCEAN BILLS OF LADING MADE OUT TO ORDER，BLANK ENDORSED，MARKED “FREIGHT PREPAID” AND NOTIFY APPLICANT. +INSURANCE POLICY/CERTIFICATE IN DUPLICATE ENDORSED IN BLANK FOR 110% INVOICE VALUE，COVERING ALL RISKS OF CIC OF PICC INCL. WAREHOUSE TO WAREHOUSE AND I. O. P. AND SHOWING THE CLAIMING CURRENCY IS THE SAME AS THE CURRENCY OF CREDIT. +CERTIFICATE OF QUALITY ISSUED BY THE CUSTOMS，P. R. CHINA CERTIFYING THAT ALL PRODUCTS WILL BE MADE OUT OF AZO FREE，PAH FREE AND PHTHALATES FREE MATERIALS. +SHIPPING ADVICE SHOWING THE NAME OF THE CARRYING VESSEL，DATE OF SHIPMENT，MARKS，QUANTITY，NET WEIGHT AND GROSS WEIGHT OF THE SHIPMENT TO APPLICANT WITHIN 3 DAYS AFTER THE DATE OF BILL OF LADING.
ADDITIONAL CONDITION	47A：+DOCUMENTS DATED PRIOR TO THE DATE OF THIS CREDIT ARE NOT ACCEPTABLE. +THE NUMBER AND THE DATE OF THIS CREDIT AND THE NAME OF ISSUING BANK MUST BE QUOTED ON ALL DOCUMENTS. +MORE OR LESS 5 PCT OF QUANTITY OF GOODS IS ALLOWED. +TRANSSHIPMENT ALLOWED AT HONGKONG ONLY. +SHORT FORM/CHARTER PARTY/THIRD PARTY BILL OF LADING ARE NOT ACCEPTABLE. +SHIPMENT MUST BE EFFECTED BY 1×40’ FULL CONTAINER LOAD B/L TO SHOW EVIDENCE OF THIS EFFECT IS REQUIRED. +ONE COPY OF BILL OF LADING，COMMERCIAL INVOICE AND PACKING LIST SHOULD BE MAILED TO THE APPLICANT BY DHL WITHIN THREE DAYS AFTER BILL OF LADING DATE，BENEFICIARY’S CERTIFICATE TO THIS EFFECT IS REQUIRED.

	+ALL PRESENTATIONS CONTAINING DISCREPANCIES WILL ATTRACT A DISCREPANCY FEE OF USD60.00 PLUS TELEX COSTS OR OTHER CURRENCY EQUIVALENT. THIS CHARGE WILL BE DEDUCTED FROM THE BILL AMOUNT WHETHER OR NOT WE ELECT TO CONSULT THE APPLICANT FOR A WAIVER.
CHARGES	71B：ALL CHARGES AND COMMISSIONS OUTSIDE CANADA ARE FOR ACCOUNT OF BENEFICIARY EXCLUDING REIMBURSING FEE.
PERIOD FOR PRESENTATION	48：WITHIN 15 DAYS AFTER THE DATE OF SHIPMENT BUT WITHIN THE VALIDITY OF THIS CREDIT.
CONFIRMATION INSTRUCTION	49：WITHOUT INSTRUCTION
REIMBURSING BANK	53A：BANK OF CHINA NEW YORK
INFORMATION TO PRESENTING BANK	78：ALL DOCUMENTS ARE TO BE REMITTED IN TWO LOTS BY COURIER TO BANK OF CHINA，TORONTO BRANCH，TRADE FINANCE SERVICES，PALMERSTON BLVD 26，20099 TORONTO，CANADA.

2.商业发票

TIANJIN JINFENG IMPORT & EXPORT CO.，LTD.
108 FANGZHI STREET，TIANJIN，CHINA

COMMERCIAL INVOICE

Invoice No.: MLA22011
Invoice Date: May 6，2024
S/C NO.: TJJF5288
S/C DATE: Mar. 26，2024
L/C NO.: FFF197899
Date of Issue: April 2，2024
Issued by: BANK OF CHINA，TORONTO BRANCH

To：MAPLE LEAF APPAREL CO.，LTD.
PALMERSTON BLVD 26，20099 TORONTO，CANADA
FROM TIANJIN，CHINA TO TORONTO，CANADA

Marks & Nos	Number and Kind of Packages/ Description of Goods	Quantity	Unit Price	Amount
CIF Toronto，Canada as per INCOTERMS® 2020				
MLA TJJF5288 L138/L139 TORONTO，CANADA C/NO.：1-502	LADIES SHIRT STYLE NO.L138 STYLE NO.L139 PACKED IN 9PCS/CTN，TOTALLY FIVE HUNDRED AND TWO CARTONS ONLY	2 250PCS 2 268PCS	USD12.00/PC USD12.00/PC	USD27 000.00 USD27 216.00
Total		4 518PCS		USD54 216.00
SAY TOTAL	U.S.DOLLARS FIFTY FOUR THOUSAND TWO HUNDRED AND SIXTEEN ONLY.			
TIANJIN JINFENG IMPORT & EXPORT CO.，LTD. 张　莉				

3.装箱单

TIANJIN JINFENG IMPORT & EXPORT CO., LTD.
108 FANGZHI STREET, TIANJIN, CHINA

PACKING LIST

Invoice No.: MLA22011
Invoice Date: MAY 6, 2024
S/C NO.: TJJF5288
L/C NO.: FFF197899
Date of Issue: April 2, 2024
Issued by: BANK OF CHINA,
TORONTO BRANCH

To: MAPLE LEAF APPAREL CO., LTD.
PALMERSTON BLVD 26, 20099
TORONTO, CANADA

Marks & Nos	Number and Kind of Package/s Description of Goods	Quantity	Package	G.W.	N.W.	Meas.
MLA TJJF5288 L138/L139 TORONTO, CANADA C/NO.: 1-502	LADIES SHIRT STYLE NO.: L138 STYLE NO.: L139 PACKED IN 9 PCS/CTN, SHIPPED IN 1×40' FCL	2 250PCS 2 268PCS	250CTNS 252CTNS	2 500KGS 2 520KGS	2 250KGS 2 268KGS	29.363M^3 29.597M^3
Total		4 518PCS	502CTNS	5 020KGS	4 518KGS	58.960M^3
SAY TOTAL		FIVE HUNDRED AND TWO CARTONS ONLY				

4.订舱委托书

托运人	TIANJIN JINFENG IMPORT & EXPORT CO., LTD. 108 FANGZHI STREET, TIANJIN, CHINA	合同号	TJJF5288
		发票号	MLA22011
		信用证号	FFF197899
		运输方式	BY SEA
收货人	TO ORDER OF SHIPPER	启运港	TIANJIN
		目的港	TORONTO
		装运期限	NOT LATER THAN MAY 19, 2024
被通知人	MAPLE LEAF APPAREL CO., LTD. PALMERSTON BLVD 26, 20099 TORONTO, CANADA TEL: 0049-40-3410766 FAX: 0049-40-3410767	可否转运	YES
		可否分批	NO
		运费支付方式	PREPAID
		正本提单份数	3 COPIES

货名	唛头	包装数量	总毛重	总体积
LADIES SHIRT	MLA TJJF5288 L138/L139 TORONTO, CANADA C/NO.: 1-502	502CTNS	5 020KGS	58.960M^3

预定船期	预配箱量	集装箱装箱方式
请订天津中远海运集装箱运输有限公司2024年5月12日的船期，船名为HAPPY FISH，航次为0683H	1×40'GP FCL	内装箱 天津宏达国际货运代理公司传真：+86-22-60836679 进仓地址：天津市滨海新区塘沽胡家园街河头村 编号："SHUN1026416"

注意事项	提单上要显示以下内容： （1）L/C NO.: FFF197899 （2）L/C DATE: APR.2, 2024 （3）NAME OF ISSUING BANK: BANK OF CHINA, TORONTO BRANCH

受托人	委托人
天津宏达国际货运代理公司	TIANJIN JINFENG IMPORT & EXPORT CO., LTD.
联系人：赵云涛	联系人：张莉
电话：022-60836678 传真：022-60836679	电话：022-60938239 传真：022-60938239

项目目标

根据上述有关资料填写投保单并办理投保手续。

项目实施

1.逐项填写

（1）被保险人（Insured）

TIANJIN JINFENG IMPORT & EXPORT CO.，LTD.

（2）发票号、合同号和信用证号（Invoice No.，Contract No.and L/C No.）

发票号（Invoice No.）：MLA22011

合同号（Contract No.）：TJJF5288

信用证号（L/C No.）：FFF197899

（3）发票金额和投保加成率

发票金额（INVOICE AMOUNT）：USD54 216.00；投保加成率（RATE）：10%。

（4）标记（Marks & Nos.）

MLA

TJJF5288

L138/L139

TORONTO，CANADA

C/NO.：1-502

（5）包装数量（Quantity）

502CTNS

（6）被保险货物项目（Description of Goods）

LADIES SHIRT

（7）保险金额（Amount Insured）

USD59 638

（8）装载工具（Per Conveyance）

HAPPY FISH，0683H

（9）启运日期（Date of Commencement）

May 12，2024

（10）装运港和目的港（From...to...）

FROM TIANJIN，CHINA VIA HONGKONG，CHINA TO TORONTO，CANADA

（11）投保险别（Conditions）

COVERING ALL RISKS OF CIC OF PICC INCL.WAREHOUSE TO WAREHOUSE AND I.O.P.

（12）偿付地点（Claim Payable at ）

TORONTO，CANADA

（13）投保日期（Date）

May 9，2024

（14）其他

①INSURANCE POLICY MUST SHOW：

L/C NO.：FFF197899

L/C DATE：APR.2， 2024

NAME OF ISSUING BANK：BANK OF CHINA， TORONTO BRANCH

②THE CLAIMING CURRENCY IS USD.

（15）签字（Signature）

TIANJIN JINFENG IMPORT & EXPORT CO.， LTD.

张 莉

2.把各项内容填入后，缮制投保单

货物运输保险投保单
APPLICATION FORM FOR CARGO TRANSPORTATION INSURANCE
投保单号：J418658

被保险人：
INSURED：TIANJIN JINFENG IMPORT & EXPORT CO.， LTD.
发票号（INVOICE NO.）：MLA22011
合同号（S/C NO.）：TJJF5288
信用证号（L/C NO.）：FFF197899
发票金额（INVOICE AMOUNT）USD54 216.00 投保加成率（RATE）10%
兹有下列物品向中国人民保险（集团）股份公司投保（INSURANCE IS REQUIRED ON THE FOLLOWING COMMODITIES）：

标记（Marks & Nos.）	包装数量（Quantity）	被保险货物项目（Description of Goods）	保险金额（Amount Insured）
MLA TJJF5288 L138/L139 TORONTO，CANADA C/NO.：1-502	502CTNS	LADIES SHIRT	USD59 638

启运日期： 装载工具
DATE OF COMMENCEMENT MAY 12，2024 PER CONVEYANCE HAPPY FISH， 0683H
自 经 至
FROM TIANJIN，CHINA VIA HONGKONG，CHINA TO TORONTO，CANADA
提单号： 赔款偿付地点：
B/L NO.AS PER B/L CLAIM PAYABLE AT TORONTO， CANADA
投保险别（PLEASE INDICATE THE CONDITIONS &/OR SPECIAL COVERAGES）：
COVERING ALL RISKS OF CIC OF PICC INCL.WAREHOUSE TO WAREHOUSE AND I.O.P.
INSURANCE POLICY MUST SHOW：
（1）L/C NO.：FFF197899
L/C DATE：APR.2， 2024
NAME OF ISSUING BANK：BANK OF CHINA， TORONTO BRANCH
（2）THE CLAIMING CURRENCY IS USD.
请如实告知下列情况，如“是”在（ ）打“√”（IF ANY，PLEASE MARK “√”）：
1.货物种类：袋装（√）散装（ ）冷藏（ ）液体（ ） 活动物（ ）机器/汽车（ ）危险品等级（ ）
GOODS：BAG（√）JUMBO BULK（ ） REEFER（ ） LIQUID（ ） LIVE ANIMAL（ ） MACHINE/AUTO（ ） DANGEROUS CLASS（ ）
2.集装箱种类：普通（√）开顶（ ）框架（ ）平板（ ）冷藏（ ）
CONTAINER：ORDINARY（√） OPEN（ ） FRAME（ ） FLAT（ ） REFRIGERATOR（ ）
3.转运工具：海轮（√） 飞机（ ） 驳船（ ） 火车（ ） 汽车（ ）
BY TRANSIT：SHIP（√） PLANE（ ）BARGE（ ）TRAIN（ ）TRUCK（ ）
4.船舶资料： 船籍（ ） 船龄（ ）
PARTICULAR OF SHIP： REGISTRY AGE
附件：被保险人确认对本保险合同的条款和内容已经完全了解 投保人（签名盖章）
THE ASSURED CONFIRMS HEREWITH THE TERMS AND CONDITIONS OF THESE INSURANCE CONTRACT FULLY UNDERSTOOD. APPLICANT'S SIGNATURE
TIANJIN JINFENG IMPORT & EXPORT CO.， LTD.
投保日期（DATE）：May 9， 2024 张 莉
电话（TEL）022-60958269
地址（ADD.）：108 FANGZHI STREET， TIANJIN， CHINA
本公司自用（FOR OFFICE USE ONLY）
费率 保费 备注：
RATE AS ARRANGED PREMIUM AS ARRANGED
经办人BY________ 核保人__________ 负责人__________

3.办理投保手续

外贸单证员张莉填好投保单后，向中国人民保险（集团）股份公司天津分公司提出投保申请，保险公司审核后接受投保，张莉缴纳保费后，保险公司出具保险单。

中国人民保险（集团）股份公司天津分公司
The People's Insurance Company（Group）of China， LTD.Tianjin Branch

货物运输保险单

CARGO TRANSPORTATION INSURANCE POLICY

投保单号：J418658

发票号（INVOICE NO.）： MLA22011
合同号（S/C NO.）： TJJF5288
信用证号码（L/C NO.）： FFF197899
L/C DATE： APR.2，2024
NAME OF ISSUING BANK：BANK OF CHINA， TORONTO BRANCH
被保险人（INSURED）：TIANJIN JINFENG IMPORT & EXPORT CO.， LTD.

中国人民保险（集团）股份公司（以下简称本公司）根据被保险人的要求，由被保险人向本公司缴付约定的保险费，按照本保险单承保险别和背面所载条款与下列条款承保下述货物运输保险，特立本保险单。

THIS POLICY OF INSURANCE WITNESSES THAT THE PEOPLE'S INSURANCE COMPANY（GROUP）OF CHINA， LTD.（HEREINAFTER CALLED "THE COMPANY"）AT THE REQUEST OF THE INSURED AND IN CONSIDERATION OF THE AGREED PREMIUM PAID TO THE COMPANY BY THE INSURED， UNDERTAKES TO INSURE THE UNDERMENTIONED GOODS IN TRANSPORTATION SUBJECT TO THE CONDITIONS OF THIS POLICY AS PER THE CLAUSES PRINTED OVERLEAF AND OTHER SPECIAL CLAUSES ATTACHED HEREON.

兹有下列物品向中国人民保险（集团）股份公司投保（INSURANCE IS REQUIRED ON THE FOLLOWING COMMODITIES）：

标记（Marks & Nos.）	包装数量（Quantity）	被保险货物项目（Description of Goods）	保险金额（Amount Insured）
MLA TJJF5288 L138/L139 TORONTO， CANADA C/NO.：1-502	502CTNS	LADIES SHIRT	USD59 638

保费 PREMIUM：AS ARRANGED　启运日期 DATE OF COMMENCEMENT MAY 12.2024　装载工具 PER CONVEYANCE HAPPY FISH，0683H

自 FROM TIANJIN，CHINA 经 VIA HONGKONG，CHINA 至 TO TORONTO， CANADA

投保险别（PLEASE INDICATE THE CONDITIONS &/OR SPECIAL COVERAGES）：
COVERING ALL RISKS OF CIC OF PICC INCL.WAREHOUSE TO WAREHOUSE AND I.O.P.

所保货物如发生保险单项下可能引起索赔的损失或损坏，应立即通知本公司下述代理人查勘。如有索赔，应向本公司提交保单正本（本保险单共有2份正本）及有关文件。如一份正本已用于索赔，其余正本自动失效。

IN THE EVENT OF LOSS OR DAMAGE WHICH MAY RESULT IN A CLAIM UNDER THIS POLICY， IMMEDIATE NOTICE MUST BE GIVEN TO THE COMPANY'S AGENT AS MENTIONED HEREUNDER. CLAIMS IF ANY， ONE OF THE ORIGINAL POLICY WHICH HAS BEEN ISSUED IN TWO ORIGINAL（S）TOGETHER WITH THE RELEVANT DOCUMENTS SHALL BE SURRENDERED TO THE COMPANY. IF ONE OF THE ORIGINAL POLICY HAS BEEN ACCOMPLISHED， THE OTHERS TO BE VOID.

赔款偿付地点
CLAIM PAYABLE AT TORONTO IN USD

中国人民保险（集团）股份公司天津分公司
The People's Insurance Company（Group）of China，LTD.Tianjin Branch

出单日期
ISSUING DATE May 11， 2024

王易
（Authorized Signature）

工作情境测试

随堂测8

一、单项选择题

1.CIF合同项下的货物在装船后因火灾被焚，应由（　　）。

A.卖方负担损失　　B.卖方负责请求保险公司赔偿

C.买方负责请求保险公司赔偿　　D.买方负担损失

2.某公司出口货物在运输途中遭遇风暴，运输船舶与货物均沉入海底。该公司货物的损失属于（　　）。

A.部分损失　　B.全部损失　　C.共同损失　　D.共同海损

3.按我国海运货物保险条款的规定，投保一切险后还可以加保（　　）。

A.提货不着险　　B.卖方利益险　　C.战争、罢工险　　D.淡水雨淋险

4.“仓至仓”条款是（　　）。

A.承运人负运输责任的起讫的条款　　B.保险人负运输责任的起讫的条款

C.出口人负运输责任的起讫的条款　　D.进口人负运输责任的起讫的条款

5.在FOB/CIF术语条件下，办理保险者应为（　　）。

A.买方/买方　　B.卖方/买方　　C.买方/卖方　　D.卖方/卖方

6.某贸易合同CIF价为12 553美元，按照该价格加成10%投保，投保单中保险金额应填写（　　）。

A.13 808.30美元　　B.13 808美元　　C.13 800美元　　D.13 809美元

7.CIF合同项下，提单中显示货物出运日期为2023年8月18日，投保单中投保日期填写正确的是（　　）。

A.2023年8月19日　　B.2023年8月20日　　C.2023年8月13日　　D.2023年9月1日

8.凡按CFR贸易术语成交的商品，应由（　　）。

A.买方负责租船订舱并办理保险

B.卖方负责租船订舱并办理保险

C.卖方负责租船订舱，买方负责办理保险

D.卖方负责办理保险，买方负责租船订舱

二、判断题

1.计收保险费的公式为：保险费=保险金额×保险费率。（　　）

2.一般外来风险是指由于一般外来原因所造成的风险。（　　）

3.海上风险也叫海难，包括海上的一切危险。（　　）

4.海上损失一般指货物在海洋运输过程中由于海上风险所造成的损失和灭失。（　　）

5.托运出口玻璃制品时，被保险人在投保一切险后，还应加保破碎险。（　　）

6.若来证无特殊规定，投保单中的标记一般可简单填成“as per Invoice No.×××”。（　　）

7.海运方式下，投保单中装载工具只填写船名。（　　）

8.如果信用证规定不止一个目的港或赔付地，则在投保单中，赔付地点应全部填写。（　　）

三、技能训练——缮制投保单

根据以下信用证、商业发票、装箱单、订舱委托书等资料缮制投保单并办理投保手续（保险公司：中国人民保险（集团）股份公司上海分公司；投保单号：ST6633289）。

1.信用证

SEQUENCE OF TOTAL.	*27：1/1
FORM OF DOC.CREDIT	*40A：IRREVOCABLE
DOC.CREIT NUMBER	*20：31173
DATE OF ISSUE	31C：240401
DATE AND PLACE OF EXPIRY	*31D：DATE 240531 PLACE CHINA
APPLICANT	*50：MAMUT ENTERPRISES AV TARRAGONA75-3ER BARCELONA，SPAIN
ISSUING BANK	52A：CREDIT ANDORRA ANDORRA LA VELLA，ANDORRA
BENEFICIARY	*59：SHANGHAI TOOL IMPORT & EXPORT CO.，LTD 31，GANXIANG ROAD SHANGHAI，CHINA
AMOUNT	*32B：CURRENCY USD AMOUNT 21 892.00
AVAILABLE WITH/BY	*41D：ANY BANK IN CHINA BY NEGOTIATION
DRAFTS AT...	42C：30 DAYS AFTER SIGHT
DRAWEE	42A：CREDIT ANDORRA ANDORRA LA VELLA，ANDORRA
PARTIAL SHIPMENT	43P：NOT ALLOWED
TRANSSHIPMENT	43T：ALLOWED
LOADING ON BOARD	44A：SHANGHAI
FOR TRANSPORTATION TO	44B：BARCELONA（SPAIN）
LATEST DATE OF SHIPMENT	44C：240510
DESCRIPTION OF GOODS	45A：HAND TOOLS AS PER PROFORMA INVOICE NO.2022032 DATED MARCH 10，2024 CIF BARCELONA
DOCUMENTS REQUIRED	46A： +SIGNED COMMERCIAL INVOICE，1 ORIGINAL AND 4 COPIES. +PACKING LIST 1 ORIGINAL AND 4 COPIES. +CERTIFICATE OF ORIGIN CERTIFIED BY CHAMBER OF COMMERCE OR CCPIT.

	+ FULL SET OF B/L （2 ORIGINALS AND 5 COPIES） CLEAN ON BOARD, MARKED “FREIGHT PREPAID”, CONSIGNED TO: MAMUT ENTERPRISES AV, TARRAGONA75-3ER BARCELONA, SPAIN, TEL: +376-823-323, FAX: +376-860-914-860 -807, NOTIFY: BLUE WATER SHIPPING ESPANA, ER 2NA, A, 08003 BARCELONA (SPAIN), TEL: 34-93-295-48-48, FAX: 34-93-268-16-81
CHARGES	71B: ALL BANKING CHARGES OUTSIDE SPAIN ARE FOR ACCOUNT OF BENEFICIARY.
PERIOD FOR PRESENTATION	48: DOCUMENTS MUST BE PRESENTED WITHIN 15 DAYS AFTER THE DATE OF SHIPMENT BUT WITHIN THE VALIDITY OF THE CREDIT.

2. 商业发票

SHANGHAI TOOL IMPORT & EXPORT CO., LTD
31, GANXIANG ROAD SHANGHAI, CHINA

COMMERCIAL INVOICE

To: MAMUT ENTERPRISES AV
TARRAGONA75-3ER
BARCELONA, SPAIN
FROM SHANGHAI, CHINA TO BARCELONA, SPAIN

Invoice No.: TY034
Invoice Date: Apr.20, 2024
S/C NO.: RT05342
S/C DATE: Mar.20, 2024
L/C NO.: 31173

Marks & Nos	Number and Kind of Packages/ Description of Goods	Quantity	Unit Price	Amount
CIF BARCELONA, SPAIN as per INCOTERMS® 2020				
M.E BARCELONA C/NO.: 1-515	HAND TOOLS			
	(1) 9pc Extra Long Hex Key Set	1 200SETS	USD1.76	USD2 112.00
	(2) 8pc Double Offset Ring Spanner	1 200SETS	USD3.10	USD3 720.00
	(3) 12pc Double Offset Ring Spanner	800SETS	USD7.50	USD6 000.00
	(4) 12pc Combination Spanner	1 200SETS	USD3.55	USD4 260.00
	(5) 10pc Combination Spanner	1 000SETS	USD5.80	USD5 800.00
	TOTALLY FIVE HUNDRED AND FIFTEEN CARTONS ONLY			
Total		5 400SETS		USD21 892.00
SAY TOTAL	U.S.DOLLARS TWENTY ONE THOUSAND EIGHT HUNDRED AND NINTY TWO ONLY.			

AS PER PROFORMA INVOICE NO.2024032 DATED MAR.10, 2024
WE HEREBY CERTIFY THAT THE CONTENTS OF INVOICE HEREIN ARE TRUE AND CORRECT.

SHANGHAI TOOL IMPORT & EXPORT CO., LTD
LILI

3.装箱单

SHANGHAI TOOL IMPORT & EXPORT CO., LTD.

31, GANXIANG ROAD SHANGHAI, CHINA

PACKING LIST

To: MAMUT ENTERPRISES AV
TARRAGONA75-3ER
BARCELONA, SPAIN

Invoice No.: TY034
Invoice Date: Apr.20, 2024
S/C NO.: RT05342
L/C NO.: 31173

Marks & Nos	Number and Kind of Packages/ Description of Goods	QTY (SETS)	PKG (CTNS)	G.W. (KGS)	N.W. (KGS)	Meas. (M^3)
M.E BARCELONA C/NO.: 1-515	HAND TOOLS					
	(1) 9pc Extra Long Hex Key Set	1 200	120	20/CTN	18/CTN	0.2/CTN
	(2) 8pc Double Offset Ring Spanner	1 200	75	20/CTN	18/CTN	0.2/CTN
	(3) 12pc Double Offset Ring Spanner	800	100	19/CTN	17/CTN	0.2/CTN
	(4) 12pc Combination Spanner	1 200	120	19/CTN	17/CTN	0.2/CTN
	(5) 10pc Combination Spanner	1 000	100	18/CTN	16/CTN	0.2/CTN
	Packed in 1 plastic carton of 10 sets each shipped in 3×40' container					
	Total	5 400	515	9 880	8 850	103
SAY TOTAL	FIVE HUNDRED AND FIFTEEN CARTONS ONLY					

4.订舱委托书

托运人	SHANGHAI TOOL IMPORT & EXPORT CO., LTD 31, GANXIANG ROAD SHANGHAI, CHINA	合同号	RT05342
		发票号	TY034
		信用证号	31173
		运输方式	BY SEA
收货人	MAMUT ENTERPRISES AV, TARRAGONA75-3ER, BARCELONA, SPAIN	启运港	SHANGHAI
		目的港	BARCELONA
		装运期限	NOT LATER THAN MAY 10, 2024
被通知人	BLUE WATER SHIPPING ESPANA, ER 2NA, A, 08003 BARCELONA (SPAIN) TEL: 34-93-295-48-48 FAX: 34-93-268-16-81	可否转运	YES
		可否分批	NO
		运费支付方式	PREPAID
		正本提单份数	2 COPIES

货名	唛头	包装数量	总毛重	总体积
HAND TOOLS	M.E BARCELONA C/NO.: 1-515	515CTNS	9 880KGS	103M^3

预定船期	预配箱量	集装箱装箱方式
上海中远海运集装箱运输有限公司2024年5月8日的船期，船名为：DONGFANG，航次为V.112	3×40'GP FCL 集装箱号 COSU1234501, COSU1234502, COSU1234503	门到门 上海杰昆五金工具有限公司仓库地址：上海市闵行区新源路1386弄 联系人：李平 联系电话：021-65756156

注意事项	
受托人	委托人
上海明通国际货运代理有限公司	SHANGHAI TOOL IMPORT & EXPORT CO., LTD
联系人：马 涛	联系人：LILI
电话：021-91985750 传真：021-91985768	电话：021-65756156 传真：021-65756155

9

工作情境9

缮制汇票

情境目标

知识目标

1. 熟悉汇票的含义和必要项目。
2. 重点掌握出票、背书、承兑、保证等主要票据行为。
3. 了解贴现的原理。

技能目标

1. 掌握托收方式下汇票的制作。
2. 掌握信用证方式下汇票的制作。
3. 掌握汇票的贴现。
4. 能够完成汇票的背书、承兑、保证操作。
5. 能够审核汇票的有效性。

素养目标

1. 具备较高的政治文化素养，遵守国家的法律和法规，恪守职业道德。
2. 培养团队协作的职业精神，钻研业务，识大体。
3. 强化风险意识、责任意识和规则意识。
4. 培养严谨细致、精益求精的职业品格。

情境导入

在国际贸易中，买方最关心的是能否收到符合合同规定的货物，而卖方最关心的是能否安全、迅速地收到货款。货款的收取涉及两个方面的问题：支付工具和支付方式。一般来说，支付工具有两大类可以选择：票据和非票据。由于国际贸易合同所涉及的金额较大，采用非票据结算一方面携带不便，另一方面不太安全，所以国际贸易货款的收付采用非票据结算的很少，大多数情况下采用票据结算。支付工具有三种可以选择：汇票、本票和支票，汇票是票据结算当中使用最多的结算工具。

工作活动

工作活动1　汇票的含义和当事人
工作活动2　汇票的票据行为
工作活动3　汇票的制作
工作活动4　汇票的贴现

工作活动1 汇票的含义和当事人

工作活动目标

1.能够根据进出口业务要求了解汇票的内涵。
2.能够在了解汇票定义的基础上，明确汇票各方当事人。
3.熟悉汇票各方当事人之间的权利和义务。
4.熟悉汇票操作流程。

职业工作情境

1.能够理解汇票的含义。
2.正确理解汇票的概念。
3.能够明确汇票的当事人。

职业知识储备

知识点1 汇票的含义

汇票（Bill of Exchange；Draft）是一个人向另一个人签发的，要求其见票时或在将来的固定时间或可以确定的时间，对某人或其指定的人或持票人支付一定金额的无条件的支付命令（A bill of exchange is an unconditional order in writing，addressed by one person to another，signed by the person giving it，requiring the person to whom it is addressed to pay on demand or at a fixed or determinable future time a sum certain in money to or to the order of a specified person，or to bearer.）。

知识点2 对汇票概念的解释

从汇票的定义当中我们可以看出：汇票这种支付工具所涉及的当事人有三个，即出票人、持票人和受票人。出票人可能是银行，也可能是商业企业，它是债务人；受票人可能是银行，也可能是商业企业，它是无条件执行付款命令的人；持票人是债权人，是收取货款的人。

知识点3 汇票的当事人

汇票的基本当事人有出票人、付款人和收款人。

（1）出票人，即签发汇票的人，一般是出口方或其指定的银行。

（2）付款人，即接受支付命令付款的人，一般是进口方或其指定的银行。

（3）收款人，即受领汇票所规定的金额的人。

工作活动2
汇票的票据行为

工作活动目标

1.能够在了解汇票定义的基础上，熟悉汇票应该包括的内容。
2.掌握汇票的必要项目，熟练缮制汇票。
3.能够根据进出口业务的具体要求，熟练使用汇票。
4.熟悉托收方式下汇票的制作。
5.熟悉信用证方式下汇票的制作。

职业工作情境

在国际贸易中，由于缺乏信任，买方在获得货物之前必须支付货款或者做出支付的承诺。依照国际贸易惯例，买卖双方会使用汇票对交易进行结算。汇票是出口商开出的、要求进口商或者他的代理在特定时间支付特定金额的命令。汇票是国际贸易中用于促进不同国家的当事人之间货物和服务交换的法律文件。它可以买卖或贴现，是国际贸易中管理现金流的常用工具。国际贸易结算基本上是非现金结算，汇票是国际贸易中一种常用的支付工具。

职业知识储备

知识点1
汇票的内容

1.应载明汇票字样
2.有适当的文句表明汇票是无条件的支付命令
3.有大写和小写的货币名称和一定金额
4.付款期限
5.付款地点
6.受票人
7.受款人
8.出票日期
9.出票地点
10.出票人的名称和签字盖章

汇票如样例9-1所示。

样例9-1　　汇票

Bill of Exchange

No. SDSHY04/0026　　Shanghai，2nd Jan，2024

Exchange for HKD50 000.00

At sight of this FIRST of exchange（the SECOND of the same tenor and date being unpaid），pay to the order of Bank of Commercial，Shanghai

the sum of HONGKONG DOLLARS FIFTY THOUSAND ONLY.

Drawn under Contract No. SHWJH 04016 against shipment of 22 bales of shoes from Shanghai to Hongkong for collection

To Bank of China，Hongkong.

For Shanghai Textiles Import and Export Corporation，Shanghai

Manager

知识点2
汇票的必要项目

1.汇票上要写明“汇票”字样

用中文表示时印上“汇票”戳记；用英文表示时标明“Bill of Exchange”；在国际贸易中，一般以英文表示，通常可以看到“Exchange for...”的字样。

2.无条件的支付命令

其用英文的祈使句来表示，常常可以看到“Pay to the order of...”的表示方法。

3.出票地点和日期

出票日期有两种表示方法，如Dec.11th，2024或11th，Dec.2024，也可以表示为Dec.11，2024。

4.付款时间

即期汇票见票即付，表示方法为“At sight...”。远期汇票有四种规定方法：

（1）见票后若干天付款，表示方法为“At ×× days after sight”。

（2）出票后若干天付款，表示方法为“At ×× days after date”。

（3）提单签发日后若干天付款，表示方法为“At ×× days after date of Bill of Lading”。

（4）指定日期付款，表示方法为“Feb.12th，2023”。

知识点3
汇票的使用

微课9-1

汇票的使用

汇票的使用涉及出票、提示、承兑、付款等，如需转让，通常经过背书进行。汇票遭到拒付时，还要制作拒绝证书，且涉及行使追索权等法律权利。

1.出票（Issue）

出票是指出票人在汇票上填写付款人、付款金额、付款日期和地点以及收款人等项目，签字后经持票人交给受票人的行为。商业汇票一般是一式两份：正本和副本，但债务只有一笔，因此，正本上写明“付一不付二”，副本上写明“付二不付一”。在出票时，关于收款人的写法有以下三种：

（1）来人抬头（Pay to Bearer）。采用这种抬头方式，当汇票需要转让时，无须经过背书，仅交付汇票即可。来人抬头方式的汇票流通性很强，但安全性很差，在国际贸易中一般较少采用。

（2）限制性抬头（Pay ×× only）。这种抬头方式的汇票不能流通转让，仅限特定的人收款。其安全性很好，但流通性很差。由于流通性差的特点，因此，限制性抬头在实际业务中很少采用。

（3）指示性抬头（Pay ×× Co., or order；Pay to the order of ×× Co.）。采用这种抬头方式，当汇票转让时，需要经过背书，这样既有一定的安全性，又有一定的流通性。这种抬头方式的汇票是国际贸易中经常采用的。

2.提示（Presentatian）

提示是持票人向票据义务人或者关系人出示票据，请求其进行承兑或付款的行为。汇票有即期汇票和远期汇票之分。当持票人交给受票人的汇票是即期汇票时，受票人见票即付，也就是提示即付款；当持票人交给受票人的汇票是远期汇票时，第一次提示时即承兑，到期付款，当汇票到期时，进行再一次提示，提示即付款。

3.承兑（Acceptance）

承兑是受票人对远期汇票表示承认到期付款的行为，一般在汇票上标有“承兑”字样，经过承兑的汇票，主债务人由出票人变为受票人，即承兑人。承兑人承担在远期汇票到期时付款的责任。经过银行承兑的汇票信誉度比较高，容易被人们所接受。

4.付款（Payment）

付款是受票人也就是付款人把款项付给收款人的行为。付款后，这张汇票的债权债务关系即告终止。即期汇票见票时付款，远期汇票在汇票到期时付款。

5.背书（Endorsement）

背书是一种转让行为。在票据市场上，对于指示性抬头方式的汇票，只有经过背书这一法定程序才能进行流通和转让。具体程序为：汇票的所有人在汇票的背面签上自己的名字或者再加上受让人，也就是被背书人的名字，汇票的收款权利便进行了转让，由汇票的所有人即背书人转让给了汇票的受让人即被背书人。如果背书人仅仅签上自己的名字，而没有签上被背书人的名字，这种背书称为“空白背书”；如果既签有背书人的姓名，又签有被背书人的姓名，这种背书叫“记名背书”。汇票可以经过背书不断地转让下去。对受让人来讲，所有前面的背书人和原出票人都是他的“前手”，所有在他后面的受让人都是他的“后手”，后手对前手具有追索权。

6.拒付（Dishonour）

拒绝付款和拒绝承兑都称为拒付，一般指远期汇票拒绝承兑和即期汇票拒绝付款。有时付款人拒不见票、死亡或破产，以致付款行为不能实施，也称为拒付。

工作活动3 汇票的制作

工作活动目标

1. 能够根据进出口业务要求，掌握汇票的制作方法。
2. 熟悉支付工具汇票以及托收和信用证两种支付方式。
3. 熟悉托收方式下汇票的缮制。
4. 熟悉信用证方式下汇票的缮制。

职业工作情境

国际贸易是单据贸易，几乎所有贸易环节的具体操作都与单据的交换密切相关，即使是在计算机快速发展的今天，单据也在扮演着相当重要的角色（EDI无纸贸易和电子单据的运用）。不了解和不熟悉单证知识就意味着不懂贸易，无法与业务部门相关人员进行正确沟通和交流，就意味着交易不可能正常进行，其结果很可能会是旷日持久的官司、永远无法取得的货款或一辈子都收不到的货物。汇票可以理解为一道令牌，“我现在没钱，但我可以给你一道令牌，你拿着令牌找到我和你说的那个人，他一见令牌就会给你付钱了”。汇票是出票人签发的，委托付款人在见票时或者在指定日期无条件支付确定的金额给收款人或者持票人的票据。这里面涉及三个人：①出票人——给你这道令牌的人；②付款人——见到令牌给你付款的人；③收款人——到期收钱的人。合理高效地利用票据，不仅能降低融资成本、加快资金流通，更能让生意做得游刃有余。

职业知识储备

知识点1 托收方式下汇票的制作

汇票作为一种支付工具，总是和一定的支付方式相结合，共同完成国际贸易货款结算的。托收这一支付方式尽管属于商业信用，但在国际贸易实践中还是经常被采用的。一笔交易的达成，总是基于合同的签订，而托收方式下的汇票是依据合同条款编制的。

（一）即期付款交单方式下的汇票（如样例9-2所示）

1. 汇票的编号

每一张汇票都有编号，汇票的编号写在“No.”的后面。在样例9-2中，汇票的编号是“No.SDSHY04/0026”。需要注意的是，汇票的编号和商业发票的编号是一致的。

2. 出票的地点和日期

出票的地点和日期一般写在汇票的右上角。对汇票来讲，有时出票日期是一个非常重

样例9-2 即期付款交单方式下的汇票

Bill of Exchange

No. SDSHY04/0026 Shanghai，2nd Jan，2024

Exchange for HKD50 000.00

D/P At sight of this FIRST of exchange (the SECOND of the same tenor and date being unpaid), pay to the order of Bank of Commercial，Shanghai

the sum of HONGKONG DOLLARS FIFTY THOUSAND ONLY.

Drawn under Contract No. SHWJH 04016 against shipment of 22 bales of shoes from Shanghai to Hongkong for collection

To Bank of China，Hongkong.

For Shanghai Textiles Import and Export Corporation，Shanghai

Manager

要的时间，决定着付款时间。在样例9-2中，出票的地点和日期是“Shanghai，2nd Jan，2024”，这就表明这张汇票的出票日期是2024年1月2日。

3.表明是一张汇票

样例9-2开始有“Bill of Exchange”字样，这就表明该票据是一张汇票。

4.汇票的金额

汇票必须载明金额，“Exchange for...”的后面写汇票的小写金额。在样例9-2中，“Exchange for HKD50 000.00”表明这张汇票的小写金额是50 000港元；“the sum of...”的后面写它的大写金额。例如，在样例9-2中，“the sum of Hongkong dollars fifty thousand only”表明这张汇票的大写金额是50 000港元。需要注意的是，大写金额的最后要写上“ONLY”，在作用上等同于“整”，以防被人更改。

5.表明是即期托收汇票

在国际贸易中，D/P表示付款交单，因此如果是即期托收汇票，首先需标明“D/P”字样，用来说明是托收汇票。从上面的即期托收汇票格式中可以看出，在D/P的后面有“At sight of...”字样，“D/P At sight of...”说明这是即期托收汇票。要判断汇票是即期还是远期，主要是看“At”和“sight”中间是否有时间，如果是“At sight of...”，则是即期托收汇票；如果是“At 30 days after sight of...”，则是远期托收汇票。在样例9-2中，“D/P At sight of...”说明这是即期托收汇票。

6.汇票的收款人

在填制汇票时，收款人的抬头常用的是指示性抬头方式，即用“pay to the order of...”来表示。从样例9-2中我们可以看出，汇票的收款人是中国商业银行上海分行，即“pay to the order of Bank of Commercial，Shanghai”。

7.汇票的出票依据

出票依据中一般要写明合同号码、商品的成交数量以及支付方式。在样例9-2中，我们可以看到“Drawn under Contract No.SHWJH 04016 against shipment of 22 bales of shoes from Shanghai to Hongkong for collection.”，它首先标明合同号码为“SHWJH 04016”，同时标明商品的成交数量为“shipment of 22 bales of shoes”，支付方式为“collection”。

8.汇票的付款人

在样例9-2中，汇票的左下角有一英文单词“To”，汇票的付款人写在“To”的后面，即“To Bank of China，Hongkong.”，这表明汇票的付款人是中国银行香港分行。

9.出票人

汇票的出票人写在汇票的右下角，在样例9-2中，我们可以看到“For Shanghai Textiles Import and Export Corporation，Shanghai”字样，这表明汇票的出票人是上海纺织品进出口公司上海分公司（盖公章），最后在“Manager”的后面由负责人签字盖章。

（二）远期付款交单方式下的汇票（如样例9-3所示）

样例9-3　　远期付款交单方式下的汇票

Bill of Exchange

No. SDSHY04/0026　　Shanghai，2nd Jan，2024

Exchange for HKD50 000.00

D/P At 30 days after sight of this FIRST of exchange（the SECOND of the same tenor and date being unpaid），pay to the order of Bank of Commercial，Shanghai

the sum of HONGKONG DOLLARS FIFTY THOUSAND ONLY.

Drawn under Contract No. SHWJH 04016 against shipment of 22 bales of shoes from Shanghai to Hongkong for collection

To Bank of China，Hongkong.

For Shanghai Textiles Import and Export Corporation，Shanghai

signature Manager

1.汇票的编号

每一张汇票都有编号，汇票的编号写在“No.”的后面，在样例9-3中，汇票的编号是“No.SDSHY04/0026”。需要注意的是，汇票的编号和商业发票的编号是一致的。

2.出票的地点和日期

出票的地点和日期一般写在汇票的右上角。对汇票来讲，有时出票日期是一个非常重要的时间，决定着付款时间。在样例9-3中，出票的地点和日期是“Shanghai，2nd Jan，2024”，这表明这张汇票的出票日期是2024年1月2日。

3.表明是一张汇票

样例9-3开始有“Bill of Exchange”字样，这表明该票据是一张汇票。

4.汇票的金额

汇票必须载明金额，“Exchange for...”的后面写汇票的小写金额。在样例9-3中，“Exchange for HKD50 000.00”表明这张汇票的小写金额是50 000港元；“the sum of...”的后面写汇票的大写金额，在样例9-3中，“the sum of HONGKONG DOLLARS FIFTY THOUSAND ONLY.”表明这张汇票的大写金额是50 000港元。需要注意的是，大写金额的最后要写上“ONLY”，在作用上等同于“整”，以防被人更改。

5.表明是远期托收汇票

在国际贸易中，D/P表示付款交单，因此如果是远期托收汇票，首先需标明“D/P”字样，用来说明是托收汇票。从上面的远期托收汇票样例中可以看出，在D/P的后面有“At 30 days after sight of...”字样，说明这是远期托收汇票。要判断汇票是即期还是远期，主要是看“At”和“sight”中间是否有时间，如果是“At sight of...”，是即期托收汇票；如果是“At 30 days after sight of...”，则是远期托收汇票。在样例9-3中，“D/P At 30 days after sight of...”则说明这是远期托收汇票。

6. 汇票的收款人

在填制汇票时，收款人的抬头常用的是指示性抬头方式，即用“pay to the order of...”来表示。从样例9-3中我们可以看出，汇票的收款人是中国商业银行上海分行，即“pay to the order of Bank of Commercial，Shanghai”。

7. 汇票的出票依据

出票依据中一般要写明合同号码、商品的成交数量以及支付方式。在样例9-3中，我们可以看到“Drawn under Contract No.SHWJH 04016 against shipment of 22 bales of shoes from Shanghai to Hongkong for collection.”字样，它首先标明合同号码为“SHWJH 04016”，同时标明商品的成交数量为“shipment of 22 bales of shoes”，支付方式为“collection”。

8. 汇票的付款人

在样例9-3中，在汇票的左下角有一英文单词“To”，汇票的付款人写在“To”的后面，即“To Bank of China，Hongkong.”，这表明汇票的付款人是中国银行香港分行。

9. 出票人

汇票的出票人写在汇票的右下角，在样例9-3中，我们可以看到“For Shanghai Textiles Import and Export Corporation，Shanghai”字样，这表明汇票的出票人是上海纺织品进出口公司上海分公司（盖公章），最后在“Manager”的后面由负责人签字盖章。

（三）承兑交单方式下的汇票（如样例9-4所示）

样例9-4　　承兑交单方式下的汇票

Bill of Exchange

No. SDSHY04/0035　　　　Tianjing，2nd Jan，2024

Exchange for HKD20 000.00

D/A At 30 days after sight of this FIRST of exchange（the SECOND of the same tenor and date being unpaid），pay to the order of Nanyang Commercial Bank Ltd.

the sum of HONGKONG DOLLARS TWENTY THOUSAND ONLY.

Drawn against shipment of 20 cartons of Cashmere from Tianjin to Hongkong for collection

To Sunlight Garments Company,
300 Locky Road,
Hongkong.

For Tianjin Textiles Import and Export Corporation，Tianjin
signature Manager

承兑交单方式下汇票的填制基本上和付款交单方式下汇票的填制一致，所不同的是D/P改为D/A。

知识点2
信用证方式下汇票的制作

信用证方式下汇票的制作和托收方式下汇票的制作基本相同，所不同的是有“信用证”字样，如样例9-5所示，“Drawn under L/C No.03USBA/1003”，即出票以信用证的内容为依据。

在信用证支付方式下，当出口商收到由通知行转来的信用证以后，和合同对照，经审核无误后，便根据信用证的要求缮制汇票，缮制方法如下：

样例 9-5　　信用证支付方式下的汇票

Bill of Exchange

No.SDSHY04/0066　　Date SEP.06，2024

Exchange for　USD10 000

At sight of this FIRST of exchange（the SECOND of the same tenor and date being unpaid），pay to the order of　BANK OF CHINA，SHANXI BRANCH

the sum of U.S. DOLLORS ONE HUNDRED THOUSAND ONLY.

Drawn under L/C No.03USBA/1003　　DATED MAY 08，2024

Issued by NATIONAL CITY BANK OF NEW YORK

To NATIONAL CITY BANK OF NEW YORK，NEW YORK U.S.A

For Shanxi Textiles Import and Export Corporation，Taiyuan

signature Manager

（1）汇票的编号

和托收方式下一样，信用证方式下汇票的编号写在“No.”的后面，如“No.SDSHY04/0066”。需要注意的是，汇票的编号和商业发票的编号是一致的。

（2）出票的地点和日期

出票的地点和日期一般写在汇票的右上角。信用证项下汇票的出票地点一般填写出票人所在地点或议付行所在地点，在信用证支付方式下，议付行和出票人在同一个国家，通知行一般作为议付行。出票的地点一般在出口商办理议付手续时，由议付行代为填写。

信用证项下汇票的出票日期受两个条件的限制：一个条件是不能超过信用证的有效期。我们知道，信用证都是有有效期的，如信用证的有效期是2024年1月20日，则汇票的出票日期不能迟于2024年1月20日。另一个条件是受提单签发日的限制，如提单的签发日为2023年12月28日，银行不接受超过提单签发日21天以后的单据，因此，尽管信用证的有效期是2024年1月20日，但是提单签发日21天是2024年1月18日，则汇票的议付日期不得迟于2024年1月18日。所以信用证项下汇票的出票日期要兼顾信用证有效期和提单签发日期，以便能顺利拿到货款。

（3）表明是一张汇票

和汇票的一般格式一样，正文的开始有“Exchange for...”字样，这就表明该票据是一张汇票。

（4）汇票的金额

一般来讲，信用证项下汇票的金额和商业发票金额是相同的，汇票金额不能超过信用证金额。如信用证的金额有规定的浮动幅度，汇票金额可按允许的幅度予以增减；根据《UCP600》的规定，如果信用证金额中有“大约”字样，应该理解为可以有10%的增减幅度。信用证项下汇票金额的填写方法等同于托收项下汇票金额的填写方法。

（5）表明是信用证项下的汇票

信用证项下的汇票需要写明：①信用证号，如L/C NO.03USBA/1003；②开证日期，如DATED：MAY 08，2024；③开证行名称，如NATIONAL CITY BANK OF NEW YORK。

（6）表明信用证项下汇票的付款期限

信用证项下汇票的付款期限有即期和远期之分。如果信用证项下的汇票是即期付款，则应当是“At sight of...”。在印就的汇票格式中，“At”和“sight”有时是分开的，如

“At...sight”，如果是即期付款，则应在“…”部分填上“****”符号或“×××××”符号，把“At”和“sight”连接起来。如果信用证项下的汇票是远期付款，表示方法一般有以下几种：①见票后若干天付款，表示方法为“At ×× days after sight”；②出票后若干天付款，表示方法为“At ×× days after date”；③提单签发日后若干天付款，表示方法为“At ×× days after date of Bill of Lading”；④指定日期付款，表示方法为“Feb 12th，2024”。

（7）汇票的收款人

信用证项下汇票收款人的抬头常用的是指示性抬头方式，即用“pay to the order of...”来表示，如“pay to the order of BANK OF CHINA，SHANGHAI BRANCH”。

（8）汇票的出票依据

信用证项下汇票的出票依据中一般要写明信用证号、开证日期和开证行。在样例9-5中，信用证号是03USBA/1003，开证日期为DATED MAY，08，2024，开证行为NATIONAL CITY BANK OF NEW YORK。

（9）汇票的付款人

信用证项下汇票的付款人一般写开证行，而不写进口商即开证申请人；如果信用证要求以开证申请人为付款人，银行将把这张汇票看作附加单据。汇票的左下角有一英文单词“To”，汇票的付款人写在“To”的后面。例如，在样例9-5中，“NATIONAL CITY BANK OF NEW YORK，NEW YORK U.S.A”就是付款人，这张汇票的付款人是纽约国家城市银行，同时也表明信用证的开证行是纽约国家城市银行。

（10）出票人

信用证项下汇票的出票人是信用证的受益人，即出口商，通常写在汇票的右下角。例如，在样例9-5中，“For Shanxi Textiles Import and Export Corporation，Taiyuan”表明这张汇票的出票人是山西纺织品进出口公司太原分公司（盖公章），最后在“Manager”的后面由负责人签字盖章。在这里需要注意的是，出票人的印章必须与其出具的商业发票等其他单据的印章一致。

职业技能操练

工作项目

缮制汇票。

项目背景

2024年3月30日，长城贸易有限公司与AL.BALOUSHI TRADING EST JEDDAH.签订了一份注塑箱四件套的出口销售合同，支付方式为D/P AT SIGHT，装运日期为2024年4月29日。

项目任务

长城贸易有限公司根据有关资料缮制汇票。

项目资料

1.客户名称：AL.BALOUSHI TRADING EST JEDDAH.

2.付款方式：D/P AT SIGHT

3.装运信息：指定承运商，装运日期：2024.04.29；启运港：NINGBO；目的港：JEDDAH

4.价格条款：CFR JEDDAH

5.唛头：

ROYAL

14AR225031

JEDDAH

C/N：1-460

6.货物描述：中文品名“注塑箱四件套”

7.装箱资料：

箱号	货号	包装	件数	毛重（KGS）	净重（KGS）	体积
1-230	ZL0322+BC05	CTNS	230	18.5/4 255	16.5/3 795	$34m^3$
1-230	ZL0319+BC01	CTNS	230	18.5/4 255	16.5/3 795	$34m^3$

8.合同号：14AR225031　签订日期：2024年3月30日

9.商业发票号：AC14AR031　发票日期：2024年4月25日

10.汇票抬头人：BANK OF CHINA NINGBO BRANCH；汇票日期：2024年5月5日

11.货物总价：USD15 272.00

根据以上资料缮制汇票（如样例9-6所示）。

样例9-6　汇票

BILL OF EXCHANGE

No.AC14AR031　　Ningbo，MAY，5, 2024

Exchange for　USD15 272.00

D/P At sight of this FIRST of exchange（the SECOND of the same tenor and date being unpaid），pay to the order of Bank of China Ningbo Branch

the sum of U.S.DOLLARS FIFTEEN THOUSAND TWO HUNDRED AND SEVENTY TWO ONLY.

Drawn under CONTRACT NO.14AR225031 FOR COLLECTION

To：AL. BALOUSHI TRADING EST JEDDAH.

GREAT WALL TRADING CO.,LTD.

Lili

工作活动4
汇票的贴现

工作活动目标

1.能够根据进出口业务要求，了解汇票贴现的内容。

2.了解汇票贴现的原因。

3.熟悉贴现息的计算。

4.熟悉贴现和重贴现。

职业工作情境

贴现（Discount）是远期汇票经承兑后，汇票持有人在汇票到期前在贴现市场上转让，受让人扣除贴现息后将票款付给出让人的行为，或由银行购买未到期票据的业务。贴现是为了获得资金头寸。简单点说，因为钱是不断流通流转的，一个企业要盈利，就要有各种支出，但并不是你给了别人货物或者服务了别人他们就立刻把钱给你，越是大的金额越是滞后。然而企业不得不面对每个月必须付出的成本，如工资。也就是说，企业的成本是在固定的时间点（如某天）固定付出的，但是大部分收入的获得不能完全确定时间，往往你昨天给了别人货物，他说后天把钱汇过来，可你明天就要发工资了。这就是资金头寸的短缺，它并非指企业破产，而是指企业的流动资金因为不断地流转，不可能在所有时间点上保持足够的金额来支付那些不能延期付出的成本。同时，经济社会中又有许多有头寸盈余的实体，如商业银行，银行如果只是将钱存在金库里，那钱不会生出钱，而且不得不向客户支付利息，为了优化这种资源，银行就会向企业做贴现，以求资金的效率最大化。银行的再贴现类似于企业，只是双方变成了商业银行和央行，央行也为资金暂时短缺的银行进行再贴现。不过，一般再贴现是央行控制经济运行的一种手段，一般商业银行是不会轻易向央行再贴现的。

职业知识储备

知识点1
贴现的概念及公式

贴现是远期汇票承兑后尚未到期，由银行或贴现公司从票面金额中扣减按照一定贴现率计算的贴现息后，将净款付给持票人，从而贴进票据的行为。其公式为：

贴现息=票面金额×贴现天数/360（或365）×贴现率

净款（Net Proceeds）又称汇票现值，计算公式是：

净款=票面金额-贴现息

或者：净款=票面金额×（1—贴现天数/360或365×贴现率）

例如：一张见票后90天付款、票面金额8 000美元的汇票已被承兑，承兑日为4月1日，持票人要求承兑行于承兑当日贴现，该行按贴现率6%p.a.（每年）计算：

贴现息=8 000×90/360×6%=120（美元）

净款=8 000×（1-90/360×6%）=7 880（美元）

知识点2
汇票的重贴现

贴现人贴进远期汇票后，会占压自己的资金，如果等不及到期日需要用款，可以提前抛售汇票收回资金，即向本国中央银行申请再贴现或重贴现（Rediscount）。

工作情境测试

随堂测9

一、单项选择题

1.汇票的抬头是指汇票的（　　）。

A.收款人　　B.付款人　　C.出票人　D.期限

2.汇票是由（　　）签发的，命令付款人在见票时或者在指定日期无条件支付确定金额给收款人或者持票人的票据。

A.承兑人　　B.收款人　　C.出票人　　D.付款人

3.承兑是（　　）对远期汇票表示承担到期付款责任的行为。

A.付款人　　B.收款人　　C.出口商　　D.议付行

4.一张商业汇票见票日为1月31日，见票后1个月付款，则到期日为（　　）。

A.3月3日　　B.3月2日　　C.3月1日　　D.2月28日

5.由出口商签发的要求进口商在30天时间内付款的汇票，（　　）。

A.既是商业汇票，又是银行汇票　　B.既是商业汇票，又是远期汇票

C.既是银行汇票，又是远期汇票　　D.既是商业汇票，又是即期汇票

6.由出口商签发的要求银行在一定时间内付款的汇票（　　）。

A.既是商业汇票，又是银行承兑汇票　　B.既是银行汇票，又是远期汇票

C.既是商业汇票，又是银行汇票　　D.是商业汇票，不是银行承兑汇票

7.在汇票的使用过程中，使汇票一切债务终止的环节是（　　）。

A.出票　　B.承兑　　C.背书　　D.付款

8.以下不属于汇票必须记载的项目的是（　　）。

A."Bill of Exchange"　　B.持票人姓名

C.出票地点　　D.付款时间

9.关于汇票出票人的描述，正确的是（　　）。

A.出票人一般都位于汇票的左下角

B.出票人通常为信用证中的开证申请人

C.出票人通常为信用证中的议付行

D.出票人一般位于汇票的右下角，通常为出口商或信用证受益人，应具有企业全称和负责人的签字盖章

10.出口商开具的汇票如遭付款人拒付，则（　　）。

A.开证行有权行使追索权　　B.保兑行有权行使追索权

C.付款行有权行使追索权　　D.议付行有权行使追索权

二、判断题

1.汇票金额应以文字大写和数字小写分别表示，根据我国《票据法》的规定，如果二者不一致，应以文字为准。（　　）

2.汇票的抬头人通常是付款人，发票的抬头人是收货人，保险单的抬头人是被保险人。（　　）

3.商业汇票和银行汇票的主要区别在于：前者的付款人是商业企业，后者的付款人是银行。（　　）

4. 汇票的受票人即付款人，也就是接受汇票出票人的命令对汇票付款的人，一般都位于汇票的左下角，即“To...”栏目中。（　　）

5. 在托收项下，汇票的付款人既可以是进口商，也可以是进口商指定的银行。（　　）

6. 汇票的出单日期可由交单行或托收行代为填写，但对外寄单时，此栏不能为空。（　　）

7. 汇票是出票人指定付款人支付给收款人的无条件支付承诺书。（　　）

8. 汇票可以从不同角度进行分类，如果按照出票人不同来分，可以分为商业汇票和银行汇票。（　　）

9. 汇票通常开具一式两份，第一份为正本，第二份为副本，只有正本才有法律效力。（　　）

10. 在信用证支付方式下，汇票的付款人可以是开证行或其指定的另一家银行，也可以是开证申请人。（　　）

三、技能训练——缮制汇票

根据以下资料制作汇票：

合同资料：

1. 出口商公司名称：SHANGHAI JINHAI IMP.& EXP.CORP.LTD.

2. 进口商公司名称：ANTAK DEVELOPMENT LTD.

3. 支付方式：20% T/T BEFORE SHIPMENT AND 80% L/C AT 30 DAYS AFTER SIGHT

4. 装运条款：FROM SHANGHAI TO SINGAPORE NOT LATER THAN SEP.30，2024

5. 价格条款：CFR SINGAPORE

6. 货物描述：MEN'S COTTON WOVEN SHIRTS

货号/规格	装运数量及单位	总金额	毛重/净重（件）	尺码
1094L	700DOZ	USD19 180.00	33KGS/31KGS	68*46*45CM
286G	800DOZ	USD31 680.00	45KGS/43KGS	72*47*49CM
666	160DOZ	USD5 440.00	33KGS/31KGS	68*46*45CM

包装情况：1件——塑料袋装，6件——牛皮纸包，8打或10打——外箱

尺码搭配	1 094L（10打/箱）	M	L	XL
		3箱	3箱	4箱
	286G（8打/箱）	M	L	XL
		1.5箱	3箱	3.5箱
	666（8打/箱）	M	L	XL
		1.5箱	3.5箱	3箱

7. 唛头由卖方决定（要求使用标准唛头）

8. L/C NO.123456　DATED AUG.18，2024

ISSUED BY BANK OF CHINA SINGAPORE BRANCH

ADVISING BANK：BANK OF CHINA，SHANGHAI

9. 船名：HONGHE V.188　B/L NO.：ABC123　B/L DATE：2024年9月20日

10. S/C NO.：00SHGM3178B　DATE：AUG.2，2024

11. INVOICE NO.：SHGM70561

10

工作情境 10

审核与修改信用证

情境目标

知识目标

1. 了解信用证的含义和流程。
2. 熟悉信用证支付方式下的当事人。
3. 知晓信用证的内容。
4. 掌握银行审证的要点。
5. 掌握修改信用证的原则和流程。

技能目标

1. 能够了解信用证的主要类型。
2. 能够熟悉信用证审核的基本原则和流程。
3. 能够了解修改信用证的要求。

素养目标

1. 树立爱岗敬业、精益求精的职业精神。
2. 秉承脚踏实地、耐心细致的工作态度。
3. 加强自身修养，提高职业工作能力和水平。

情境导入

在信用证业务中，对进口商而言，信用证是确保出口商履行买卖合同义务的证据。在国际贸易中，出口商审核信用证中的装运条款时，要重点审核以下内容：装运期和装运港、目的港、转船和分批装运、结汇日期。审核并及时修改信用证是出口商安全、及时收回货款的关键。出口商在全面审核信用证的过程中如发现问题，应根据情况及时处理，对于影响安全收汇、难以接受或做到的信用证条款，必须要求国外客户进行修改。

工作活动

工作活动1　银行审证的要点
工作活动2　出口企业审证的要点
工作活动3　修改信用证的原则和流程
工作活动4　修改信用证的要求

工作活动1 银行审证的要点

工作活动目标

1.能够理解银行审证的含义。

2.能够列举银行审证的要点。

职业工作情境

单证工作人员需要明确银行审证的要点。

职业知识储备

知识点1 银行审证的含义

微课 10-1

银行对信用证的审核

理论上讲，国外来证应与买卖合同相符。但在很多实际业务中，买方开来的信用证并非与合同完全相符。分析原因，无外乎有两个：工作疏忽或故意。无论哪种原因造成不符，都会给卖方履行合同、安全收汇造成隐患。对此，出口商必须提高警惕，注意做好对国外来证的审核。

信用证审核的依据是合同和《UCP600》。审证的基本原则是信用证条款与合同的规定相一致，除非事先征得（我方）出口企业的同意，在信用证中不得增减或改变合同条款的内容。

审证工作由银行和进出口公司共同负责。银行审核开证行的政治背景、资信情况、付款责任和索汇路线，以及鉴定信用证的真伪等；进出口公司则着重审核信用证内容与合同条款是否一致。

知识点2 银行审证的要点

（1）从政策上审核。其主要是看开来的信用证各项内容是否符合我国的方针政策，以及是否有歧视性内容。如果有，则需根据不同情况向开证行交涉。

（2）对开证行的审核。其主要是对开证行所在国家的政治经济状况，开证行的资信、经营作风等进行审查。对于资信欠佳的银行，应酌情采取适当的保全措施。

（3）对信用证性质与开证行付款责任的审核。在出口业务中，我方不要接受带有“可撤销”字样的信用证；对于不可撤销信用证，如附有限制性条款或保留字句，使“不可撤销”名不符实，应要求对方修改。

工作活动2
出口企业审证的要点

工作活动目标

1.了解出口企业审证的依据。

2.熟悉出口企业审证的要点。

职业工作情境

单证工t作人员需要明确出口企业审证的依据和要点。

职业知识储备

知识点1
出口企业审证的依据

微课 10-2

出口企业对信用证的审核

出口企业审核信用证的基本依据是《UCP600》，以及双方签订的合同、单据条款、特殊条款、价格条款等。

在国际货易中，出口企业审核信用证中的装运条款时，会重点审核装运期和装运港、目的港、转船和分批装运、结汇日期。审核并及时修改信用证是出口商安全、及时收回货款的关键。

知识点2
出口企业审证的要点

（1）对信用证金额与货币的审核，即审核信用证金额是否与合同金额一致，大小写金额是否一致。如合同订有溢短装条款，信用证金额是否包括溢短装部分金额。此外，还要审核信用证使用的货币是否与合同规定的计价和支付货币一致。

（2）对有关货物条款的审核。其主要是对商品的品质、规格、数量、包装等依次进行审核，如发现信用证内容与合同规定不一致，不应轻易接受，原则上要求对方改证。

（3）对信用证的装运期、有效期和到期地点的审核。信用证的装运期必须与合同的规定相符；信用证的有效期一般规定在装运期限后7～15天，以方便卖方制单。关于信用证的到期地点，通常规定在中国境内，对于在国外到期的信用证，我方一般不接受，应要求对方修改。

（4）对开证申请人、受益人的审核。应仔细审核开证申请人的名称和地址，以防错发、错运；受益人的名称和地址也需正确无误，以免影响收汇。

（5）对单据的审核。其主要是对来证中要求提供的单据种类、份数及填制方法等进行审核。如发现有不正常的规定或我方难以办到的条款，应要求对方修改。

（6）对运输条款、保险条款、商检条款等的审核，即仔细审核信用证对分批装运、转船、保险险别、投保加成以及商检条款的规定是否与合同的规定一致，如有不符，应要求对方修改。

（7）对特殊条款的审核。审证时，如发现有超越合同规定的附加或特殊条款，一般不应轻易接受，如对我方无太大影响，也可酌情接受一部分。

职业技能操练

工作项目

审核信用证。

项目背景

GREAT WALL TRADING CO.，LTD 和 F.T.C.CORP. 签订了一份货物买卖合同，后者依据合同开立了信用证。

项目任务

对开立的信用证进行审核。

项目资料

1.合同资料

售货合同
SALES CONTRACT

卖方（Sellers）：

GREAT WALL TRADING CO.，LTD
RM201， HUASHENG BUILDING，NINGBO，P.R.CHINA
FAX：0574-25763368

Contract No.: GW2014X06
Date: 2024.4.22
Signed at: NINGBO

买方（Buyers）：

F.T.C.CORP.

AKEDSANTERINK AUTO P.O.BOX.9，FINLAND

兹经买卖双方同意按下列条款成交：

The undersigned sellers and buyers have agreed to close the following transactions according to the terms and conditions stipulated below:

货号、品名及规格 Name of Commodity and Specifications	数量 Quantity	单位 Unit	单价 Unit Price	金额 Amount
HALOGEN FITTING W500	9 600PCS	PC	CIF HELSINKI USD3.80/PC	USD36 480.00
	Total Amount			USD36 480.00

数量及总值均得有<u>10</u>%的增减

With<u>10</u>% more or less both in quantity and amount allowed.

包装

Packing：CARTON

装运期

Time of Shipment：Within 30 days after receipt of L/C.allowing transshipment and partial shipment.

装运口岸和目的地

Loading Port & Destination：FROM NINGBO TO HELSINKI

保险由卖方按发票全部金额的110%投保至<u>赫尔辛基</u>为止的<u>平安</u>险。

Insurance：To be effected by sellers for<u>110%</u>of full invoice value covering<u>F.P.A.</u>up to<u>HELSINKI</u>only.

付款条件：

Terms of Payment：By 100% Confirmed Irrevocable Letter of Credit in favor of the Sellers to be available by sight draft to be opened and to reach China before MAY 1，2024 and to remain valid for negotiation in China until the 15th days after the foresaid Time of Shipment.L/C must mention this contract number.L/C advised by BANK OF CHINA NINGBO BRANCH.ALL banking Charges outside China（the mainland of China）are for account of the Drawee.

仲裁：

Arbitration：All dispute arising from the execution of，or in connection with this contract shall be settled amicably by negotiation.In case no settlement can be reached through negotiation，the case shall then be submitted to China International Economic and Trade Arbitration Commission in Shenzhen（or in Beijing）for arbitration in act with its sure of procedures.The arbitral award is final and binding upon both parties for setting the Dispute. The fee，for arbitration shall be borne by the losing party unless otherwise awarded.

THE SELLER：	THE BUYER：
<u>GREAT WALL TRADING CO.，LTD</u>	<u>F.T.C.CORP.</u>
马丁	ALICE

2.根据合同开立的信用证

ISSUE OF DOCUMENTARY CREDIT

ISSUING BANK	METITABANKLED.，FINLAND
FORM OF DOC.CREDIT	REVOCABLE
DOC.CREDIT NO.	LRT9802457
DATE OF ISSUE	240428
EXPIRY	DATE 240416 PLACE FINLAND
APPLICANT	F.T.C.CO. AKEKSANTERINK AUTO P.O.BOX 9，FINLAND
BENEFICIARY	GREAT WALL TRADING CO.，LTD RM201，HUASHENG BUILDING，NINGBO，P.R.CHINA
AMOUNT	USD3 648.00（SAY U.S.DOLLARS THIRTY SIX THOUSAND FOUR HUNDRED AND EIGHTY ONLY）

续表

AVAILABLE WITH/BY	ANY BANK IN ADVISING COUNTRY BY NEGOTIATION
DRAFT AT...	DRAFTS AT 20 DAYS'SIGHT FOR FULL INVOICE VALUE
PARTIAL SHIPMENTS	NOT ALLOWED
TRANSSHIPMENT	ALLOWED
LOADING IN CHARGE	NINGBO
FOR TRANSPORT TO	HELSINKI
SHIPMENT PERIOD	AT THE LATEST MAY 30，2024
DESCRIPT.OF GOODS	960PCS OF HALOGEN FITTING W500，USD6.80 PER PC AS PER SALES CONTRACT GW2014M06 DD 22，4，2024 CIF HESINKI
DOCUMENTS REQUIRED	*COMMERCIAL INVOICE 1 SIGNED ORIGINAL AND 5 COPIES. *PACKING LIST IN 2 COPIES. *FULL SET OF CLEAN ON BOARD MARINE BILL OF LADING，MADE OUT TO ORDER，MARKED "FREIGHT PREPAID" AND NOTIFY APPLICANT（AS INDICATE ABOVE）. *GSP CERTIFICATE OF ORIGIN FORM A，CERTIFYING GOODS OF ORIGIN IN CHINA，ISSUED BY COMPETENT AUTHORITIES. *INSURANCE POLICY/CERTIFICATE COVERING ALL RISKS AND WAR RISKS OF PICC.INCLUDING WAREHOUSE TO WAREHOUSE CLAUSE UP TO FINAL DESTINATION AT HELSINKI，FOR AT LEAST 120 PCT OF CIF VALUE. *SHIPPING ADVICES MUST BE SENT TO APPLICANT WITH 2 DAYS AFTER SHIPMENT ADVISING NUMBER OF PACKAGES，GROSS & NET WEIGHT，VESSEL NAME，BILL OF LADING NO.AND DATE，CONTRACT NO.，VALUE.
PRESENTATION PERIOD	6 DAYS AFTER ISSUANCE DATE OF SHIPPING DOCUMENT
CONFIRMATION	WITHOUT
INSTRUCTIONS	THE NEGOTIATION BANK MUST FORWARD THE DRAFTS AND ALL DOCUMENTS BY REGISTERED AIRMAIL DIRECT TO US IN TWO CONSECUTIVE LOTS，UPON RECEIPT OF THE DRAFTS AND DOCUMENTS IN ORDER，WE WILL REMIT THE PROCEEDS AS INSTRUCTED BY THE NEGOTIATING BANK.

3.根据合同内容审核信用证

根据合同内容审核信用证后，可以发现如下不符之处：

（1）根据合同规定，信用证应为不可撤销的、保兑信用证，而不应为可撤销信用证。

（2）信用证有效期不应早于开立日期，一般情况下，信用证有效期应在信用证规定的最迟装运日期后10～15天。

（3）信用证的到期地点不应在芬兰，而应在中国。因为如果信用证的到期地点不在受益人所在地，则意味着受益人提交的全套单据必须在规定时间之前到达国外银行柜台，这对受益人非常不利。

（4）开证申请人的名称和地址与合同不符。开证申请人的名称应为"F.T.C.CORP."，而不是"F.T.C.CO."；地址有拼写错误，应为"AKEDSANTERINK"，而不是"AKEKSAN-

TERINK”。

（5）信用证金额（小写）与合同不符，应为“USD36 480.00”；信用证金额大小写不一致。

（6）根据合同，应使用即期汇票，而不是远期汇票。

（7）信用证规定禁止分批装运，与合同相矛盾。

（8）信用证中货物数量与合同规定不符，应为“9 600PCS”，而不是“960PCS”。

（9）信用证中货物单价与合同不符，应为“USD3.80/PC”，而不是“USD6.80/PC”。

（10）信用证中显示的合同号与合同不符，应为“GW2014X06”，而不是“GW2014M06”。

（11）贸易术语后面目的港名拼写错误，应为“HELSINKI”，而不是“HESINKI”。

（12）要求投保的险别与合同不符，应投保“平安险”，而不是“一切险加战争险”。

（13）投保加成高于合同约定，应为“110%”，而不是“至少120%”。

（14）应注意到信用证金额和数量前面都没有“约”字，也就是说，合同金额和数量允许的10%的溢短幅度并不能完全实现。

工作活动3
修改信用证的原则和流程

工作活动目标

1. 能够理解修改信用证的原则。
2. 能够熟悉信用证的修改流程。

职业工作情境

单证工作人员需要明确信用证的修改流程。

职业知识储备

知识点1
修改信用证的原则

微课 10-3

信用证的修改

（1）凡是需要修改的内容，应做到一次性向客户提出，避免多次修改信用证的情况。

（2）对不可撤销信用证中任何条款的修改，都必须取得当事人的同意后才能生效。

对信用证修改内容的接受或拒绝有两种表示形式：①受益人做出接受或拒绝该信用证修改的通知；②受益人以行动按照信用证的内容行事。

（3）收到经过修改的信用证后，应及时检查修改的内容是否符合要求，并分别表示接受或重新提出修改请求。

（4）对于修改内容要么全部接受，要么全部拒绝，部分接受修改中的内容是无效的。

（5）有关信用证修改的通知必须通过原信用证通知行才真实有效，通过买方直接寄送的修改申请书或修改书复印件不是有效的修改。

知识点2
修改信用证的流程

（1）开证申请人向开证行提交修改申请书一式两份，并注明信用证号码和修改次数。如果属于金额增加的修改，则应相应增加保证金。

（2）银行经办员对原信用证条款和修改申请书进行对照，对修改内容的合理性进行审核，要注意修改内容和未修改条款是否相矛盾，并且和开证申请人及时联系，以改正其不合理内容。

（3）经办人在开证登记簿上对修改的内容和次数进行登记。

（4）根据修改申请书将修改内容输入，并在打印出的SWIFT文稿上签字，随同修改申请书送交复核员复核。

（5）复核员复核并在SWIFT文稿上签字，而后随同修改申请书送交授权级。

（6）授权级发送信息并在SWIFT文稿上签字，而后随同修改申请书退经办人留存。

（7）经办人将一份修改申请书与一份发出后的修改副本退申请单位并要求其签收。

（8）经办人收取修改费用。

工作活动4
修改信用证的要求

工作活动目标

1.能够了解修改信用证的要求。

2.能够列举信用证修改时应注意的问题。

职业工作情境

单证工作人员需要明确信用证修改时应注意的问题。

职业知识储备

知识点1
修改信用证的要求

信用证修改的要求如下：

（1）只有买方（开证申请人）有权决定是否接受修改信用证。

（2）只有卖方（受益人）有权决定是否接受信用证修改。

知识点2
信用证修改时应注意的问题

修改信用证是对已开立的信用证中的某些条款进行修改的行为。信用证的修改可以由开证申请人提出，也可以由受益人提出。由于修改信用证的条款涉及各当事人的权利和义务，因而不可撤销信用证在其有效期内的任何修改，都必须征得各有关当事人的同意。

信用证修改的一般程序是：开证申请人—开证行—通知行—受益人。各方都同意接受该修改书后，方为有效。若由受益人提出修改，首先应征得开证申请人的同意，再按上述程序办理。

信用证的修改应注意如下问题：

（1）非改不可的坚决要改，可改可不改的酌情处理。例如，合同中规定可以“分批装运”，而信用证中规定“不许分批装运”，若实际业务中可以不分批装运，则不需要修改该条款。

（2）对不可撤销信用证的修改必须经各有关当事人全部同意后，方为有效。

（3）开证行发出修改通知后不能撤回。

（4）保兑行有权对修改不保兑，但它必须不延误地将该情况通知开证行及受益人。

（5）受益人应对信用证的修改书做出接受或拒绝的表示。根据《跟单信用证统一惯例》的规定，受益人对不可撤销信用证的修改表示拒绝的方法有两种：一是向通知行提交一份拒绝修改的声明书；二是在交单时表示拒绝修改，同时提交仅符合未经修改的原证条款的单据。

（6）在同一信用证上，如有多处需要修改的，原则上应一次性提出。如一份修改通知书包括两项或多项内容，要么全部接受，要么全部拒绝，不能只接受一部分而拒绝另一部分。

（7）受益人要求修改信用证时，应该及时通知开证申请人，并提出具体的修改要求。

（8）修改书必须经原通知行传递方为有效。

职业技能操练

工作项目

修改信用证

项目背景

GREAT WALL TRADING CO.， LTD和F.T.C.CORP.签订了一份货物买卖合同，后者依据合同开立了信用证，前者发现开立的信用证和合同有不符之处。

项目任务

对开立的信用证进行修改

项目资料

1.售货合同

售货合同
SALES CONTRACT

卖方（Sellers）：
GREAT WALL TRADING CO.，LTD
RM201，HUASHENG BUILDING，NINGBO，P.R.CHINA
FAX：0574-25763368

Contract No.: GW2014X06
Date: 2024.4.22
Signed at: NINGBO

买方（Buyers）：
F.T.C.CORP.
AKEDSANTERINK AUTO P.O.BOX.9，FINLAND

兹经买卖双方同意按下列条款成交：

The undersigned sellers and buyers have agreed to close the following transactions according to the terms and conditions stipulated below:

货号、品名及规格 Name of Commodity and Specifications	数量 Quantity	单位 Unit	单价 Unit Price	金额 Amount
HALOGEN FITTING W500	9 600PCS	PC	CIF HELSINKI USD3.80/PC	USD36 480.00
	Total Amount			USD36 480.00

数量及总值均有 10 %的增减
With 10 % more or less both in quantity and amount allowed.
包装：
Packing：CARTON
装运期：
Time of Shipment：Within 30 days after receipt of L/C.allowing transshipment and partial shipment.
装运口岸和目的地：
Loading Port & Destination：FROM NINGBO TO HELSINKI
保险由卖方按发票全部金额的110%投保至 赫尔辛基 为止的 平安 险。
Insurance：To be effected by sellers for 110% of full invoice value covering F.P.A. up to HELSINKI only.
付款条件：
Terms of payment：By 100% Confirmed Irrevocable Letter of Credit in favor of the Sellers to be available by sight draft to reach China before MAY 1，2024 and to remain valid for negotiation in China until the 15th days after the foresaid Time of Shipment. L/C must mention this contract number. L/C advised by BANK OF CHINA NINGBO BRANCH.ALL banking Charges outside China（the mainland of China）are for account of the Drawee.
仲裁：
Arbitration：All dispute arising from the execution of，or in connection with this contract shall be settled amicably by negotiation.In case no settlement can be reached through negotiation，the case shall then be submitted to China International Economic and Trade Arbitration Commission in Shenzhen（or in Beijing）for arbitration in act with its sure of procedures.The arbitral award is final and binding upon both parties for setting the Dispute.The fee，for arbitration shall be borne by the losing party unless otherwise awarded.

THE SELLER:
GREAT WALL TRADING CO.，LTD
马丁

THE BUYER:
F.T.C. CORP.
ALICE

2.依据合同开立的信用证

ISSUE OF DOCUMENTARY CREDIT

ISSUING BANK	METITABANKLED， FINLAND
FORM OF DOC.CREDIT	REVOCABLE
DOC.CREDIT NO.	LRT9802457
DATE OF ISSUE	240428
EXPIRY	DATE 240416 PLACE FINLAND
APPLICANT	F.T.C.CO. AKEKSANTERINK AUTO P.O.BOX 9， FINLAND
BENEFICIARY	GREAT WALL TRADING CO.， LTD RM201，HUASHENG BUILDING，NINGBO，P.R.CHINA
AMOUNT	USD3 648.00（SAY U.S. DOLLARS THIRTY SIX THOUSAND FOUR HUNDRED AND EIGHTY ONLY）
AVAILABLE WITH/BY	ANY BANK IN ADVISING COUNTRY BY NEGOTIATION
DRAFT AT...	DRAFTS AT 20 DAYS'SIGHT FOR FULL INVOICE VALUE
PARTIAL SHIPMENTS	NOT ALLOWED
TRANSSHIPMENT	ALLOWED
LOADING IN CHARGE	NINGBO
FOR TRANSPORT TO	HELSINKI
SHIPMENT PERIOD	AT THE LATEST MAY 30，2024
DESCRIPT.OF GOODS	960PCS OF HALOGEN FITTING W500，USD6.80 PER PC AS PER SALES CONTRACT GW2022M06 DD 22，4，2024 CIF HESINKI
DOCUMENTS REQUIRED	*COMMERCIAL INVOICE 1 SIGNED ORIGINAL AND 5 COPIES. *PACKING LIST IN 2 COPIES. *FULL SET OF CLEAN ON BOARD MARINE BILL OF LADING， MADE OUT TO ORDER， MARKED "FREIGHT PREPAID" AND NOTIFY APPLICANT（AS INDICATE ABOVE）. *GSP CERTIFICATE OF ORIGIN FORM A， CERTIFYING GOODS OF ORIGIN IN CHINA，ISSUED BY COMPETENT AUTHORITIES. *INSURANCE POLICY/CERTIFICATE COVERING ALL RISKS AND WAR RISKS OF PICC. INCLUDING WAREHOUSE TO WAREHOUSE CLAUSE UP TO FINAL DESTINATION AT HELSINKI， FOR AT LEAST 120 PCT OF CIF VALUE. *SHIPPING ADVICES MUST BE SENT TO APPLICANT WITH 2 DAYS AFTER SHIPMENT ADVISING NUMBER OF PACKAGES， GROSS & NET WEIGHT， VESSEL NAME， BILL OF LADING NO. AND DATE， CONTRACT NO.，VALUE.
PRESENTATION PERIOD	6 DAYS AFTER ISSUANCE DATE OF SHIPPING DOCUMENT
CONFIRMATION	WITHOUT
INSTRUCTIONS	THE NEGOTIATION BANK MUST FORWARD THE DRAFTS AND ALL DOCUMENTS BY REGISTERED AIRMAIL DIRECT TO US IN TWO CONSECUTIVE LOTS， UPON RECEIPT OF THE DRAFTS AND DOCUMENTS IN ORDER， WE WILL REMIT THE PROCEEDS AS INSTRUCTED BY THE NEGOTIATING BANK.

3.信用证和合同的不符点

信用证和合同的不符点见上文。

4.修改后的信用证

ISSUE OF DOCUMENTARY CREDIT

ISSUING BANK	METITABANKLED， FINLAND
FORM OF DOC.CREDIT	IRREVOCABLE CONFIRMED
DOC.CREDIT NO.	LRT9802457
DATE OF ISSUE	240428
EXPIRY	DATE 240612 PLACE CHINA
APPLICANT	F.T.C.CORP. AKEDSANTERINK AUTO P.O.BOX 9， FINLAND
BENEFICIARY	GREAT WALL TRADING CO.， LTD RM201， HUASHENG BUILDING， NINGBO， P.R.CHINA
AMOUNT	USD36 480.00（SAY U.S.DOLLARS THIRTY SIX THOUSAND FOUR HUNDRED AND EIGHTY ONLY）
AVAILABLE WITH/BY	ANY BANK IN ADVISING COUNTRY BY NEGOTIATION
DRAFT AT...	DRAFTS AT SIGHT FOR FULL INVOICE VALUE
PARTIAL SHIPMENTS	ALLOWED
TRANSSHIPMENT	ALLOWED
LOADING IN CHARGE	NINGBO
FOR TRANSPORT TO	HELSINKI
SHIPMENT PERIOD	AT THE LATEST MAY 30， 2024
DESCRIPT.OF GOODS	9 600PCS OF HALOGEN FITTING W500， USD3.80 PER PC AS PER SALES CONTRACT GW2014X06 DD 22， 4， 2024 CIF HELSINKI
DOCUMENTS REQUIRED	*COMMERCIAL INVOICE 1 SIGNED ORIGINAL AND 5 COPIES. *PACKING LIST IN 2 COPIES. *FULL SET OF CLEAN ON BOARD MARINE BILL OF LADING， MADE OUT TO ORDER， MARKED “FREIGHT PREPAID” AND NOTIFY APPLICANT （AS INDICATE ABOVE）. *GSP CERTIFICATE OF ORIGIN FORM A， CERTIFYING GOODS OF ORIGIN IN CHINA， ISSUED BY COMPETENT AUTHORITIES. *INSURANCE POLICY/CERTIFICATE COVERING F.P.A.RISKS OF PICC.INCLUDING WAREHOUSE TO WAREHOUSE CLAUSE UP TO FINAL DESTINATION AT HELSINKI， FOR AT 110 PCT OF CIF VALUE. *SHIPPING ADVICES MUST BE SENT TO APPLICANT WITH 2 DAYS AFTER SHIPMENT ADVISING NUMBER OF PACKAGES， GROSS & NET WEIGHT， VESSEL NAME， BILL OF LADING NO. AND DATE， CONTRACT NO.， VALUE.
PRESENTATION PERIOD	6 DAYS AFTER ISSUANCE DATE OF SHIPPING DOCUMENT.
CONFIRMATION	WITHOUT
INSTRUCTIONS	THE NEGOTIATION BANK MUST FORWARD THE DRAFTS AND ALL DOCUMENTS BY REGISTERED AIRMAIL DIRECT TO US IN TWO CONSECUTIVE LOTS， UPON RECEIPT OF THE DRAFTS AND DOCUMENTS IN ORDER， WE WILL REMIT THE PROCEEDS AS INSTRUCTED BY THE NEGOTIATING BANK.

工作情境测试

随堂测10

一、单项选择题

1.在信用证支付方式下，银行处理单据时不负责审核（　　）。

A.单据与有关国际贸易惯例是否相符

B.单据与信用证是否相符

C.单据与贸易合同是否相符

D.单据与国际规则是否相符

2.根据《UCP600》的规定，除非信用证另有规定，商业发票的抬头必须写出（　　）。

A.开证行　　B.开证行指定的银行

C.受益人　　D.开证申请人

3.信用证上未明确规定付款人，则汇票付款人应为（　　）。

A.开证申请人　　B.开证行　　C.通知行　　D.议付行

4.在信用证支付方式下，只要单据表面与信用证条款相符，开证行就必须按规定付款，所以进口商应尽量做到（　　）。

A.在申请开证时，应该按照合同的有关规定缮制有关单据，具体规定在信用证中

B.只要在信用证申请书中详细阐明即可，不用列明应提交的单据

C.与出口商建立深厚的友谊

D.委托一个机构全权监督出口商的行为

5.进口货物单据的审核是进口合同履行过程中的一个重要环节，信用证支付方式下审核单据的机构是（　　）。

A.开证行　　B.进口企业

C.议付行　　D.开证行和进口企业

6.在实际业务中，负责审证的机构是（　　）。

A.开证行　　B.通知行和出口公司

C.出口公司　　D.开证行和出口公司

7.信用证修改书的内容在两项以上者，受益人（　　）。

A.要么全部接受，要么全部拒绝　　B.可选择接受

C.必须全部接受　　D.只能部分接受

8.信用证的基础是买卖合同，当信用证与买卖合同不一致时，受益人应要求（　　）。

A.开证行修改　　B.开证申请人修改

C.通知行修改　　D.议付行修改

9.在SWIFT信用证中，开证日期“2024年3月15日”的表达方式是（　　）。

A.240315　　B.031524　　C.150324　　D.15032024

10.申请开证前需要落实的事情是（　　）。

A.进口批准手续及外汇来源　　B.货物的入境通关手续

C.货物的检验手续　　D.货物的保险手续

二、判断题

1.单证工作能及时反映货、证、船、款等业务的管理现状，为了杜绝差错的发生，避

免带来不必要的经济损失，单证员必须加强工作责任心。（ ）

2.外贸单证员是指外贸业务履行过程中，根据合同、信用证条款进行缮制和出具各种单据、证书的工作人员。（ ）

3.在国际结算中，货物是贸易双方进行结算的基础和依据。（ ）

4.银行在审单时，如果信用证没有特殊规定，都是以《UCP600》作为审单依据的。（ ）

5.单证的完整性是指成套单证群体的完整性。（ ）

6.信用证条款与买卖合同条款彼此矛盾时，如果不能修改或同意接受信用证条款，则必须以买卖合同为制单和审单的依据，才能达到安全收汇的目的。（ ）

7.交单是指在合同、信用证规定的时间内，以正确的方式将符合要求的单证交给正确的当事人，通常在后T/T方式下，出口企业应到银行交单。（ ）

8.在修改信用证时，受益人可接受同一修改通知书中的部分内容，而将另外的内容退回通知行。（ ）

9.信用证是银行开立的无条件承诺付款的一种书面文件。（ ）

10.根据《UCP600》的规定，议付是指由议付行对汇票和（或）单据付出对价。只审单而不付出对价，不能构成议付。（ ）

三、技能训练——信用证的审核和修改

根据合同资料审核信用证，指出不符点，并且修改信用证。

1.合同资料

SALES CONTRACT

THE SELLER:
SHANDONG YIHAI IMP.& EXP.CO., LTD.
NO.51 JINSHUI ROAD, QINGDAO, CHINA

NO.: YH14039
DATE: DEC.1, 2023
SIGNED AT: QINGDAO, CHINA

THE BUYER:

LINSA PUBLICIDAD, S.A.

VALENCIA, 195 BAJOS.08011.BARCELONA, SPAIN

This Sales Contract is made by and between the Sellers and the Buyers, whereby the sellers agree to sell and the Buyers agree to buy the undermentioned goods according to the terms and conditions stipulated below:

Commodity & Specification	Quantity	Price Terms	
		Unit Price	Amount
CARDHOLDER DYED COW LEATHER BLACK BROWN	5 000PCS 8 000PCS	FOB QINGDAO USD1.45/PC USD1.50/PC	USD7 250.00 USD12 000.00 USD19 250.00
Total Amount: U.S.DOLLARS NINETEEN THOUSAND TWO HUNDRED AND FIFTY ONLY.			

Packing: 1PC/POLYBAG, 500PCS/CTN

Time of Shipment: DURING JAN.2024 BY SEA

Shipping Mark:

L.P.

BARCELONA

NOs.: 1-26

Loading Port and Destination：FROM QINGDAO TO BARCELONA

Partial Shipment and Transshipment：ALLOWED

Insurance：TO BE EFFECTED BY THE BUYER.

Terms of Payment：THE BUYER SHALL OPEN THROUGH A BANK ACCEPTABLE TO THE SELLER AN IRREVOCABLE SIGHT LETTER OF CREDIT TO REACH THE SELLER 30 DAYS BEFORE THE MONTH OF SHIPMENT AND TO REMAIN VALID FOR NEGOTIATION IN CHINA UNTIL THE 15TH DAY AFTER THE FORESAID TIME OF SHIPMENT.

2.根据合同开立的信用证

ISSUE OF DOCUMENTARY CREDIT

27：SEQUENCE OF TOTAL	1/1
40A：FORM OF DOC.CREDIT	IRREVOCABLE
20：DOC.CREDIT NUMBER	103CD137273
31C：DATE OF ISSUE	231215
40E：APPLICABLE RULES	UCP LATEST VERSION
31D：DATE AND PLACE OF EXPIRY	DATE 240202 PLACE IN SPAIN
51D：APPLICANT BANK	BANCO SANTANDER，S.A. 28660 BOADILLA DEL BARCELONA，SPAIN
50：APPLICANT	LINSA PUBLICIDAD，S.A. VALENCIA，195 BAJOS.08011.BARCELONA，SPAIN
59：BENEFICIARY	SHANDONG YIHAN IMP.& EXP.CO.，LTD. NO.51 JINSHUI ROAD，QINGDAO，CHINA
32B：AMOUNT	CURRENCY EUR AMOUNT 19 250.00
41A：AVAILABLE WITH/BY	ANY BANK IN CHINA BY NEGOTIATION
42C：DRAFTS AT	30 DAYS AFTER SIGHT
42A：DRAWEE	LINSA PUBLICIDAD，S.A.
43P：PARTIAL SHIPMENTS	NOT ALLOWED
43T：TRANSSHIPMENT	NOT ALLOWED
44E：PORT OF LOADING	ANY CHINESE PORT
44F：PORT OF DISCHARGE	VALENCIA，SPAIN
44C：LATEST DATE OF SHIPMENT	240115
45A：DESCRIPTION OF GOODS	GOODS AS PER S/C NO.YH14036 DATED ON DEC.1，2023 CARDHOLDER DYED COW LEATHER BLACK COLOUR/8 000PCS AT USD1.45/PC FOB QINGDAO BROWN COLOUR/5 000PCS AT USD1.50/PC FOB QINGDAO PACKING：200PCS/CTN
46A：DOCUMENTS REQUIRED	1.SIGNED COMMERCIAL INVOICE IN 3 COPIES. 2.CERTIFICATE OF ORIGIN G.S.P.FORM A ISSUED BY OFFICIAL AUTHORITIES. 3.PACKING LIST IN 3 COPIES. 4.FULL SET OF CLEAN ON BOARD BILLS OF LADING MADE OUT TO ORDER MARKED “FREIGHT PREPAID” AND NOTIFY APPLICANT. 5.INSURANCE POLICY/CERTIFICATE IN DUPLICATE，ENDORSED IN BLANK，FOR 110% INVOICE VALUE COVERING ALL RISKS AND WAR RISK AS PER CIC.

47A：ADDITIONAL CONDITIONS	BILL OF LADING ONLY ACCEPTABLE IF ISSUED BY ONE OF THE FOLLOWING SHIPPING COMPANIES：KUEHNE-NAGEL（BLUE ANCHOR LINE）VILTRANS（CHINA） INTL FORWARDING CO，LTD. VILTRANS SHIPPING（HK）CO.，LTD.
71B：CHARGES	ALL CHARGES ARE TO BE BORNE BY BENEFICIARY.
48：PERIOD FOR PRESENTATION	WITHIN 5 DAYS AFTER THE DATE OF SHIPMENT，BUT WITHIN THE VALIDITY OF THIS CREDIT.
49：CONFIRMATION INSTRUCTION	WITHOUT

11

工作情境11

缮制运输单据

学习目标

知识目标

1. 了解海运提单的含义和作用。
2. 熟悉海运提单的内容。
3. 掌握海运提单的制作要点。

技能目标

能够熟练制作海运提单。

素养目标

1. 具备防范提单流通转让的风险意识。
2. 具有一丝不苟、精益求精的职业精神和工作态度。

情境导入

运输单据是进出口贸易单证中最重要的单据之一。在国际贸易中，常用的运输方式有海运、陆运和空运，其中 80% ~ 90% 的货物运输通过海运完成。因此，海运提单成为国际贸易运输单据中最重要的一种。海运提单的含义、作用和内容是缮制海运提单的基础。

工作活动

工作活动 1　海运提单的含义及分类
工作活动 2　海运提单的内容和制作

工作活动1
海运提单的含义及分类

工作活动目标

1.能够理解海运提单的含义。
2.能够列举并理解海运提单的作用。

职业工作情境

单证工作人员需要明确海运提单的含义和作用。

职业知识储备

知识点1
海运提单的含义

微课 11-1
海运提单 1

海运提单（Marine/Ocean Bill of Lading）简称“提单”（Bill of Lading，B/L），是由船长或承运人或其代理人签发，证明收到特定的货物，或已将特定货物装船，并将其运至特定的目的港（地），交付收货人或提单持有人的物权凭证，也是承运人和托运人之间运输合同的证明。

海运提单的作用主要体现在以下三方面：

（1）货物收据（Receipt for the Goods）。海运提单是承运人或其代理人签发给托运人的表明已收讫货物的收据，即承运人或其代理人确认已经按海运提单所列内容收到货物。

（2）物权凭证（Title of Goods）。提单代表货物的所有权，在法律上具有物权的作用。正本提单是卖方凭以议付、买方凭以提货、承运人凭以交货的依据。提单持有人对提单上所载明的货物拥有所有权，并可以经过背书进行抵押、贷款或转让，受到法律保护。货物抵达目的港后，提单的合法持有者凭提单要求承运人交货，承运人有义务向提单的持有者交付提单项下的货物。

（3）运输契约证明。运输契约是装货前商定的，提单是装货后签发的，其有关条款明确了承运人和托运人双方的权利和义务。所以提单本身不是运输契约，而是运输契约的证明，是处理双方在运输中的权利、义务、责任、豁免问题的主要法律依据。

知识点2
海运提单的种类

按不同的分类标准，提单可以划分为许多种：

一、按提单收货人的抬头划分

1.记名提单（Straight B/L）

记名提单又称收货人抬头提单，是提单上的收货人栏中已具体填写收货人名称的提单。提单上所记载的货物只能由提单上特定的收货人提取，或者说承运人在卸货港只能把货物交给提单上所指定的收货人。如果承运人将货物交给提单指定的以外的人，即使该人占有提单，承运人也应负责。这种提单失去了代表货物可转让流通的便利，但同时也可以避免在转让过程中可能带来的风险。

由于记名提单只能由指定收货人提货，不能背书转让，不能流通，一般只适用于运输展览品或贵重物品，特别是短途运输中使用较有优势，因而在国际贸易中较少使用。

2.不记名提单（Bearer/Open/Blank B/L）

不记名提单是指提单上收货人一栏内没有指明任何收货人，而注明“提单持有人”（Bearer）字样或将这一栏空白，不填写任何人的名称的提单。这种提单不需要任何背书手续即可转让或提取货物，极为简便。承运人应将货物交给提单持有人，谁持有提单，谁就可以提货，承运人交付货物只凭单，不凭人。这种提单丢失或被窃的风险极大，若转入恶意的第三者手中，极易引起纠纷，故国际上较少使用这种提单。另外，根据有些班轮公会的规定，凡使用不记名提单，在给大副的提单副本中必须注明到达卸货港的被通知人名称和地址。

3.指示提单（Order B/L）

指示提单是指在提单正面“收货人”一栏内填上“凭指示”（To order）或“凭某人指示”（To the order of...）字样的提单。指示提单是一种可转让提单。提单的持有人可以通过背书的方式把它转让给第三者，而无须经过承运人的认可，所以这种提单为买方所欢迎。指示提单在国际海运业务中使用较广泛。

《中华人民共和国海商法》（以下简称《海商法》）第七十九条规定：“记名提单，不得转让；指示提单，经过记名背书或者空白背书转让；不记名提单，无须背书，即可转让。”记名提单虽然安全，但不能转让，对贸易各方的交易极为不便，故用得不多。一般认为，由于记名提单不能通过背书转让，因此从国际贸易的角度看，记名提单不具有物权凭证的性质。不记名提单无须背书即可转让，任何人持有提单都可要求承运人放货，对贸易各方而言不够安全，风险较大，故很少采用。指示提单可以通过背书转让，适应了正常国际贸易的需要，所以在实践中被广泛应用。

二、按货物是否已装船划分

1.已装船提单（Shipped/On Board B/L）

已装船提单是货物装船后由承运人或其授权代理人根据大副收据签发给托运人的提单。如果承运人签发了已装船提单，就是确认他已将货物装在船上。这种提单除载明一般事项外，通常还必须注明装载货物的船舶名称和装船日期，即提单项下货物的装船日期。

由于已装船提单对收货人及时收到货物有保障，所以在国际货物买卖合同中一般都要求卖方提供已装船提单。国际商会2006年重新修订的《跟单信用证统一惯例》规定，如信用证要求海运提单作为运输单据，银行将接受注明货物已装船或已装指定船只的提单，以保证收货人的权益。

2.收货待运提单（Received for Shipment B/L）

收货待运提单又称备运提单、待装提单，或简称待运提单，是承运人在收到托运人交来的货物但还没有装船时，应托运人的要求而签发的提单。签发这种提单时，说明承运人确认货物已交由其保管并存放在其控制的仓库或场地中，但由于某些原因（如船公司的船期问题或船只未到港等）未装船。所以，这种提单未载明所装船名和装船时间，在跟单信用证支付方式下，银行一般都不肯接受这种提单。但当货物装船，承运人在这种提单上加注装运船名和装船日期并签字盖章后，待运提单即成为已装船提单。同样，托运人也可以用待运提单向承运人换取已装船提单。

《海商法》第七十四条规定："货物装船前，承运人已经应托运人的要求签发收货待运提单或者其他单证的，货物装船完毕，托运人可以将收货待运提单或者其他单证退还承运人，以换取已装船提单，承运人也可以在收货待运提单上加注承运船舶的船名和装船日期，加注后的收货待运提单视为已装船提单。"

三、按提单上有无批注划分

1.清洁提单（Clean B/L）

装船时货物外表状况良好，承运人在签发提单时，未在提单上加注任何有关货物残损、包装不良、件数、重量和体积或其他妨碍结汇的批注的提单称为清洁提单。

使用清洁提单在国际贸易实践中非常重要，买方要想收到完好无损的货物，首先必须要求卖方在装船时保持货物外观良好，并要求其提供清洁提单。国际商会《跟单信用证统一惯例》（《UCP600》）第二十七条规定：银行只接受清洁运输单据，清洁运输单据指未载有明确宣称货物或包装有缺陷的条款或批注的运输单据。"清洁"一词并不需要在运输单据上出现，即使信用证要求运输单据为"清洁已装船"的。《海商法》第七十六条规定："承运人或者代其签发提单的人未在提单上批注货物表面状况的，视为货物的表面状况良好。"由此可见，承运人一旦签发了清洁提单，货物在卸货港卸下后，如发现有残损，除非是由于承运人可以免责的原因所致，承运人必须负责赔偿。

2.不清洁提单（Unclean/Foul B/L）

在货物装船时，承运人若发现货物出现包装不牢、破残、渗漏、玷污、标志不清等现象，大副将在收货单上对此加以批注，并将此批注转移到提单上，这种提单称为不清洁提单。《海商法》第七十五条规定："承运人或者代其签发提单的人，知道或者有合理的依据怀疑提单记载的货物品名、标志、包数或者件数、重量或者体积与实际接收的货物不符，在签发已装船提单的情况下怀疑与已装船的货物不符，或者没有适当的方法核对提单记载的，可以在提单上批注，说明不符之处、怀疑的根据或者说明无法核对。"

实践中，承运人接收货物时，如果货物外表状况不良，一般先在大副收据上进行记载，在正式签发提单时，再把这种记载转移到提单上。在国际贸易实践中，银行是拒绝出口商以不清洁提单办理结汇手续的。为此，托运人应对损坏或外表状况有缺陷的货物进行修补或更换。习惯上的变通办法是由托运人出具保函，要求承运人不要将大副收据上所作的有关货物外表状况不良的批注转批到提单上，而根据保函签发清洁提单，以使出口商能顺利完成结汇。但是，承运人如未将大副收据上的批注转移到提单上，可能要承担对收货人的赔偿责任，承运人因此而遭受的损失，应由托运人赔偿。但是，在向托运人追偿时，往往难以得到法律的保护，承运人因此要承担很大的风险。承运人与收货人之间的权利、义务源于提单条款的规定，而不是保函的保证。所以，承运人不能凭保函拒赔，保函对收货人是无效的，如果承托双方的做法损害了第三者收货人的利益，有违民事活动诚实信用的基本原则，容易构成与托运人的串通，对收货人进行欺诈。

四、按运输方式不同划分

1.直达提单（Direct B/L）

直达提单，又称直运提单，是指货物从装货港装船后，中途不经转船，直接运至目的港卸货交予收货人而签发的提单。直达提单上不得有“转船”或“在某港转船”的批注。凡信用证规定不准转船者，必须使用这种直达提单。如果提单背面印有承运人有权转船的“自由转船”条款，则不影响该提单成为直达提单的性质。

使用直达提单，货物由同一船舶直运目的港，对买方来说比中途转船有利得多，它既可以节省费用、减少风险，又可以节省时间，及早到货。因此，买方通常只有在无直达船时才同意转船。在国际贸易实践中，如信用证规定不准转船，则卖方必须取得直达提单才能结汇。

2.转船提单（Transshipment B/L）

从启运港装载货物的船舶不直接驶往目的港，货物需要在中途港口换装其他船舶转运至目的港卸货，承运人为此签发的这种提单称为转船提单。转船提单往往在提单上注明“转运”或“在××港转船”字样，其往往由第一程船的承运人签发。由于货物中途转船，增加了转船费用和风险，并影响到货时间，故一般信用证均规定不允许转船，但当直达船少或没有直达船的港口时，买方也会同意转船。

3.联运提单（Through B/L）

联运提单是指货物运输需经两段或两段以上的运输方式（如海陆、海空或海海等联合运输）来完成所使用的提单。船船（海海）联运在航运界也称为转运，包括海船将货物送到一个港口后再由驳船从港口经内河运往内河目的港。

联运的范围超过了海上运输界限，货物可由船舶运送到一个港口，再经其他运输工具将其送至目的港，可先海运后陆运或空运，或者先空运、陆运后海运。当船舶承运由陆路或航空运来的货物，将其继续运至目的港时，货方一般选择使用船方所签发的联运提单。

4.多式联运提单（Multimodal/Intermodal Transport B/L）

这种提单主要用于集装箱运输，是指一批货物需要经过两种以上不同的运输方式，其中一种是海上运输方式，由一个承运人负责全程运输，负责将货物从接收地运至目的地交付收货人，并收取全程运费所签发的提单。提单内的项目不仅包括启运港和目的港，而且列明一程、二程等运输路线，以及收货地和交货地。

（1）多式联运是由两种或两种以上不同运输方式组成的，多式联运提单是参与运输的两种或两种以上运输工具协同完成所签发的提单。

（2）组成多式联运的运输方式中有一种必须是国际海上运输。

（3）如果国际贸易双方同意，并在信用证中明确规定，多式联运提单可由承担海上区段运输的船公司、其他运输区段的承运人、多式联运经营人（Combined Transport Operator）或无船承运人（Non-vessel Operating Common Carrier，NVOCC）签发。

（4）《海商法》第四章“海上货物运输合同”中的第八节“多式联运合同的特别规定”以及《联合国国际货物多式联运公约》制约着多式联运。

五、按提单内容的简繁划分

1.全式提单（Long Form B/L）

全式提单是指提单除正面印就的提单格式所记载的事项外，背面列有关于承运人与托运人及收货人之间权利、义务等详细条款的提单。由于条款繁多，全式提单又称繁式提单。在海运实际业务中，大量使用的都是这种全式提单。

2.简式提单（Short Form/Simple B/L）

简式提单又称短式提单、略式提单，是相对于全式提单而言的，是指提单背面没有关于承运人与托运人及收货人之间的权利、义务等详细条款的提单。这种提单一般在正面印有“简式”（Short Form）字样，以示区别。简式提单中通常列有如下条款：“本提单货物的收受、保管、运输和运费等事项，均按本公司全式提单的正面、背面的铅印、手写、印章和打字等书面条款和例外条款办理，该全式提单存该公司及其分支机构或代理处，可供托运人随时查阅。”

六、按签发提单的时间划分

1.倒签提单（Anti-dated B/L）

倒签提单是指承运人或其代理人应托运人的请求，在货物装船完毕后，以早于货物实际装船日期为签发日期的提单。当货物实际装船日期晚于信用证规定的装船日期时，若仍按实际装船日期签发提单，托运人就无法结汇。为了使签发提单的日期与信用证规定的装运日期相符，以利于托运人结汇，承运人有时会应托运人的请求，在提单上仍按信用证的装运日期填写签发日期。

2.顺签提单（Post-date B/L）

顺签提单指在货物装船完毕后，应托运人的请求，由承运人或其代理人签发的提单，但是该提单上记载的签发日期晚于货物实际装船完毕的日期，即托运人从承运人处得到的以晚于货物实际装船完毕的日期为提单签发日期的提单。由于顺填日期签发提单，所以该种提单称为“顺签提单”。

3.预借提单（Advanced B/L）

预借提单是指在货物尚未装船或尚未装船完毕的情况下，信用证规定的结汇期（即信用证的有效期）即将届满，托运人为了能及时结汇，而要求承运人或其代理人提前签发的已装船清洁提单，即托运人为了能及时结汇而从承运人那里借用的已装船清洁提单。

签发倒签或预借提单，对承运人而言风险很大，由此引发的责任承运人必须承担。尽管托运人往往向承运人出具保函，但这种保函同样不能约束收货人。相比较而言，签发预借提单比签发倒签提单承运人承担的风险更大，因为预借提单是承运人在货物尚未装船或者装船还未完毕时签发的。中国法院对承运人签发预借提单的判例，不但由承运人承担由此而导致的一切后果，赔偿货款损失和利息损失，而且要赔偿收货人向第三人赔付的其他各项损失。

4.过期提单（Stale B/L）

过期提单是指出口商取得提单后未能及时到银行议付，或过了银行规定的交单期限未议付而形成的提单，习惯上称为滞期提单。

按照《UCP600》的规定，凡超过发运日期21个日历日后提交的提单均为过期提单，但在任何情况下都不得迟于信用证的截止日。如信用证有效期或信用证规定的交单期早于此期限，则以有效期或规定的交单期为最后期限。

一般银行不接受过期提单，但过期提单并非无效提单，提单持有人仍然可凭该提单要求承运人交付货物。

七、按收费方式划分

1.运费预付提单（Freight Prepaid B/L）

以CIF、CFR价格条件成交的货物，按规定托运时，必须预付运费。在运费预付情况下出具的提单称为运费预付提单。这种提单正面载有“运费预付”字样，运费预付后才能取得提单；付费后，若货物灭失，运费不退。

2.运费到付提单（Freight Collect B/L）

以FOB条件成交的货物，不论是买方订舱还是买方委托卖方订舱，运费均为到付（Freight Payable at Destination），并在提单上载明“运费到付”字样，这种提单称为运费到付提单。货物运到目的港后，只有付清运费，收货人才能提货。

3.最低运费提单（Minimum B/L）

最低运费提单是对每一提单上的货物按起码收费标准收取运费所签发的提单。如果托运人托运的货物批量过少，按其数量计算的运费额低于运价表规定的起码收费标准，承运人均按起码收费标准收取运费，为这批货物所签发的提单就是最低运费提单，也可称为起码收费提单。

工作活动2
海运提单的内容和制作

工作活动目标

1.能够描述海运提单的内容。
2.能够熟练填写海运提单。

职业工作情境

单证工作人员需要熟悉海运提单的内容，了解海运提单的填制依据，掌握海运提单的缮制技巧和要点。

职业知识储备

微课 11-2

海运提单2

知识点1
海运提单的内容

不同国家、不同的船公司使用的海运提单的格式不尽相同，但其内容基本一致，主要包括以下项目：

（1）提单号（B/L No.）。其一般都列在提单右上角。提单上必须载明承运人或其代理人指定的提单编号，以便核查。其他单据如装运通知、保险单也常常要求注明提单号。没有提单号，提单无效。

（2）承运人（Carrier）。它也称船方，既可以是船舶的所有人即船东，也可以是租船人。《UCP600》第二十条规定：“提单，无论名称如何，必须看似：表明承运人名称，并由承运人或其具名代理人或者船长签署。”银行接受提单的条件是：提单表面要注明承运人的名称，即承运人的名称必须出现在提单的表面上，并表明承运人身份。

（3）托运人（Shipper）。它也称发货人，是委托船公司或货代公司办理运输手续的人。在信用证付款方式下，如果无特殊规定，应以受益人为托运人。如果受益人是中间商，货物是从产地直接装运的，这时也可以实际供货方为发货人。《UCP600》第十四条规定：“在任何单据中注明的托运人或发货人无须为信用证的受益人。”也就是说，如果信用证无特殊规定，除汇票外，任何单据以第三方为发货人，银行都可接受，但是，从安全结汇的角度，必须考虑其可行性。在托收和电汇支付方式下，托运人一般填写出口商的名称和地址。

（4）收货人（Consignee）。这是提单中的一个重要项目，是银行审核的重点，因为其关乎物权的控制。在信用证支付方式下，通常以“Made out to，Consigned to，Issued to，In the Name of”加以引导，即缮制提单收货人时应填写“to”和“of”后所提到的内容。

（5）被通知人（Notify Party）。他指货到目的港由承运人通知其办理报关提货等手续的人，一般是进口商或其代理人。货物到目的港后，承运人凭此栏内容通知其办理提货。在信用证付款方式下，信用证在单据条款的提单中往往会提及具体被通知人（Notify * * Co.）。被通知人按照信用证要求填写Notify后面提及的具名公司即可。

如果采用托收或电汇付款方式，被通知人一般填写合同的买方。一般来说，被通知人不是提单的当事人，只是收货人的代理人。空白抬头提单注明被通知人，以便承运人在货到目的港时，能通知其办理报关提货手续。

（6）前程运输（Pre-Carriage by）。如果涵盖至少两种不同的运输方式，本栏填写前程运输工具的名称，否则留空。

（7）收货地点（Place of Receipt）。如果涵盖至少两种不同运输的方式，本栏填写实际接收货物的地点，否则留空。

（8）船名及航次（Ocean Vessel Voy.No.）。本栏填写载货船舶的船名及航次。

（9）装运港（Port of Loading）。本栏按信用证或合同规定填写货物实际装船的港口名称。

（10）卸货港（Port of Discharge）。本栏按信用证或合同规定填写货物被实际卸下的港口名称。

（11）交货地点（Place of Delivery）。本栏填写最终目的地名称，如果最终目的地就是目的港，则此栏可留空不填。

（12）集装箱号、铅封号和唛头（Container No.，Seal No.and Marks & Nos.）。本栏按实际情况填写集装箱号、铅封号和唛头。唛头是为了装卸、运输及存储过程中便于识别而刷在外包装上的装运标记，是提单的一项重要内容，是提单与货物的联系要素，也是收货人识别货物的重要依据。提单上的唛头应与发票等其他单据以及实际货物保持一致，否则会给提货和结算带来困难。

（13）容器或包装的件数（No.of Containers or P'kgs）。这是指外包装单位数量，而非计量单位数量。本栏要按实际包装的具体情况填列。

（14）货物描述（Description of Goods）。提单中的货物描述一般只填写商品名称。在信用证付款方式下，本栏应按信用证规定的品名填写，并与其他单据如发票中的品名相一致。注意避免不必要的描述，更不能画蛇添足。

（15）毛重（Gross Weight）。本栏填写总毛重。除非信用证另有规定，重量一般以千克表示，通常保留两位小数。如果是裸装货物，没有毛重，只有净重，则在净重千克数前加注“Net Weight”字样。

（16）尺码（Measurement）。本栏填写总尺码。除非信用证另有规定，体积一般以立方米来表示，通常保留三位小数。

（17）运费支付情况（Freight & Charges）。在信用证付款方式下，本栏按照信用证的规定填写。除非信用证另有规定，此栏一般不填运费的具体数额，只填写运费支付情况。提单显示的运费支付事项，无须与信用证规定的一致，但不应与该单据本身中的数据、其他规定的单据或信用证中的数据相矛盾。信用证规定运费以外的费用不可接受时，提单不应显示运费之外的费用已经或将要产生。提单提及的可能加收的费用，如由于卸货或卸货后的延迟可能加收的费用（滞期费），或由于延迟归还集装箱可能加收的费用（滞箱费），不属于运费以外的额外费用。

（18）大写包装单位数量（Total Number of P'kgs in Words）。填写该栏时，把第（13）栏的小写件数用文字叙述一遍，并且要与小写件数一致，最后以“Only”结尾。例如：小写总件数为60 Iron Drums，在大写总件数栏填写：“Sixty Iron Drums only”。

（19）提单签发地点及日期（Place and Date of Issue）。提单签发地点一般为实际装货港；提单签发日期一般为实际装货完毕的时间，不能晚于信用证规定的最迟装运期（Latest Shipment）。

（20）正本提单份数（No.of Original B/L）。本栏应该按信用证的规定填写相应的份数。正本提单份数要在提单上注明，并用英文大写数字表示。每份正本提单的效力相同，当其中一份提货后，其他各份均失效。《UCP600》第20条a款iv对正本提单规定，仅可签发一份正本提单，如果以多份正本出具，为提单中表明的全套正本。

在托收和电汇付款方式下，一般填写两份或者三份（Two or Three）

（21）承运人签章（Signed for the Carrier）。提单必须有承运人或其代理人的签字才能生效。

（22）已装船批注（Laden on Board the Vessel）。有些提单正面没有预先印就类似已装上船的条款，这种提单便称为备运提单。备运提单转化为已装船提单的方式有两种：①在提单的空白处加“已装船”批注或加盖类似内容的图章，如“Shipped on Board”；有的只加“On Board”，然后加装船日期，并加提单签发人的签字或简签。所谓简签，是指签字人以最简单的签字形式，即通常只签本人姓名中的一个单词或一个字母来代替正式签字。②在备运提单下端印有专供填写装船条款的栏目（Laden on Board the Vessel，已装船标注），有人称为“装船备忘录”。装船后，在此栏处加注必要内容，如船名等，填写装船日期并由签字人签字或简签。

（23）其他（Others）。有些国家的来证要求在提单上注明信用证号码、进口许可证号码等，应按要求照办，一般在提单空白处加注即可。此外，有些合同或信用证要求在提单上显示卸货港交货代理人的详细信息，有些船公司或货代公司的提单上有此栏目，将卸货港交货代理人的详细信息填写在相应的栏目中即可。如果提单上没有此栏目，将卸货港交货代理人的详细信息填写在提单的空白处即可。值得注意的是，当信用证要求提单上显示卸货港的交货代理人或类似措辞的名称、地址和联络细节时，其地址无须位于卸货港，也无须与卸货港在同一个所在国。

海运提单的具体内容见样例11-1。

样例11-1 海运提单

<table>
<tr><td colspan="3">1.SHIPPER（托运人），一般为出口商</td><td colspan="3" rowspan="4">B/L NO.
COSCO
中国远洋海运集团有限公司
CHINA COSCO SHIPPING CORPORATION LIMITED.</td></tr>
<tr><td colspan="3">2.CONSIGNEE（收货人），“order”或“Order of Shipper”或“Order of ××× Bank”</td></tr>
<tr><td colspan="3">3.NOTIFY PARTY（被通知人），通常为进口方或其代理人</td></tr>
<tr><td colspan="2">4.PRE-CARRIAGE BY
（前程运输），
填Feeder Ship名，即驳船名</td><td>5.PLACE OF RECEIPT
（收货地点）</td></tr>
<tr><td colspan="2">6.OCEAN VESSEL VOY.NO.
（船名及航次），
填大船名</td><td>7.PORT OF LOADING
（装货港）</td><td colspan="3">ORIGINAL
Combined Transport Bill of Lading</td></tr>
<tr><td colspan="2">8.PORT OF DISCHARGE
（卸货港）</td><td>9.PLACE OF DELIVERY
（交货地点）</td><td colspan="3">10. FINAL DESTINATION FOR THE MERCHANT'S REFERENCE（目的地）
仅当该B/L被用作全程转运时才填此栏（填NYC）</td></tr>
<tr><td>11.MARKS
（唛头）</td><td>12.NOS.& KINDS OF PKGS
（包装数量和种类）</td><td colspan="2">13. DESCRIPTION OF GOODS（货物名称）</td><td>14.G.W.（KG）
（毛重）</td><td>15.MEAS.（M^3）
（体积）</td></tr>
<tr><td colspan="6">16.TOTAL NUMBER OF CONTAINERS OR PACKAGES（IN WORDS）（总件数）</td></tr>
<tr><td>17. FREIGHT& CHARGES
（运费），填PREPAID
（运费预付）或COLLECT
（运费到付）</td><td>REVENUE TONS
（运费吨）</td><td>RATE
（运费率）</td><td>PER
（计费单位）</td><td>PREPAID
（运费预付）</td><td>COLLECT
（运费到付）</td></tr>
<tr><td>PREPAID AT
（预付地点）</td><td>PAYABLE AT
（到付地点）</td><td colspan="4">18.PLACE AND DATE OF ISSUE
（出单地点和日期），一般与装船日期一致</td></tr>
<tr><td>TOTAL PREPAID
（预付总金额）</td><td>19. NUMBER OF ORIGINAL B（S）/L（正本提单份数），一般为3份</td><td colspan="4" rowspan="2">22.SIGNED FOR THE CARRIER
（承运人签章）
中国远洋海运集团有限公司
CHINA COSCO SHIPPING CORPORATION LIMITED.
×××</td></tr>
<tr><td>20.DATE
（装船日期）</td><td>21. LADEN ON BOARD THE VESSEL BY
（已装船批注）</td></tr>
</table>

知识点2
海运提单的制作

1.收货人

当信用证要求提单表明以具名实体为收货人而非指示性提单时，在该具名实体前不应含有“凭指示”或“凭***指示”的字样，或者不应在该具名实体后注明“或凭指示”字样，无论该字样是打印还是预先印就的。

当提单收货人做成“凭指示”或“凭托运人指示”时，该提单应当由托运人背书。只要背书由托运人或代表托运人做出，该背书就可以由托运人之外的具名实体做出。

当信用证要求提单表明收货人为“凭（具名实体）指示”时，提单不应直接显示收货人为该具名实体。

提单收货人填写规范见表11-1。

表11-1　**提单收货人填写规范**

<table>
<tr><th colspan="3">收货人的不同类型</th><th>条款实例</th><th>收货人栏填写</th><th>背书情况及注意情况</th></tr>
<tr><td>记名式提单
Straight B/L</td><td colspan="2">收货人已经确定，提单不能转让，实际中使用不多</td><td>Full set of B/L consigned/issued/delivered made out to **Co.</td><td>**Co.</td><td>不能背书转让，适用于贵重商品</td></tr>
<tr><td>不记名式提单
Bearer B/L</td><td colspan="2">收货人不确定，谁持有提单，谁就能向承运人提取提单项下的货物，实际中一般不使用</td><td>Full set of B/L made out to bearer</td><td>To bearer</td><td>无须背书即可转让</td></tr>
<tr><td rowspan="4">指示提单
Order B/L</td><td rowspan="3">记名指示
To order of **</td><td>凭托运人指示</td><td>Full set of B/L made out to order of shipper/to shipper’s order</td><td>To order of shipper/shipper’s order</td><td>托运人背书</td></tr>
<tr><td>凭开证行指示</td><td>Full set of B/L made out to our order/to ** bank’s order</td><td>To order of ** Bank/To ** Bank’s order</td><td>开证行背书</td></tr>
<tr><td>凭开证申请人指示</td><td>B/L issued to order of Applicant</td><td>To order of+开证申请人的具体名称</td><td>开证申请人背书，尽量避免此种提单</td></tr>
<tr><td colspan="2">不记名指示
To order凭指示</td><td>Full set of B/L made out to order</td><td>To order</td><td>托运人背书</td></tr>
<tr><td colspan="6">备注：承运人一般不接受一票货物有两个或者两个以上的收货人</td></tr>
</table>

2.被通知人

当申请人的地址和联络细节显示为收货人或被通知人细节的一部分时，其不应与信用证规定的申请人细节相矛盾。提单被通知人的名称和地址一定要详细，地址不详，无法及时通知，会延误提货，造成损失。以下是提单被通知人栏填写的几种特例：

（1）若来证中规定的被通知人有详细的地址、电话和传真号码等，应严格按照信用证的规定来填写，不应与信用证规定的申请人细节相矛盾。

（2）若来证未规定被通知人，则正本提单可留空，但在副本提单上要填写信用证申请人的名称和地址。

（3）若是记名提单且收货人有详细地址，则填写“The Same as above”，“The Same as Consignee”或“Ditto”表示同上。

（4）若来证要求两个或两个以上的公司为被通知人，则应把所有的这些公司的名称、地址都完整地填写在被通知人栏内。

（5）如果来证中规定“Notify...only”，意指仅通知某某人，则“only”一词不能漏掉。

3.货物描述

提单中的货物描述可只填写商品名称，无须填写规格、牌号等详情。如果涉及的商品较多，提单上的货物描述可以使用与信用证所规定的货物描述不相矛盾的统称。

凡危险品必须写清楚化学名，列明危险品等级（Class No.）、《国际海上危险货物运输规则》号码（IMDG Code）、联合国危险货物编号（UN No.）等。

4.包装描述

提单上最好不要加注关于包装状况的描述，如“新袋”（New Bag）、“旧箱”（Old Cartons）等字样。

5.装货港

（1）提单上应当显示信用证规定的装货港。当信用证规定了装货港，也表明了装货港的所在国时，提单上无须注明该国别名称。

（2）当信用证规定了装货港的地理区域或港口范围（例如，任一欧洲港口或汉堡、鹿特丹、安特卫普港）时，提单上应当显示实际的装货港，且其应当位于该地理区域或港口范围内，提单无须显示该地理区域。

（3）当提单上显示了一个以上的装货港时，无论是预先印就的“收妥待运”提单还是“已装船”提单，都应当表明装船批注并载有每个装货港所对应的装船日期。

6.卸货港

（1）信用证要求的具名卸货港，应当显示在提单的卸货港栏。此外，具名卸货港也可以显示在“最终目的地”或类似栏中，只要批注表明卸货港为“最终目的地”或类似栏中的港口即可。

（2）提单应当显示信用证规定的卸货港。当信用证规定了卸货港，也表明了该港口的所在国时，提单上无须显示该国别名称。

（3）当信用证规定了卸货港的地理区域或港口范围（如任一欧洲港口或者汉堡、鹿特丹、安特卫普港）时，提单上应当显示实际卸货港，且其应当位于信用证规定的地理区域或港口范围内，提单上无须显示该地理区域。

职业技能操练

工作项目

根据所学内容，结合下面所给信用证和补充资料，缮制海运提单11-3。

项目背景

信用证内容如下：

APR.05，2024 09：36：32	LOGICAL TERMINAL P005
MT：S 700 ISSUE OF DOCUMENTARY CREDIT PAGE 00001	
FUNC SWPR3	
UMR 00182387	
MAGACK DWS7651 AUTH OK，KEY B19604214 FAEA9B2，BKCHCHBJ SAIVJPJT	
RECORD BASIC HEADER O 700 1547 970225 SAIBJPJICAXA3846992024 970315	
* STANDARD CHARTERED BANK	
* LONDON	
USER HEADER	SERVICE CODE 103：
BANK.PRIORITY	113：

MSG USER REF.	108：INFO.FROM
SEQUENCE OF TOTAL	*27：1/1
FORM OF DOC.CREDIT	* 40A：IRREVOCABLE
DOC.CREDIT NUMBER	* 20：IM02023502
DATE OF ISSUE	31C：240405
DATE AND PLACE OF EXPIRY	*31D：DATE 240615 AT NEGOTIATING BANK'S COUNTER
APPLICANT	* 50：CHR TRADING CO.，LTD. 39 TOTTENHAM COURT ROAD，MARYLEBONE， LONDON WIT 2AR，UNITED KINGDOM
BENEFICIARY	* 59：NINGBO TEXTILES IMP.AND EXP.CORPORATION 12GUOYI STREET NINGBO CHINA
AMOUNT	* 32B：CURRENCY USD AMOUNT 16 000.00
AVAILABLE WITH...BY...	* 41D：ANY BANK BY NEGOTIATION
DRAFTS AT...	42C：AT 30 DAYS AFTER SIGHT FOR FULL INVOICE VALUE
DRAWEE	42A：HARMY BANK LTD.，LONDON
PARTIAL SHIPMENTS	43P：PROHIBITED
TRANSSHIPMENT	43T：PERMITTED
LOADING IN CHARGE	44A：CHINA
FOR TRANSPORT TO	44B：LONDON
LATEST DATE OF SHIPMENT	44C：240531
DESCRIPTION OF GOODS	45A：

FULL COTTON KNITTED WOMEN TROUSERS AS PER S/C No.DE236256

ART No.	QUANTITY	UNIT PRICE
88-701	6 000 PCS	USD 1.00/PC
88-702	8 000 PCS	USD 1.25/PC
PRICE TERM：		CIF LONDON

DOCUMENTS REQUIRED　46A：

+ FULL SET（3/3）OF ORIGINAL CLEAN ON BOARD OCEAN BILLS OF LADING MADE OUT TO ORDER AND BLANK ENDORSED AND MARKED "FREIGHT PREPAID" NOTIFY APPLICANT（WITH FULL NAME AND ADDRESS）.

+ SIGNED COMMERCIAL INVOICE IN 5 FOLDS CERTIFYING THAT THE GOODS ARE CHINESE ORIGIN AND SHOWING H.S.CODE 610462.

+ BENEFICIARY'S CERTIFICATE STATING THAT ONE SET OF NON-NEGOTIABLE SHIPPING DOCUMENTS HAVE BEEN SENT TO APPLICANT BY AIRMAIL WITHIN 2 DAYS AFTER SHIPMENT.

+ DETAILED PACKING LIST IN 3 FOLDS.

+ G.S.P.FORM.ISSUED BY AUTHORITY.

+ MARINE INSURANCE POLICY IN DUPLICATE ENDORSED IN BLANK FOR 110% OF THE INVOICE VALUE INCLUDING：OCEAN MARINE CARGO CLAUSES（ALL RISKS）AND OCEAN MARINE CARGO WAR RISK CLAUSES OF THE PEOPLE'S INSURANCE COMPANY OF CHINA INCLUDING WAREHOUSE TO WAREHOUSE CLAUSE，CLAIMS PAYABLE IN LONDON IN CURRENCY OF DRAFTS.

ADDITIONAL COND.	47A: (1) ALL DOCUMENTS SHOULD MENTION L/C No.. (2) AN ADDITIONAL FEE OF USD 50.00 OR EQUIVALENT WILL BE DEDUCTED FROM THE PROCEEDS PAID UNDER ANY DRAWING WHERE DOCUMENTS PRESENTED ARE FOUND NOT TO BE IN STRICT CONFORMITY WITH THE TERMS OF THIS CREDIT. (3) THE GOODS TO BE PACKED IN EXPORT CARTONS.
DETAILS OF CHARGES	71B: ALL BANK CHARGES OUTSIDE LONDON INCLUDING REIMBURSEMENT COMMISSIONS ARE FOR ACCOUNT OF BENEFICIARY.
PRESENTATION PERIOD	48: DOCUMENTS MUST BE PRESENTED WITHIN 10 DAYS AFTER THE DATE OF SHIPMENT, BUT WITHIN THE VALIDITY OF THE CREDIT.
CONFIRMATION	*49: WITHOUT
INSTRUCTIONS	78: THE NEGOTIATING BANK MUST FORWARD THE DRAFTS AND ALL DOCUMENTS BY REGISTERED AIRMAIL DIRECT TO US (INTERNATIONAL CENTER MAIL ADDRESS IN TWO CONSECUTIVE LOTS, UPON RECEIPT OF THE DRAFTS AND DOCUMENTS IN ORDER). WE WILL REMIT THE PROCEEDS AS INSTRUCTED BY THE NEGOTIATING BANK.
TRAILER:	MAC: CF6F97BC
CHK: F04138D93C1B	

补充材料如下：

(1) 发票号码：GD04-017

(2) 提单号码：COS365

(3) 船名、航次：BILLJIE V.998

(4) 包装情况：100 PCS/CTN

GROSS WT.: 10KGS/CTN

NET WT.: 8KGS/CTN

MEASUREMENT: 60×50×40CM/CTN

(5) 提单签单人及签发日期：NINGBO DAHAI SHIPPING CO., LTD.李大为

(6) SHIPPED ON BOARD DATE: MAY 28, 2024

(7) 唛头：ITOCHU/DE236256/LONDON/No.1-UP

(8) 出口企业有权签字人：刘淑

(9) 原产地标准及产地证号："P"，ZJNB888788

(10) 保单号：PICC2019128

项目任务

请结合所给资料，填写下面的海运提单（如样例11-2所示）。

样例11-2

海运提单

<table>
<tr><td colspan="2">Shipper</td><td rowspan="6">B/L No.
COSCO
中国远洋海运集团有限公司
CHINA COSCO SHIPPING CORPORATION LIMITED
Cable:　　Telex:
COSCO BEIJING　22264 CRCPK　CN
GUANGZHOU　44330 COSCA　CN
Combined Transport BILL OF LADING
RECEIVED in apparent good order and condition except as otherwise noted. The total number of containers or other packages or units enumerated below for transportation from the place of receipt to the place of delivery subject to the terms and conditions hereof. One of the Bills of Lading must be surrendered duly endorsed in the exchange for the goods or delivery order. On presentation of this document duly endorsed to the Carrier by or on behalf of the Holder of the Bill of Lading, the rights and liabilities arising in accordance with the terms, and conditions hereof shall, without prejudice to any rule of common law or statute rendering them binding on the Merchant, become binding in all respects between the Carrier and the Holder of the Bill of Lading as though the contract evidenced hereby had been made between them. IN WITNESS whereof the number of original Bills of Lading stated under have been signed, all of this tenor and date, one of which being accomplished, the other (s) to be void.</td></tr>
<tr><td colspan="2">Consignee</td></tr>
<tr><td colspan="2">Notify Party</td></tr>
<tr><td>Pre-carriage</td><td>Place of Receipt</td></tr>
<tr><td>Ocean Vessel Voy.No.</td><td>Port of Loading</td></tr>
<tr><td>Port of Discharge</td><td>Place of Delivery</td></tr>
</table>

<table>
<tr><td>Marks</td><td colspan="2">No.of Containers or Pkgs.</td><td colspan="2">Description of Goods</td><td>G.W.（KG）</td><td>MEAS.（M^3）</td></tr>
<tr><td colspan="7">TOTAL NUMBER OF CONTAINERS OR PACKAGES（IN WORDS）</td></tr>
<tr><td>Freight& Charges</td><td>Revenue Tons</td><td>Rate</td><td colspan="2">Per</td><td>Prepaid</td><td>Collect</td></tr>
<tr><td>Prepaid at</td><td>Payable at</td><td colspan="5">Place and Date of Issue</td></tr>
<tr><td>Total Prepaid</td><td colspan="2">No.of Originals B（S）/L</td><td colspan="4" rowspan="2">Signed for the Carrier</td></tr>
<tr><td>Date</td><td colspan="2">LOADING ON BOARD THE VESSEL BY</td></tr>
</table>

工作情境测试

一、选择题

随堂测11

1.海运提单的抬头是指提单的（　　）。

A.Shipper　　B.Consignee

C.Notify Party　　D.Carrier

2.下面四份海运提单中，根据收货人的不同，（　　）需托运人背书。

A.To Order　　B.To ABC Co., Ltd.

C.To Order of ABC Co., Ltd.　　D.To Order of ABC Bank

3.经过背书才能转让的提单是（　　）。

A.转船提单　　B.指示提单　　C.记名提单　　D.不记名提单

4.若货物从广州运往荷兰的鹿特丹港口后，再运至德国一内陆城市Schorndorf，贸易术语为CIF Rotterdam，则托运单的目的港应该填（　　）。

A.Rotterdam　　B.Netherland　　C.Schorndorf　　D.Germany

5.我国A公司以海运CIF贸易术语进口一批货物，国外卖方提供的海运提单上有关“运费支付”一栏应该填写（　　）。

A.Freight Prepaid　　B.Freight as Arranged

C.Freight Collect　　D.Freight Payable at Destination

6.根据《UCP600》的解释，如信用证条款未明确规定是否“允许分批发运”“允许转运”，则应理解为（　　）。

A.允许分批发运，但不允许转运　　B.允许分批发运，允许转运

C.允许转运，但不允许分批发运，　　D.不允许分批发运，不允许转运

7.国际多式联运是以两种或两种以上不同的运输方式，由多式联运经营人将货物从一国境内接管货物的地点运至另一国境内指定交付货物的地点的运输，它由（　　）。

A.一个多式联运经营人负责货物的全程运输，运费按不同运输方式分别计收

B.一个多式联运经营人负责货物的全程运输，运费按全程费率一次计收

C.多个多式联运经营人负责货物的全程运输，运费按全程费率一次计收

D.多种运输方式，分别经营，分别计费

8.以下关于海运提单的说法不正确的是（　　）。

A.货物收据　　B.运输合同的证明

C.物权凭证　　D.无条件支付命令

二、判断题

1.空白提单是“收货人”一栏不填写任何内容的提单，谁持有该提单谁就有权提货。（　　）

2.审核提单时应注意海运提单一般为“备运提单”，而多式联运提单属于“已装船”提单。（　　）

3.海运提单的签发日期应早于保险单的签发日期。（　　）

4.正本海运提单上批注有“TOTAL FIVE HUNDRED CARTONS ONLY.BUT TEN BROKEN CARTONS”，若来证对提单没有特别要求，银行将不接受该提单。（　　）

5.信用证规定装运港为Chinese Port，缮制提单时，装运港一栏应照样填Chinese Port，以免单证不符。（　　）

6.凡装在同一船上的货物，即使装运时间或装运地点不同，只要目的地相同，也不视为分批发运。（　　）

7.通常表明货物已装船的方式是在信用证规定的装运港装上具名船只加以批注，并且在提单上加盖“已装船”戳记。（　　）

8.海运托运单和海运提单都是托运人和承运人运输合同的契约，尽管形式不同，但作用是相同的。（　　）

三、实训操作

作为泰佛贸易公司的单证员，请你根据以下所提供的信息，填写海运提单（如样例11-3所示）。

样例11-3　　　　　　　　　　　　　海运提单

<table>
<tr><td colspan="2">1.Shipper</td><td rowspan="6">B/L No.
中远海运集装箱运输有限公司
COSCO SHIPPING LINES CO., LTD
TLX：33057 COSCO CN
FAX：+86（021）65458984
ORIGINAL
Port-to-Port or Combined Transport
BILL OF LADING
RECEIVED in external apparent good order and condition except as otherwise noted. The total number of packages or unites stuffed in the container, the description of the goods and the weights shown in this Bill of Lading are furnished by the Merchants, and which the carrier has no reasonable means of checking and is not a part of this Bill of Lading contract. The carrier has issued the number of Bills of Lading stated below, all of this tenor and date, One of the original Bills of Lading must be surrendered and endorsed or signed against the delivery of the shipment and whereupon any other original Bills of Lading shall be void. The Merchants agree to be bound by the terms and conditions of this Bill of Lading as if each had personally signed this Bill of Lading.
SEE clause 4 on the back of this Bill of Lading（Terms continued on the back hereof, please read carefully）.
* Applicable only When Document Used as a Combined Transport Bill of Lading.</td></tr>
<tr><td colspan="2">2.Consignee</td></tr>
<tr><td colspan="2">3.Notify Party</td></tr>
<tr><td>4.Combined Transport*
Pre-carriage by</td><td>5.Combined Transport*
Place of Receipt</td></tr>
<tr><td>6.Ocean Vessel Voy.No.</td><td>7.Port of Loading</td></tr>
<tr><td>8.Port of Discharge</td><td>9. Combined Transport*Place of Delivery</td></tr>
</table>

<table>
<tr><td>Marks & Nos.
Container/Seal No.</td><td>No.of Containers or Pkgs.</td><td>Description of Goods</td><td>G.W.（KG）</td><td>MEAS.（M³）</td></tr>
<tr><td colspan="5">10.Total Number of Containers and/or Packages（In Words）</td></tr>
</table>

<table>
<tr><td>11.Freight & Charges</td><td>Revenue Tons</td><td>Rate</td><td>Per</td><td>Prepaid</td><td>Collect</td></tr>
<tr><td rowspan="2">Ex.Rate</td><td>Prepaid at</td><td>Payable at</td><td colspan="3">Place and Date of Issue</td></tr>
<tr><td>Total Prepaid</td><td>No.of Originals
B（S）/L</td><td colspan="3" rowspan="2">Signed for the Carrier
COSCO SHIPPING LINES CO., LTD</td></tr>
<tr><td colspan="3">LADEN ON BOARD THE VESSEL
Date
BY……………</td></tr>
</table>

1.托运人：TIFERT TRADING CO., LTD

NO.86, ZHUJIANG ROAD TIANJIN CHINA

2.收货人：TOYOHANM AND CO., LTD

NO.56, NISHIKI 6-CHOME.NAKAKU

NAGOYA.JAPAN

3.被通知人：NACOYA LOGISTIC COMPANY

NO.80，NOSHIKU，8-CHOME，NAGOYA，JAPAN

4.船名和航次：HANJIN EXPRESS V.138E

5.装运港：TIANJIN

6.目的港：KOBE

7.唛头：

T.C.

KOBE

NO.1-50

8.货物描述：50 CARTONS OF 100% COTTON QUILT CASE CIF KOBE DETAILS AS PER CONTRACT NO.20AB23M

9.毛重：1 300KG

10.净重：1 250KG

11.尺码：2.912CBM

12.提单号：HJ0089

13.提单签发日：MAR.28，2024

14.承运人有权签字人：COSCO CONTAINER LINES 张强

12

工作情境12

缮制报关报检单据

学习目标

知识目标

1.了解报关的含义及作用。
2.了解进出口货物报关单的内容。
3.了解检验证书的含义及种类。

技能目标

1.熟悉进出口货物报关单的缮制。
2.熟悉报检单据的缮制。

素养目标

1.秉承精益求精的单证制作精神。
2.培养诚实守信的晋商精神。

情境导入

按照海关总署的统一部署，从2018年8月1日起，海关进出口货物实行整合申报，报关单、报检单合并为一张报关单。此次整合申报项目是关检业务融合标志性的改革举措，将改变企业原有报关流程和作业模式，实现报关报检“一张大表”货物申报。

工作活动

工作活动1　报关的含义及申报流程

工作活动2　进出口货物报关单

工作活动3　检验证书

工作活动1 报关的含义及申报流程

工作活动目标

1.能够理解报关的含义及基本内容。
2.能够理解报关流程。

职业工作情境

单证工作人员需要明确出口报关单的含义及申报流程。

职业知识储备

知识点1 报关的概念及基本内容

一、报关的概念

党的十九届三中全会审议通过了《中共中央关于深化党和国家机构改革的决定》和《深化党和国家机构改革方案》，十三届全国人大一次会议审议通过了《国务院机构改革方案》，明确“将国家质量监督检验检疫总局（2018年改为国家市场监督管理总局）的出入境检验检疫管理职责和队伍划入海关总署”。《中华人民共和国进出口商品检验法实施条例》（2022年修订）第2条规定：海关总署主管全国进出口商品检验工作。海关总署设在省、自治区、直辖市以及进出口商品的口岸、集散地的出入境检验检疫机构，管理所负责地区的进出口商品检验工作。

海关进出口货物整合申报自2018年8月1日起实施，是关检深度融合标志性的改革举措，改变了企业原有报关报检流程和作业模式。报关报检合并为一张报关单、一个申报界面、一套随附单证及一组参数，外贸企业只要填报一张报关单就同时完成了报关报检申报。

《中华人民共和国海关法》（以下简称《海关法》）第8条规定：“进出境运输工具、货物、物品，必须通过设立海关的地点进境或者出境。”一般而言，报关是指进出口货物收发货人、进出境运输工具负责人、进出境物品的所有人或者他们的代理人向海关办理货物、物品或运输工具进出境手续及相关海关事务的过程。

二、报关的基本内容

按照法律规定，所有进出境运输工具、货物、物品都需要办理报关手续。报关的具体范围如下：

1.进出境运输工具

其主要包括用以载运人员、货物、物品进出境，并在国家间运营的各种境内外船舶、车辆、航空器和驮畜等。

2.进出境货物

其主要包括一般进出口货物，保税货物，暂准进出境货物，特定减免税货物，过境、转运和通运货物及其他进出境货物。

另外，一些特殊形态的货物，如以货品为载体的软件等也属报关的范围。

3.进出境物品

其主要包括进出境的行李物品、邮递物品和其他物品。以进出境人员携带、托运等方式进出境的物品为行李物品；以邮递方式进出境的物品为邮递物品；其他物品主要包括享有外交特权和豁免权的外国机构或者人员的公务用品或自用物品等。

知识点2
报关程序

一、报关程序的概念

报关程序是指进出口货物收发货人、运输工具负责人、物品所有人或其代理人按照海关的规定，办理货物、物品、运输工具进出境及相关海关事务的手续和步骤。这里所指的报关程序是指进出境货物的报关程序。在我国，货物进出境须经过海关审单、查验、征税、放行四个作业环节。从海关对进出境货物进行监管的全过程来看，报关程序按时间先后可以分为三个阶段：前期阶段、进出境阶段、后续阶段。

二、报关的基本程序

1.前期阶段

前期阶段是指根据海关对保税货物、特定减免税货物、暂准进出境货物、其他进出境货物的监管要求，进出口货物收发货人或其代理人在货物进出境以前，向海关办理备案手续的过程。

2.进出境阶段

进出境阶段是指根据海关对进出境货物的监管制度，进出口货物收发货人或其代理人在一般进出口货物、保税加工货物、保税物流货物、特定减免税货物、暂准进出境货物、其他进出境货物进出境时，向海关办理进出口申报、配合查验、缴纳税费、提取或装运货物手续的过程。在进出境阶段，进出口货物收发货人或其代理人应当按照步骤完成以下四个环节的工作：进出口申报、配合查验、缴纳税费、提取或装运货物。

（1）进出口申报

进出口申报是指报关单位在规定的期限、地点，采用电子数据报关单形式，向海关报告实际进出口货物的情况，并接受海关审核的行为。

①申报地点。进口货物应该在货物的进境地海关申报；出口货物应当在出境地申报。经收发货人申请，海关同意，进口货物可以在设有海关的货物指运地、出口货物可以在设有海关的货物启运地申报。

②申报期限。进口货物应该自载运的运输工具申报进境之日起14天内向海关申报。出口货物应该在其运抵海关监管区后、装货的24小时以前向海关申报。经海关批准准予集中申报的货物，自装载货物的运输工具进境之日起一个月内申报。经电缆、管道或其他特殊方式进出境的货物，进出口货物的收发货人或其代理人应当按照海关的规定定期申报。

③申报程序。

第一，准备好申报单证（见表12-1）。单证分为两类：报关单证、随附单证。

表12-1 申报单证的分类和内容

分类		内容
报关单证		进出口货物报关单
		带有进出口货物报关性质的单或证，如保税区、出口加工区进出境货物备案清单，ATA单证册，转关运输申报单，快件报关单等
随附单证	基本单证	货运单据和商业单据，如进口提货单、出口装货单、商业发票、装箱单等
	特殊单证	进出口许可证、特定减免税证明、加工贸易登记手册、原产地证书、担保文件等

第二，申报前看货取样（仅对出口货物而言）。为了确定货物的品名、规格、型号等，或为了避免买卖双方因为信息沟通不畅而造成申报不实，可以向海关提出查看货样或提取货样的申请，经海关审核同意后看货取样。

第三，申报。报关单位以电子数据报关单形式向海关申报，申报方式有以下4种：①终端申报方式；②委托EDI申报方式；③自行EDI申报方式；④网上申报方式。

第四，提交报关单及随附单证。海关审结电子数据报关单后，进出口货物的收发货人或其代理人应当自接到海关“现场交单”或“放行交单”的通知之日起10日内，持打印的纸质报关单及随附单证并签名盖章，到货物所在地海关办理相关手续。

（2）配合查验

第一，查验地点。查验应当在海关监管区实施，特殊情况经企业申请，海关可派员到区外查验。

第二，查验时间。一般约定在海关正常工作时间内查验。

第三，径行开验。它是指海关在进出口货物收发货人或其代理人不在场的情况下，自行开拆货物进行查验。但是海关在行使“径行开验”的权利时，应该通知货物存放场所的管理人员或其他到场人员。

第四，配合查验。它是指海关查验货物时，进出口货物的收发货人或其代理人应该到场，配合海关查验。其主要是做以下工作：a.负责搬移货物，开拆和重封货物包装；b.了解和熟悉货物申报的情况，回答海关关员的提问，提供海关查验所需的单证或其他资料；c.协助海关提取需要做进一步检验的货样，收取海关出具的“取样清单”；d.查验结束后，认真阅读“海关进出境货物查验记录单”。

（3）缴纳税费

进出境货物收发货人或其代理人在规定时间内，持缴款书或收费票据向指定银行办理税费交付手续。在试行中国电子口岸缴税和付费的海关，进出口货物收发货人或其代理人可以通过中国电子口岸接受海关发出的税款缴款书和收费票据，在网上向签有协议的银行进行税费电子支付。

（4）提取或装运货物

第一，海关放行和货物结关。放行是指货物完成进出口申报、查验和缴费后，对进出口货物做出结束海关进出境现场监管决定，允许货物离开监管现场的工作环节。结关是指

"办结海关手续"，货物一旦结关，海关就不再进行监管。

对于一般进出口货物，放行就等于结关；对于保税货物、特定减免税货物、暂准进出境货物，海关放行不等于结关。

第二，进出口货物的收发货人或其代理人签收海关加盖放行章的提（装）货凭证，到海关监管仓库办理货物提取（离境）手续。

3.后续阶段

后续阶段是指根据海关对保税货物、特定减免税货物、暂准进出境货物、部分其他出境货物的监管要求，进出口货物收发货人或其代理人在货物进出境储存、加工、装配、使用、维修后，在规定的期限内，按照规定的要求，向海关办理上述进出口货物核销、销案、申请解除监管等手续的过程。

工作活动2 进出口货物报关单

工作活动目标

1.能够理解进出口货物报关单的含义。
2.能够了解进出口货物报关单填制的一般要求。
3.能够掌握进出口货物报关单的内容。

职业工作情境

单证工作人员需要明确进出口货物报关单的含义及内容。

职业知识储备

微课12-1
进出口货物报关单1

知识点1 进出口货物报关单的含义

进出口货物的收发货人或其代理人在向海关办理进出口手续时，需要填写进口货物报关单或出口货物报关单，同时提供批准货物进出口的证件和有关的货运、商业票据，以便海关审查货物的进出口是否合法，确定关税的征收或减免事宜，编制海关统计资料。能否正确填制报关单将直接影响报关效率、企业的经济利益和海关监管的各个工作环节。正确填写报关单是海关对报关企业和报关人员的基本要求，也是报关人员必须履行的义务。

一、进出口货物报关单概述

进出口货物报关单是指进出口货物的收发货人或其代理人按照海关规定的格式，对进出口货物的实际情况做出申明，以此要求海关对其货物按照适用的海关制度办理通关手续的法律文书。

二、进出口货物报关单的种类

按照货物的流转状态、贸易性质和海关监管方式的不同，进出口货物报关单可以按以下两个标准分类：

1.按进出口状态划分

按进出口状态不同，进出口货物报关单可以分为：①进口货物报关单；②出口货物报关单。

2.按用途划分

按用途不同，进出口货物报关单可以分为：①报关单录入凭单。它是指申报单位按海关规定的格式填写的凭单，用作报关单预录入的依据。②预录入报关单。它是指预录入单位录入、打印，由申报单位向海关申报的报关单。③电子数据报关单。它是指申报单位通过电子计算机系统，按照《进出口货物报关单填制规范》的要求，向海关申报的电子报文形式的报关单。④报关单证明联。它是指海关在核实货物实际入、出境后按报关单格式提供的证明，用作企业向税务、银行、外汇管理部门、主管海关和交通部门办结有关手续的证明文件。

知识点2
进出口货物报关单填制的一般要求

进出口货物的收发货人或其代理人向海关申报时，必须填写并向海关递交进出口货物报关单。申报人在填制报关单时，应当依法如实向海关申报，对申报内容的真实性、准确性、完整性和规范性承担相应的法律责任。

（1）报关人员必须按照《海关法》《中华人民共和国海关进出口货物申报管理规定》《进出口货物报关单填制规范》的有关规定和要求，向海关如实申报。

（2）报关单填报必须真实，做到“两个相符”，即单证相符、单货相符。单证相符是指，所填报关单各栏目的内容必须与合同、发票、装箱单、提单以及批文等随附单据相符；单货相符是指所填报关单各栏目的内容必须与实际进出口货物情况相符。

（3）不同运输工具、不同航次、不同提运单、不同贸易方式、不同备案号、不同征免性质的货物，均应该分单填报。

一份原产地证书只能用于同一批次进口货物；同一份报关单上的商品不能同时享受协定税率和减免税；在同一批货物中，对于实行原产地证书联网管理的，如涉及多份原产地证书或含有非原产地证书商品，亦应分单填报。

（4）在反映进出口商品情况的项目中，需分项填报的主要有：商品编号不同的，商品名称不同的，原产国（地区）/最终目的国（地区）不同的，计量单位不同的，币制不同的，征免不同的。

知识点3
进出口货物报关单的主要内容及填制方法

一、预录入编号

预录入编号是指申报单位或预录入单位对该单位填制录入的报关单的编号，用于该单位与海关之间引用其申报后尚未批准放行的报关单。一份报关单对应一个预录入编号，由系统自动生成。

报关单录入凭单的编号规则由申报单位自行决定。预录入报关单及EDI报关单的预录入编号由接受申报的海关决定编号规则，计算机自动打印。报关单预录入编号为18位，其中第1~4位为接受申报海关的代码（“关区代码表”中相应的海关代码），第5~8位为录入时间的公历年份，第9位为进出口标志（“1”为进口，“0”为出口；集中申报清单“I”为进口，“E”为出口），后9位为顺序编号。

二、海关编号

海关编号是指海关接受申报时给予报关单的编号。一份报关单对应一个海关编号，由系统自动生成。海关编号由各海关在接受申报环节确定，应标识在报关单的每一联上。

报关单海关编号为18位，其中第1~4位为接受申报海关的代码（“关区代码表”中相应的海关代码），第5~8位为录入时间的公历年份，第9位为进出口标志（“1”为进口，“0”为出口；集中申报清单“I”为进口，“E”为出口），后9位为顺序编号。

三、境内外收发货人

境内外收发货人填报在海关备案的对外签订并执行进出口贸易合同的中国境内法人、其他组织名称及编码。编码填报18位法人和其他组织统一社会信用代码，没有统一社会信用代码的，填报其在海关的备案编码。

特殊情况填报要求如下：

（1）进出口货物合同的签订者和执行者非同一企业的，填报执行合同的企业。

（2）外商投资企业委托进出口企业进口投资设备、物品的，填报外商投资企业，并在标记唛码及备注栏注明“委托某进出口企业进口”，同时注明被委托企业的18位法人和其他组织统一社会信用代码。

（3）有代理报关资格的报关企业代理其他进出口企业办理进出口报关手续时，填报委托的进出口企业。

（4）海关特殊监管区域收发货人填报该货物的实际经营单位或海关特殊监管区域内经营企业。

（5）免税品经营单位经营出口退税国产商品的，填报免税品经营单位名称。

四、进出境关别

根据货物实际进出境的口岸海关，填报海关规定的“关区代码表”中相应口岸海关的名称及代码。

特殊情况填报要求如下：

进口转关运输货物填报货物进境地海关名称及代码。出口转关运输货物填报货物出境地海关名称及代码。按转关运输方式监管的跨关区深加工结转货物，出口报关单填报转出地海关名称及代码，进口报关单填报转入地海关名称及代码。

在不同海关特殊监管区域或保税监管场所之间调拨、转让的货物，填报对方海关特殊监管区域或保税监管场所所在的海关名称及代码。

其他无实际进出境的货物，填报接受申报的海关名称及代码。

五、进出口日期

进口日期填报运载进口货物的运输工具申报进境的日期。出口日期指运载出口货物的运输工具办结出境手续的日期，在申报时免予填报。无实际进出境的货物，填报海关接受申报的日期。

进出口日期为8位数字，顺序为年（4位）、月（2位）、日（2位）。

六、申报日期

申报日期指海关接受进出口货物收发货人、受委托的报关企业申报数据的日期。以电子数据报关单方式申报的，申报日期为海关计算机系统接受申报数据时记录的日期；以纸质报关单方式申报的，申报日期为海关接受纸质报关单并对其进行登记处理的日期。本栏在申报时免予填报。

申报日期为8位数字，顺序为年（4位）、月（2位）、日（2位）。

七、备案号

微课 12-2

进出口货物报关单2

备案号指进出口货物收发货人、消费使用单位、生产销售单位在海关办理加工贸易合同备案或征、减、免税审批备案等手续时，海关给予“进料加工登记手册”、“来料加工及中小型补偿贸易登记手册”、“外商投资企业履行产品出口合同进口料件及加工出口成品登记手册”（以下均简称“登记手册”）、“进出口货物征免税证明”（以下简称“征免税证明”）或其他有关备案审批文件的编号。一份报关单只允许填报一个备案号。其具体填报要求如下：

（1）加工贸易合同项下货物，必须在报关单备案号栏填报“登记手册”的12位编号。少量低价值辅料，即5 000美元以下、78种客供辅料，按规定不使用“登记手册”的，填报“C+关区代码+0000000”；使用“登记手册”的，填报“登记手册”编号，不得为空。加工贸易货物转为享受减免税或需审批备案后办理形式进口的货物，进口货物报关单填报“征免税证明”等审批证件备案编号，出口货物报关单填报“登记手册”编号。

（2）凡涉及减免税备案审批的报关单，本栏填报“征免税证明”编号，不得为空。

（3）无备案审批文件的报关单，本栏免予填报。

八、境外收发货人

境外收货人通常指签订并执行出口贸易合同中的买方或合同指定的收货人，境外发货人通常指签订并执行进口贸易合同中的卖方。

本栏填报境外收发货人的名称及编码。名称一般填报英文名称，检验检疫要求填报其他外文名称的，在英文名称后填报，以半角括号分隔；对于AEO互认国家（地区）的企业，编码填报AEO编码，填报格式为：“国别（地区）代码+海关企业编码”，如新加坡AEO企业SG123456789012（新加坡国别代码+12位企业编码）；非互认国家（地区）AEO企业等其他情形，编码免予填报。特殊情况下无境外收发货人的，名称及编码填报“NO”。

九、运输方式

运输方式指载运货物进出关境所使用的运输工具的分类。本栏应根据实际运输方式按海关规定的“运输方式代码表”选择填报相应的运输方式。特殊情况下运输方式的填报原则如下：

（1）非邮政方式进出口的快递货物，按实际运输方式填报。

（2）进出境旅客随身携带的货物，填报“旅客携带”（代码L）。

（3）进口转关运输货物，按载运货物抵达进境地的运输工具填报；出口转关运输货物，按载运货物驶离出境地的运输工具填报。

（4）出口加工区与区外之间进出的货物，填报“Z”；同一出口加工区内或不同出口加工区的企业之间相互结转（调拨）的货物，填报“9”（其他运输）。

（5）无实际进出境的，根据实际情况选择填报“运输方式代码表”中的运输方式“0”（非保税区运入保税区和保税区退区）、“1”（境内存入出口监管仓库和出口监管仓库退仓）、“7”（保税区运往非保税区）、“8”（保税仓库转内销）或“9”（其他运输）。

十、运输工具名称及航次号

运输工具名称及航次号指载运货物进出境的运输工具的名称或运输工具编号。本栏填制内容应与运输部门向海关申报的载货清单所列相应内容一致。一份报关单只允许填报一个运输工具名称。

（一）运输工具名称具体填报要求

1.直接在进出境地或采用全国一体化通关模式办理报关手续的报关单填报要求如下：

（1）水路运输：填报船舶编号（来往港澳的小型船舶为监管簿编号）或者船舶英文名称。

（2）公路运输：启用公路舱单前，填报该跨境运输车辆的国内行驶车牌号，深圳提前报关模式的报关单填报国内行驶车牌号+“/”+“提前报关”。启用公路舱单后，免予填报。

（3）铁路运输：填报车厢编号或交接单号。

（4）航空运输：填报航班号。

（5）邮件运输：填报邮政包裹单号。

（6）其他运输：填报具体运输方式名称，如管道、驮畜等。

2.转关运输货物的报关单填报要求如下：

（1）进口。

A.水路运输：直转、提前报关填报“@”+16位转关申报单预录入号（或13位载货清单号）；中转填报进境英文船名。

B.铁路运输：直转、提前报关填报“@”+16位转关申报单预录入号；中转填报车厢编号。

C.航空运输：直转、提前报关填报“@”+16位转关申报单预录入号（或13位载货清单号）；中转填报“@”。

D.公路及其他运输：填报“@”+16位转关申报单预录入号（或13位载货清单号）。

E.以上各种运输方式使用广东地区载货清单转关的提前报关货物填报“@”+13位载货清单号。

（2）出口。

A.水路运输：非中转填报“@”+16位转关申报单预录入号（或13位载货清单号）。如多张报关单需要通过一张转关单转关的，运输工具名称字段填报“@”。

中转货物，境内水路运输填报驳船船名；境内铁路运输填报车名（主管海关4位关区代码+“TRAIN”）；境内公路运输填报车名（主管海关4位关区代码+“TRUCK”）。

B.铁路运输：填报“@”+16位转关申报单预录入号（或13位载货清单号），如多张报关单需要通过一张转关单转关的，填报“@”。

C.航空运输：填报“@”+16位转关申报单预录入号（或13位载货清单号），如多张报关单需要通过一张转关单转关的，填报“@”。

D.其他运输方式：填报“@”+16位转关申报单预录入号（或13位载货清单号）。

3.采用“集中申报”通关方式办理报关手续的，报关单填报“集中申报”。

4.无实际进出境的货物，免予填报。

（二）航次号具体填报要求

1.直接在进出境地或采用全国一体化通关模式办理报关手续的报关单

（1）水路运输：填报船舶的航次号。

（2）公路运输：启用公路舱单前，填报运输车辆的8位进出境日期（顺序为年（4位）、月（2位）、日（2位），下同）；启用公路舱单后，填报货物运输批次号。

（3）铁路运输：填报列车的进出境日期。

（4）航空运输：免予填报。

（5）邮件运输：填报运输工具的进出境日期。

（6）其他运输方式：免予填报。

2.转关运输货物的报关单

（1）进口。

A.水路运输：中转转关方式填报“@”+进境干线船舶航次；直转、提前报关免予填报。

B.公路运输：免予填报。

C.铁路运输：“@”+8位进境日期。

D.航空运输：免予填报。

E.其他运输方式：免予填报。

（2）出口。

A.水路运输：非中转货物免予填报。中转货物：境内水路运输填报驳船航次号；境内铁路、公路运输填报6位启运日期（顺序为年（2位）、月（2位）、日（2位））。

B.铁路拼车拼箱捆绑出口：免予填报。

C.航空运输：免予填报。

D.其他运输方式：免予填报。

3.无实际进出境的货物，免予填报

十一、提运单号

提运单号指进出口货物提单或运单的编号。本栏填报的内容应与运输部门向海关申报的载货清单所列相应内容一致。一份报关单只允许填报一个提运单号，一票货物对应多个提运单时，应分单填报。

（一）直接在进出境地或采用全国一体化通关模式办理报关手续的

（1）水路运输：填报进出口提单号。如有分提单，填报进出口提单号+“*”+分提单号。

（2）公路运输：启用公路舱单前，免予填报；启用公路舱单后，填报进出口总运单号。

（3）铁路运输：填报运单号。

（4）航空运输：填报总运单号+“_”+分运单号；无分运单的，填报总运单号。

（5）邮件运输：填报邮运包裹单号。

（二）转关运输货物的报关单

1.进口

（1）水路运输：直转、中转填报提单号。提前报关免予填报。

（2）铁路运输：直转、中转填报铁路运单号。提前报关免予填报。

（3）航空运输：直转、中转填报总运单号+“_”+分运单号。提前报关免予填报。

（4）其他运输方式：免予填报。

（5）以上运输方式进境货物，在广东省内用公路运输转关的，填报车牌号。

2.出口

（1）水路运输：中转货物填报提单号；非中转货物免予填报；广东省内汽车运输提前报关的转关货物，填报承运车辆的车牌号。

（2）其他运输方式：免予填报。广东省内汽车运输提前报关的转关货物，填报承运车辆的车牌号。

（三）采用“集中申报”通关方式办理报关手续

采用“集中申报”通关方式办理报关手续的，报关单填报归并的集中申报清单的进出口起止日期（顺序为年（4位）月（2位）日（2位）年（4位）月（2位）日（2位））。

（四）无实际进出境的货物，免予填报

十二、货物存放地点

本栏填报货物进境后存放的场所或地点，包括海关监管作业场所、分拨仓库、定点加工厂、隔离检疫场、企业自有仓库等。

十三、消费使用单位/生产销售单位

（1）消费使用单位填报已知的进口货物在境内的最终消费、使用单位的名称，包括：①自行进口货物的单位；②委托进出口企业进口货物的单位。

（2）生产销售单位填报出口货物在境内的生产或销售单位的名称，包括：①自行出口货物的单位；②委托进出口企业出口货物的单位；③免税品经营单位经营出口退税国产商品的，填报该免税品经营单位统一管理的免税店。

（3）减免税货物报关单上的消费使用单位/生产销售单位应与“征免税证明”中的“减免税申请人”一致；保税监管场所与境外之间的进出境货物，消费使用单位/生产销售单位填报保税监管场所的名称（保税物流中心（B型）填报中心内企业名称）。

（4）海关特殊监管区域的消费使用单位/生产销售单位填报区域内经营企业（“加工单位”或“仓库”）。

（5）编码填报要求：①18位法人和其他组织统一社会信用代码；②无18位法人和其他组织统一社会信用代码的，填报“NO”。

（6）进口货物在境内的最终消费或使用以及出口货物在境内的生产或销售的对象为自然人的，填报身份证号、护照号、台胞证号等有效证件号码及姓名。

十四、监管方式

监管方式是以国际贸易中进出口货物的交易方式为基础，结合海关对进出口货物的征税、统计及监管条件综合设定的海关对进出口货物的管理方式。其代码由4位数字构成，前两位是按照海关监管要求和计算机管理需要划分的分类代码，后两位是参照国际标准编制的贸易方式代码。根据实际对外贸易情况按海关规定的“监管方式代码表”选择填报相应的监管方式简称及代码。一份报关单只允许填报一种监管方式。

特殊情况下加工贸易货物监管方式填报要求如下：

（1）进口少量低值辅料（即5 000美元以下、78种以内的低值辅料）按规定不使用"加工贸易手册"的，填报"低值辅料"；使用"加工贸易手册"的，按"加工贸易手册"上的监管方式填报。

（2）加工贸易料件转内销货物以及按料件办理进口手续的转内销制成品、残次品、未完成品，填制进口报关单，填报"来料料件内销"或"进料料件内销"；加工贸易成品凭"征免税证明"转为减免税进口货物的，分别填制进、出口报关单，出口报关单填报"来料成品减免"或"进料成品减免"，进口报关单按照实际监管方式填报。

（3）加工贸易出口成品因故退运进口及复运出口的，填报"来料成品退换"或"进料成品退换"；加工贸易进口料件因换料退运出口及复运进口的，填报"来料料件退换"或"进料料件退换"；加工贸易过程中产生的剩余料件、边角料退运出口，以及进口料件因品质、规格等原因退运出口且不再更换同类货物进口的，分别填报"来料料件复出""来料边角料复出""进料料件复出""进料边角料复出"。

（4）加工贸易边角料内销和副产品内销，填制进口报关单，填报"来料边角料内销"或"进料边角料内销"。

（5）企业销毁处置加工贸易货物未获得收入，销毁处置货物为料件、残次品的，填报"料件销毁"；销毁处置货物为边角料、副产品的，填报"边角料销毁"。

企业销毁处置加工贸易货物获得收入的，填报"进料边角料内销"或"来料边角料内销"。

（6）免税品经营单位经营出口退税国产商品的，填报"其他"。

十五、征免性质

征免性质指海关对进出口货物实施征、减、免税管理的性质类别。本栏应按照海关核发的"征免税证明"中批注的征免性质填报，或根据实际情况按海关规定的"征免性质代码表"选择填报相应的征免性质简称或代码。一份报关单只允许填报一种征免性质。

加工贸易报关单本栏应按照海关核发的"登记手册"中批注的征免性质填报相应的征免性质简称或代码。特殊情况填报要求如下：

（1）加工贸易转内销货物，按实际情况填报（如一般征税、科教用品、其他法定等）。

（2）料件退运出口、成品退运进口货物，填报"其他法定"（代码299）。

（3）加工贸易结转货物，免予填报。

（4）免税品经营单位经营出口退税国产商品的，填报"其他法定"。

十六、许可证号

该栏填报进（出）口许可证、两用物项和技术进（出）口许可证、两用物项和技术出口许可证（定向）、出口许可证（加工贸易）、出口许可证（边境小额贸易）的编号，不得为空。一份报关单只允许填报一个许可证号。

十七、启运港

该栏填报进口货物在运抵我国关境前的第一个境外装运港。根据实际情况，按海关规定的"港口代码表"填报相应的港口名称及代码；未在"港口代码表"列明的，填报相应的国家名称及代码。货物从海关特殊监管区域或保税监管场所运至境内区外的，填报"港口代码表”中相应海关特殊监管区域或保税监管场所的名称及代码；未在“港口代码表”中列明的，填报“未列出的特殊监管区”及代码。其他无实际进境的货物，填报“中国境内”及代码。

十八、合同协议号

该栏填报进出口货物合同（包括协议或订单）编号。未发生商业性交易的，免予填报。

免税品经营单位经营出口退税国产商品的，免予填报。

十九、贸易国（地区）

发生商业性交易的，进口填报购自国（地区），出口填报售予国（地区）；未发生商业性交易的，填报货物所有权拥有者所属的国家（地区）。

本栏按海关规定的“国别（地区）代码表”选择填报相应的贸易国（地区）中文名称及代码。

二十、启运国（地区）/运抵国（地区）

启运国（地区）填报进口货物启始发出直接运抵我国或者在运输中转国（地区）未发生任何商业性交易的情况下运抵我国的国家（地区）。

运抵国（地区）填报出口货物离开我国关境直接运抵或者在运输中转国（地区）未发生任何商业性交易的情况下最后运抵的国家（地区）。

不经过第三国（地区）转运的直接运输进出口货物，以进口货物的装运港所在国（地区）为启运国（地区），以出口货物的指运港所在国（地区）为运抵国（地区）。

经过第三国（地区）转运的进出口货物，如在中转国（地区）发生商业性交易，则以中转国（地区）作为启运/运抵国（地区）。

本栏按海关规定的“国别（地区）代码表”选择填报相应的启运国（地区）或运抵国（地区）中文名称及代码。

二十一、经停港/指运港

经停港填报进口货物在运抵我国关境前的最后一个境外装运港。指运港填报出口货物运往境外的最终目的港；最终目的港不可预知的，按尽可能预知的目的港填报。

根据实际情况，本栏按海关规定的“港口代码表”选择填报相应的港口名称及代码；经停港/指运港在“港口代码表”中无港口名称及代码的，可选择填报相应的国家名称及代码。

二十二、入境口岸/离境口岸

入境口岸填报进境货物从跨境运输工具上卸离的第一个境内口岸的中文名称及代码；采取多式联运方式跨境运输的，填报多式联运货物最终卸离的境内口岸中文名称及代码；过境货物填报货物进入境内的第一个口岸的中文名称及代码；从海关特殊监管区域或保税监管场所进境的，填报海关特殊监管区域或保税监管场所的中文名称及代码。其他无实际进境的货物，填报货物所在地的城市名称及代码。

离境口岸填报装运出境货物的跨境运输工具离境的第一个境内口岸的中文名称及代码；采取多式联运方式跨境运输的，填报多式联运货物最初离境的境内口岸中文名称及代码；过境货物填报货物离境的第一个境内口岸的中文名称及代码；从海关特殊监管区域或保税监管场所离境的，填报海关特殊监管区域或保税监管场所的中文名称及代码。其他无实际出境的货物，填报货物所在地的城市名称及代码。

入境口岸/离境口岸类型包括港口、码头、机场、机场货运通道、边境口岸、火车站、车辆装卸点、车检场、陆路港、坐落在口岸的海关特殊监管区域等。本栏按海关规定的“国内口岸编码表”选择填报相应的境内口岸名称及代码。

二十三、包装种类

本栏填报进出口货物的所有包装材料，包括运输包装和其他包装，按海关规定的“包装种类代码表”选择填报相应的包装种类名称及代码。运输包装指提运单所列货物件数单位对应的包装；其他包装包括货物的各类包装，以及植物性铺垫材料等。

二十四、件数

本栏填报进出口货物运输包装的件数（按运输包装计）。特殊情况填报要求如下：

（1）舱单件数为集装箱的，填报集装箱个数。

（2）舱单件数为托盘的，填报托盘数。

本栏不得填报为零，裸装货物填报“1”。

二十五、毛重（千克）

本栏填报进出口货物及其包装材料的重量之和，计量单位为千克，不足1千克的填报“1”。

二十六、净重（千克）

本栏填报进出口货物的毛重减去外包装材料后的重量，即货物本身的实际重量，计量单位为千克，不足1千克的填报“1”。

二十七、成交方式

根据进出口货物实际成交价格条款，本栏按海关规定的“成交方式代码表”选择填报相应的成交方式代码。

无实际进出境的货物，进口填报 CIF，出口填报 FOB。

二十八、运费

本栏进口货物填报运抵我国境内输入地点起卸前的运输费用，出口货物填报运至我国境内输出地点装载后的运输费用。

运费可按运费单价、总价和运费率三种方式之一填报，注明运费标记（运费标记“1”表示运费率，“2”表示每吨货物的运费单价，“3”表示运费总价），并按海关规定的“货币代码表”选择填报相应的币种代码。例如：5%的运费率填报5；24美元的运费单价填报502/24/2；7 000美元的运费总价填报502/7000/3。

免税品经营单位经营出口退税国产商品的，免予填报。

二十九、保费

本栏进口货物填报运抵我国境内输入地点起卸前的保险费用，出口货物填报运至我国境内输出地点装载后的保险费用。保费可按保险费总价和保险费率两种方式之一填报，注明保险费标记（“1”表示保险费率，“3”表示保险费总价），并按照海关规定的“货币代码表”选择填报相应的币种代码。例如：3‰的保险费率填报0.3；10 000港元保险费总价填报110/10000/3。

免税品经营单位经营出口退税国产商品的，免予填报。

三十、杂费

杂费指成交价格以外、按照《中华人民共和国进出口关税条例》相应规定应计入完税价格或应从完税价格中扣除的费用，如手续费、佣金、回扣等。本栏可按杂费总价和杂费率两种方式之一填报，同时注明杂费标记（“1”表示杂费率，“3”表示杂费总价），并按海关规定的“货币代码表”选择填报相应的币种代码。应计入完税价格的杂费填报正值或正率，应从完税价格中扣除的杂费填报负值或负率。例如，应计入完税价格的1.5%的杂费率填报1.5；应从完税价格中扣除的1%的回扣率填报-1；应计入完税价格的500英镑杂费总价填报303/500/3。

三十一、随附单证及编号

本栏应按海关规定的“监管证件名称代码表”和“随附单据代码表”选择填报除《中华人民共和国海关进出口货物报关单填制规范》规定的许可证件以外的其他进出口许可证件或监管证件、随附单据代码及编号。本栏分为随附单证代码及随附单证编号两栏，其中，代码栏按海关规定的“监管证件名称代码表”和“随附单据代码表”选择填报相应证件的代码；随附单证编号栏填报证件编号。

（1）加工贸易内销征税报关单（使用金关二期加工贸易管理系统的除外），随附单证代码栏填报“c”。

（2）一般贸易进出口货物，只能使用原产地证书申请享受协定税率或者特惠税率（以下统称优惠税率）的（无原产地声明模式），随附单证代码栏填报原产地证书代码“Y”，随附单证编号栏填报“＜优惠贸易协定代码＞”和“原产地证书编号”。可以使用原产地证书或者原产地声明申请享受优惠税率的（有原产地声明模式），随附单证代码栏填报“Y”，随附单证编号栏填报“＜优惠贸易协定代码＞”、“C”（凭原产地证书申报）或“D”（凭原产地声明申报），以区别“原产地证书编号”（或者原产地声明序列号）。一份报关单对应一份原产地证书或原产地声明。各优惠贸易协定代码如下：

“01”为《亚太贸易协定》；

“02”为《中国-东盟全面经济合作框架协议》；

“03”为《内地与香港关于建立更紧密经贸关系的安排》（香港CEPA）；

“04”为《内地与澳门关于建立更紧密经贸关系的安排》（澳门CEPA）；

“07”为《中国-巴基斯坦自由贸易协定》；

“08”为《中国-智利自由贸易协定》；

“10”为《中国-新西兰自由贸易协定》；

“11”为《中国-新加坡自由贸易协定》；

“12”为《中国-秘鲁自由贸易协定》；

“13”为“对最不发达国家特别优惠关税待遇”；

“14”为《海峡两岸经济合作框架协议》（ECFA）；

“15”为《中国-哥斯达黎加自由贸易协定》；

“16”为《中国-冰岛自由贸易协定》；

“17”为《中国-瑞士自由贸易协定》；

“18”为《中国-澳大利亚自由贸易协定》；

“19”为《中国-韩国自由贸易协定》；

“20”为《中国-格鲁吉亚自由贸易协定》。

海关特殊监管区域和保税监管场所内销货物申请适用优惠税率的，有关货物进出海关特殊监管区域和保税监管场所以及内销时，已通过原产地电子信息交换系统实现电子联网的优惠贸易协定项下货物报关单，按照上述一般贸易要求填报；未实现电子联网的优惠贸易协定项下货物报关单，随附单证代码栏填报“Y”，随附单证编号栏填报“<优惠贸易协定代码>”和“原产地证据文件备案号”。“原产地证据文件备案号”为进出口货物的收发货人或其代理人录入原产地证据文件电子信息后系统自动生成的号码。

向香港特别行政区或者澳门特别行政区出口用于生产香港 CEPA 或者澳门 CEPA 项下货物的原材料时，按照上述一般贸易填报要求填制报关单，香港或澳门生产厂商将在香港工贸署或者澳门经济局登记备案的有关备案号填报在“关联备案”栏内。

“单证对应关系表”中填报报关单上的申报商品项与原产地证书（原产地声明）上的商品项之间的对应关系。报关单上的商品序号与原产地证书（原产地声明）上的项目编号应一一对应，不要求顺序对应。同一批次进口货物可以在同一报关单中申报，不享受优惠税率的货物序号不填报在“单证对应关系表”中。

（3）各优惠贸易协定项下免提交原产地证据文件的小额进口货物“随附单证代码”栏填报“Y”，“随附单证编号”栏填报“<优惠贸易协定代码>XJE00000”，“单证对应关系表”享惠报关单项号按实际填报，对应单证项号与享惠报关单项号相同。

三十二、标记唛码及备注

此栏填报要求如下：

（1）本栏填报标记唛码中除图形以外的文字、数字，无标记唛码的填报 N/M。

（2）受外商投资企业委托代理其进口投资设备、物品的，填报进出口企业名称。

（3）与本报关单有关联关系，同时在业务管理规范方面又要求填报的备案号，填报在电子数据报关单中的“关联备案”栏内。

保税间流转货物、加工贸易结转货物及凭“征免税证明”转内销货物，其对应的备案号填报在“关联备案”栏内。

减免税货物结转进口（转入），“关联备案”栏填报本次减免税货物结转所申请的《中华人民共和国海关进口减免税货物结转联系函》的编号。

减免税货物结转出口（转出），“关联备案”栏填报与其相对应的进口（转入）报关单“备案号”栏中“征免税证明”的编号。

（4）与本报关单有关联关系，同时在业务管理规范方面又要求填报的报关单号，填报在电子数据报关单中的“关联报关单”栏内。

保税间流转、加工贸易结转类货物，应先办理进口报关手续，并将进口报关单号填入出口报关单的“关联报关单”栏内。

办理进口货物直接退运手续的，除另有规定外，应先填制出口货物报关单，再填制进口货物报关单，并将出口货物报关单号填报在进口货物报关单的“关联报关单”栏内。

减免税货物结转出口（转出），应先办理进口报关，并将进口货物（转入）报关单号填入出口货物（转出）报关单的“关联报关单”栏内。

（5）办理进口货物直接退运手续的，填报“＜ZT”+“海关审核联系单号或者海关责令进口货物直接退运通知书编号”+“＞”。办理固体废物直接退运手续的，填报“固体废物，直接退运表××号/责令直接退运通知书××号”。

（6）保税监管场所进出货物，在“保税/监管场所”栏填报本保税监管场所编码（保税物流中心（B型）填报本中心的国内地区代码），其中涉及货物在保税监管场所间流转的，在本栏填报对方保税监管场所代码。

（7）涉及加工贸易货物销毁处置的，填报海关加工贸易货物销毁处置申报表编号。

（8）当监管方式为“暂时进出境货物”（代码2600）和“展览品”（代码2700）时，填报要求如下：

第一，根据《中华人民共和国海关暂时进出境货物管理办法》（以下简称《管理办法》）第3条第1款所列项目，填报暂时进出境货物类别，如暂进六，暂出九。

第二，根据《管理办法》第10条，填报复运出境或者复运进境日期，期限应在货物进出境之日起6个月内，如20240815前复运进境，20241020前复运出境。

第三，根据《管理办法》第7条，向海关申请对有关货物是否属于暂时进出境货物进行审校确认的，填报《中华人民共和国××海关暂时进出境货物审核确认书》编号，如<ZS海关审核确认书编号>，其中的英文为大写字母；无此项目的，无须填报。

上述内容依次填报，项目间用“/”分隔，前后均不加空格。

第四，收发货人或其代理人申报货物复运进境或者复运出境的：货物办理过延期的，根据《管理办法》填报“货物暂时进/出境延期办理单”的海关回执编号，如<ZS海关回执编号>，其中的英文为大写字母；无此项目的，无须填报。

（9）跨境电子商务进出口货物，填报“跨境电子商务”。

（10）加工贸易副产品内销，填报“加工贸易副产品内销”。

（11）服务外包货物进口，填报“国际服务外包进口货物”。

（12）公式定价进口货物填报公式定价备案号，格式为：“公式定价”+备案编号+“@”。同一报关单下有多项商品的，如某项或某几项商品为公式定价备案，则备注栏内填报：“公式定价”+备案编号+“#”+商品序号+“@”。

（13）进出口与“预裁定决定书”列明情形相同的货物时，按照“预裁定决定书”填报，格式为“预裁定+‘预裁定决定书’编号”。例如，某份“预裁定决定书”编号为R-2-0100-2022-0001，则填报“预裁定R-2-0100-2022-0001”。

（14）含归类行政裁定报关单的，填报归类行政裁定编号，格式为“c+四位数字编号”，如c0001。

（15）已经在进入特殊监管区域时完成检验的货物，在出区入境申报时，填报“预检验”字样，同时在“关联报检单”栏填报实施预检验的报关单号。

（16）进口直接退运的货物，填报“直接退运”字样。

（17）企业提供ATA单证册的货物，填报“ATA单证册”字样。

（18）不含动物源性低风险生物制品，填报“不含动物源性”字样。

（19）货物自境外进入境内特殊监管区域或者保税仓库的，填报“境外入区”或者“保税入库”字样。

（20）海关特殊监管区域与境内区外之间采用分送集报方式进出的货物，填报“分送集报”字样。

（21）军事装备出入境的，填报“军品”或“军事装备”字样。

（22）申报《商品名称及编码协调制度》中H.S.编码为3821000000、3002300000的货物，如属于下列情况，填报要求为：属于培养基的，填报“培养基”字样；属于化学试剂的，填报“化学试剂”字样；不含动物源性成分的，填报“不含动物源性” 字样。

（23）属于修理物品的，填报“修理物品”字样。

（24）属于“压力容器”“成套设备”“食品添加剂”“成品退换”“旧机电产品”等的，按上述字样填报。

（25）申报H.S.编码为2903890020的入境六溴环十二烷，用途为“其他（99）”的，填报具体用途。

（26）集装箱箱体信息填报集装箱号（在集装箱箱体上标示的全球唯一编号）、集装箱规格、集装箱商品项号关系（单个集装箱对应的商品项号，以半角逗号分隔）、集装箱货重（集装箱箱体自重+装载货物重量，单位为千克）。

（27）进出口列入《海关实施检验检疫的进出境商品目录》的进出口商品及法律、行政法规规定须经出入境检验检疫机构检验的其他进出口商品实施检验的，填报 “应检商品”字样。

（28）申报时其他必须说明的事项。

三十三、项号

该栏分两行填报：第一行填报报关单中的商品顺序编号；第二行填报备案序号。专用于加工贸易及保税、减免税等已备案、审批的货物，填报该项货物在“加工贸易手册”或“征免税证明”等备案、审批单证中的顺序编号。有关优惠贸易协定项下报关单的填制要求按照海关总署的相关规定执行。其中，第二行特殊情况填报要求如下：

（1）深加工结转货物，分别按照“加工贸易手册”中的进口料件项号和出口成品项号填报。

（2）对于料件结转货物（包括料件、制成品和未完成品折料），出口货物报关单按照转出“加工贸易手册”中进口料件的项号填报，进口货物报关单按照转进“加工贸易手册”中进口料件的项号填报。

（3）料件复出货物（包括料件、边角料），出口货物报关单按照“加工贸易手册”中进口料件的项号填报；如边角料对应一个以上料件项号时，填报主要料件项号。料件退换货物（包括料件，不包括未完成品），进口货物报关单按照“加工贸易手册”中进口料件的项号填报。

（4）成品退换货物，退运进境报关单和复运出境报关单按照“加工贸易手册”原出口成品的项号填报。

（5）加工贸易料件转内销货物（以及按料件办理进口手续的转内销制成品、残次品、未完成品）填制进口报关单，填报“加工贸易手册”进口料件的项号；加工贸易边角料、副产品内销，填报“加工贸易手册”中对应的进口料件项号。如边角料或副产品对应一个以上料件项号，填报主要料件项号。

（6）加工贸易成品凭“征免税证明”转为减免税货物进口的，应先办理进口报关手续。进口货物报关单填报“征免税证明”中的项号，出口货物报关单填报“加工贸易手册”中原出口成品项号，进、出口货物报关单货物数量应一致。

（7）加工贸易货物销毁，填报“加工贸易手册”中相应的进口料件项号。

（8）加工贸易副产品退运出口、结转出口，填报“加工贸易手册”中新增成品的出口项号。

（9）经海关批准实行加工贸易联网监管的企业，按海关联网监管要求，企业需申报报关清单的，应在向海关申报进出口（包括形式进出口）货物报关单前，向海关申报“清单”。一份报关清单对应一份报关单，报关单上的商品由报关清单归并而得。加工贸易电子账册报关单中项号、品名、规格等栏目的填制规范比照“加工贸易手册”。

三十四、商品编号

本栏填报由10位数字组成的商品编号。前8位为《中华人民共和国进出口税则》和《中华人民共和国海关统计商品目录》确定的编码；9、10位为监管附加编号。

三十五、商品名称及规格型号

本栏分两行填报：第一行填报进出口货物规范的中文名称，第二行填报规格型号。具体填报要求如下：

（1）商品名称及规格型号应据实填报，并与进出口货物收发货人或受委托的报关企业所提交的合同、发票等相关单证相符。

（2）商品名称应当规范，规格型号应当足够详细，以能满足海关归类、审价及许可证件管理的要求为准，可参照《中华人民共和国进出口商品规范申报目录》中对商品名称、规格型号的要求进行填报。

（3）已备案的加工贸易及保税货物，填报的内容必须与备案登记中合同项号下货物的商品名称一致。

（4）对于需要海关签发“货物进口证明书”的车辆，商品名称栏填报“车辆品牌+排气量（注明cc）+车型（如越野车、小轿车等）”。进口汽车底盘不填报排气量。车辆品牌按照“进口机动车辆制造厂名称和车辆品牌中英文对照表”中“签注名称”一栏的要求填报。规格型号栏可填报“汽油型”等。

（5）由同一运输工具同时运抵同一口岸并且属于同一收货人、使用同一提单的多种进口货物，按照商品归类规则应当归入同一商品编号的，应当将有关商品一并归入该商品编号。商品名称填报一并归类后的商品名称；规格型号填报一并归类后商品的规格型号。

（6）加工贸易边角料和副产品内销、边角料复出口，填报其报验状态的名称和规格型号。

（7）品牌类型。其为必填项目，可选择“无品牌”（代码0）、“境内自主品牌”（代码1）、“境内收购品牌”（代码2）、“境外品牌（贴牌生产）”（代码3）、“境外品牌（其他）”（代码4）如实填报。其中，“境内自主品牌”是指由境内企业自主开发、拥有自主知识产权的品牌；“境内收购品牌”是指境内企业收购的原境外品牌；“境外品牌（贴牌生产）”是指境内企业代工贴牌生产中使用的境外品牌；“境外品牌（其他）”是指除代工贴牌生产以外使用的境外品牌。上述品牌类型中，除“境外品牌（贴牌生产）”仅用于出口外，其他类型均可用于进口和出口。

（8）出口享惠情况。其为出口货物报关单必填项目，可选择“出口货物在最终目的国（地区）不享受优惠关税”“出口货物在最终目的国（地区）享受优惠关税”“出口货物不能确定在最终目的国（地区）享受优惠关税”如实填报。进口货物报关单不填报该申报项。

（9）申报进口已获3C认证的机动车辆时，填报以下信息：

第一，提运单日期。其填报该项货物的提运单签发日期。

第二，质量保证期。其填报机动车的质量保证期。

第三，发动机号或电机号。其填报机动车的发动机号或电机号，应与机动车上打刻的发动机号或电机号相符。纯电动汽车、插电式混合动力汽车、燃料电池汽车为电机号，其他机动车为发动机号。

第四，车辆识别代码（VIN）。其填报机动车车辆识别代码，须符合国家强制性标准《道路车辆——车辆识别代号（VIN）》（GB 16735-2019）的要求。该项目内容一般与机动车的底盘（车架号）相同。

第五，发票所列数量。其填报对应发票中所列进口机动车的数量。

第六，品名（中文名称）。其填报机动车中文品名，按“进口机动车辆制造厂名称和车辆品牌中英文对照表”的要求填报。

第七，品名（英文名称）。其填报机动车英文品名，按“进口机动车辆制造厂名称和车辆品牌中英文对照表”的要求填报。

第八，型号（英文）。其填报机动车型号，与机动车产品标牌上整车型号一栏相符。

（10）进口货物收货人申报进口属于实施反倾销反补贴措施货物的，填报“原厂商中文名称”“原厂商英文名称”“反倾销税率”“反补贴税率”“是否符合价格承诺”等计税必要信息。

其格式要求为：“|<><><><><>”，“|”“<”和“>”均为英文半角符号。第一个“|”为在规格型号栏中已填报的最后一个申报要素后系统自动生成或人工录入的分割符（若相关商品税号无规范填报要求，则需要手工录入“|”）；“|”后面5个“<>”中的内容依次为“原厂商中文名称”，“原厂商英文名称”（如无原厂商英文名称，可填报以原厂商所在国或地区文字标注的名称，具体可参照商务部实施贸易救济措施相关公告中有关原厂商的外文名称写法），“反倾销税率”，“反补贴税率”和“是否符合价格承诺”。其中，“反倾销税率”和“反补贴税率”填写实际值。例如，税率为30%，填写“0.3”。“是否符合价格承诺”填写“1”或者“0”，“1”代表“是”，“0”代表“否”。填报时，5个“<>”不可缺项，如第3、4、5项“<>”中无申报事项，相应的“<>”中内容可以为空，但“<>”需要保留。

三十六、数量及单位

此栏目分三行填报：

（1）第一行按进出口货物的法定第一计量单位填报数量及单位，法定计量单位以《中华人民共和国海关统计商品目录》中的计量单位为准。

（2）凡列明有法定第二计量单位的，在第二行按照法定第二计量单位填报数量及单位；无法定第二计量单位的，第二行为空。

（3）成交计量单位及数量填报在第三行。

（4）法定计量单位为“千克”的，特殊情况填报要求如下：

第一，装入可重复使用的包装容器内的货物，按货物扣除包装容器后的重量填报，如罐装同位素、罐装氧气及类似品等。

第二，使用不可分割包装材料和包装容器的货物，按货物的净重填报（即包括内层直接包装的净重重量），如采用供零售包装的罐头、药品及类似品等。

第三，按照商业惯例以公量重计价的商品，按公量重填报，如未脱脂羊毛、羊毛条等。

第四，采用以毛重作为净重计价的货物，可按毛重填报，如粮食、饲料等大宗散装货物。

第五，采用零售包装的酒类、饮料、化妆品，按照液体/乳状/膏状/粉状部分的重量填报。

（5）成套设备、减免税货物如需分批进口，货物实际进口时，按照实际报验状态确定数量。

（6）具有完整品或制成品基本特征的不完整品、未制成品，根据《商品名称及编码协调制度》归类规则按完整品归类的，按照构成完整品的实际数量填报。

（7）已备案的加工贸易及保税货物，成交计量单位必须与“加工贸易手册”中同项号下货物的计量单位一致，加工贸易边角料和副产品内销、边角料复出口，填报其报验状态的计量单位。

（8）优惠贸易协定项下进出口商品的成交计量单位必须与原产地证书上对应商品的计量单位一致。

（9）法定计量单位为立方米的气体货物，折算成标准状况（即摄氏零度及1个标准大气压）下的体积进行填报。

三十七、单价

本栏填报同一项号下进出口货物实际成交的单位价格。无实际成交价格的，填报单位货值。

三十八、总价

本栏填报同一项号下进出口货物实际成交的总价格。无实际成交价格的，填报货值。

三十九、币制

本栏按海关规定的“货币代码表”选择相应的货币名称及代码填报，如“货币代码表”中无实际成交币种，需将实际成交货币按申报日外汇折算率折算成“货币代码表”中列明的货币填报。

四十、原产国（地区）

原产国（地区）依据《中华人民共和国进出口货物原产地条例》《关于非优惠原产地规则中实质性改变标准的规定》以及海关总署关于各项优惠贸易协定原产地管理规章规定的原产地确定标准填报。同一批进出口货物的原产地不同的，分别填报原产国（地区）。进出口货物原产国（地区）无法确定的，填报“国别不详”。

本栏按海关规定的“国别（地区）代码表”选择填报相应的国家（地区）名称及代码。

四十一、最终目的国（地区）

最终目的国（地区）填报已知的进出口货物的最终实际消费、使用或进一步加工制造国家（地区）。不经过第三国（地区）转运的直接运输货物，以运抵国（地区）为最终目的国（地区）；经过第三国（地区）转运的货物，以最后运往国（地区）为最终目的国（地区）。同一批进出口货物的最终目的国（地区）不同的，分别填报最终目的国（地区）。进出口货物不能确定最终目的国（地区）时，以尽可能预知的最后运往国（地区）为最终目的国（地区）。

本栏按海关规定的“国别（地区）代码表”选择填报相应的国家（地区）名称及代码。

四十二、境内目的地/境内货源地

境内目的地填报已知的进口货物在国内的消费、使用地或最终运抵地，其中最终运抵地为最终使用单位所在的地区。最终使用单位难以确定的，填报货物进口时预知的最终收货单位所在地。

境内货源地填报出口货物在国内的产地或原始发货地。出口货物产地难以确定的，填报最早发运该出口货物的单位所在地。

海关特殊监管区域、保税物流中心（B型）与境外之间的进出境货物，境内目的地/境内货源地填报本海关特殊监管区域、保税物流中心（B型）所对应的国内地区。

本栏按海关规定的“国内地区代码表”选择填报相应的国内地区名称及代码。境内目的地还需根据《中华人民共和国行政区划代码》选择填报其对应的县级行政区名称及代码。无下属区县级行政区的，可选择填报地市级行政区。

四十三、征免

本栏按照海关核发的“征免税证明”或有关政策规定，对报关单所列每项商品选择海关规定的“征减免税方式代码表”中相应的征减免税方式填报。

加工贸易货物报关单根据“加工贸易手册”中备案的征免规定填报，“加工贸易手册”中备案的征免规定为“保金”或“保函”的，填报“全免”。

四十四、特殊关系确认

本栏根据《中华人民共和国海关审定进出口货物完税价格办法》（以下简称《审价办法》）第16条，填报确认进出口行为中买卖双方是否存在特殊关系，有下列情形之一的，应当认为买卖双方存在特殊关系，填报“是”，反之则填报“否”：

（1）买卖双方为同一家族成员的。

（2）买卖双方互为商业上的高级职员或者董事的。

（3）一方直接或者间接地受另一方控制的。

（4）买卖双方都直接或者间接地受第三方控制的。

（5）买卖双方共同直接或者间接地控制第三方的。

（6）一方直接或者间接地拥有、控制或者持有对方5%以上（含5%）公开发行的有表决权的股票或者股份的。

（7）一方是另一方的雇员、高级职员或者董事的。

（8）买卖双方是同一合伙的成员的。

买卖双方在经营上相互有联系，一方是另一方的独家代理、独家经销或者独家受让人，如果符合前款的规定，也应当视为存在特殊关系。

出口货物免予填报，加工贸易及保税监管货物（内销保税货物除外）免予填报。

四十五、价格影响确认

本栏根据《审价办法》第17条，填报确认纳税义务人是否可以证明特殊关系未对进口货物的成交价格产生影响，纳税义务人能证明其成交价格与同时或者大约同时发生的下列任何一款价格相近的，应视为特殊关系未对成交价格产生影响，填报“否”，反之则填报“是”：

（1）向境内无特殊关系的买方出售的相同或者类似进口货物的成交价格。

（2）按照《审价办法》第23条的规定所确定的相同或者类似进口货物的完税价格。

（3）按照《审价办法》第25条的规定所确定的相同或者类似进口货物的完税价格。

出口货物免予填报，加工贸易及保税监管货物（内销保税货物除外）免予填报。

四十六、支付特许权使用费确认

本栏根据《审价办法》第11条和第13条，填报确认买方是否向卖方或者有关方直接或者间接支付与进口货物有关的特许权使用费，且未包括在进口货物的实付、应付价格中。

买方存在需向卖方或者有关方直接或者间接支付特许权使用费，且未包含在进口货物实付、应付价格中的情况，符合《审价办法》第13条的，在“支付特许权使用费确认”栏填报“是”。

买方存在需向卖方或者有关方直接或者间接支付特许权使用费，且未包含在进口货物实付、应付价格中的情况，但纳税义务人无法确认是否符合《审价办法》第13条的，填报“是”。

买方存在需向卖方或者有关方直接或者间接支付特许权使用费，且未包含在实付、应付价格中的情况，纳税义务人根据《审价办法》第13条，可以确认需支付的特许权使用费与进口货物无关的，填报“否”。

买方不存在向卖方或者有关方直接或者间接支付特许权使用费的情况，或者特许权使用费已经包含在进口货物实付、应付价格中，填报“否”。

出口货物免予填报，加工贸易及保税监管货物（内销保税货物除外）免予填报。

四十七、自报自缴

进出口企业、单位采用“自主申报、自行缴税”（自报自缴）模式向海关申报时，填报“是”，反之则填报“否”。

四十八、申报单位

自理报关的，填报进出口企业的名称及编码；委托代理报关的，填报报关企业名称及编码。编码填报18位法人和其他组织统一社会信用代码。

报关人员填报在海关备案的姓名、编码、电话，并加盖申报单位印章。

四十九、海关批注及签章

海关批注及签章供海关作业时签注。

相关用语的含义如下：

报关单录入凭单：指申报单位按报关单的格式填写的凭单，用作报关单预录入的依据。该凭单的编号规则由申报单位自行决定。

预录入报关单：指预录入单位按照申报单位填写的报关单凭单录入、打印由申报单位向海关申报，海关尚未接受申报的报关单。

报关单证明联：指海关在核实货物实际进出境情况后按报关单格式提供的，用作进出口货物收发货人向税务、外汇管理部门办理退税和外汇核销手续的证明文件。

工作活动3
检验证书

工作活动目标

1. 能够理解商品检验的含义。
2. 能够了解商品检验证书的类别。
3. 能够掌握检验证书缮制时的注意事项。

职业工作情境

单证工作人员需要明确检验证书的含义及类型。

职业知识储备

知识点1 检验证书

微课12-3

商品检验

一、商品检验

出入境检验检疫是指海关依照法律、行政法规和国际惯例等的要求，对出入境的货物、交通运输工具、人员等进行检验检疫、认证等监督管理工作。出入境检验检疫的目的是维护国家经济的顺利发展、保护人民生命和生活环境的安全与健康。

商品检验（Commodity Inspection）是指在国际货物买卖中，对卖方交付的货物的质量、数量和包装进行检验，以确定合同标的是否符合买卖合同的规定；有时还对装运技术条件及货物在装卸和运输过程中发生的残损、短缺进行检验和鉴定，以明确事故的起因和责任的归属。此外，货物的检验还包括根据一国的法律或行政法规对某些进出口货物或有关事项进行质量、数量、包装、卫生、安全等方面的强制性检验或检疫。

海关受理鉴定业务的范围主要有：

（1）进出口商品的质量、数量、重量、包装鉴定和货载衡量。

（2）进出口商品的监视装载和监视卸载。

（3）进出口商品的积载鉴定、残损鉴定、载损鉴定和海损鉴定。

（4）装载出口商品的船舶、车辆、飞机、集装箱等运载工具的适载鉴定。

（5）装载进出口商品的船舶封舱、舱口检视、空距测量。

（6）集装箱及集装箱货物鉴定。

（7）与进出口商品有关的外商投资财产的价值、品种、质量、数量和损失鉴定。

（8）抽取并签封各类样品。

（9）签发价值证书及其他鉴定证书。

（10）其他进出口商品鉴定业务。

二、报检单证

对外经济贸易关系人在向海关报验时，应按照其要求，真实、准确地填写报验单并签名盖章。它是关系人向海关申请检验的正式文件，也是海关进行检验的一种原始凭证。对于不同合同、不同发票、不同提单或装运单的商品，通常应分别填写申请单。报验时除了提交申请单外，还应根据以下不同情况提供相关单证：

（1）出口商品在报验时，一般应提供外贸合同（或售货确认书及函电）、信用证原件的复印件或副本，必要时提供原件。合同如果有补充协议，要提供补充协议书；合同、信用证有更改的，要提供合同、信用证的修改书或更改的函电。对签订有长期贸易合同而采取记账方式结算的，各外贸公司每年一次将合同副本送交海关。申请检验时，只需在申请单上填明合同号即可，不必每批附交合同副本。凡属危险或法定检验范围内的商品，在申请品质、规格、数量、重量、安全、卫生检验时，必须提交海关签发的出口商品包装性能检验合格单证，海关凭此受理上述各种报验手续。

（2）凭样品成交的商品，需提供经国外买方确认、双方签封或合同、信用证已明确需经海关签封的样品。临时看样成交的商品，申请人还必须将样品的编号送交海关一份。对于服装、纺织品、皮鞋、工艺品等商品，在报验时还应提交文字表达不了的样卡、色卡或实物样品。

（3）属于必须向商检机构办理卫生注册和出口商品质量许可证的商品，报检时必须提供商检机构签发的卫生注册证书或出口质量许可证编号和厂检合格单。冷冻产品、水产品、畜产品和罐头食品在办理卫生检验时，必须提交商检机构签发的卫生注册证书和厂检合格单。

（4）经发运地海关检验合格的商品，需在口岸申请换证的，必须附交发运地海关签发的“出口商品检验换证凭单”（简称“换证凭单”）正本。

（5）经生产经营部门检验的，应提交其检验结果单。第一次检验不合格，经返工整理后申请重新检验的，应附交原来的海关签发的不合格通知单和返工整理记录；申请重量/数量鉴定的，应附交重量明细单、装箱单等资料；申请积载鉴定、监视装载的，应提供配载图、配载计划等资料；申请出口商品包装使用鉴定的，应附交海关签发的包装性能检验合格单；申请委托检验时，报验人应填写“委托检验申请单”并提交检验样品、检验标准和方法。国外委托人在办理委托检验手续时，还应提供有关函电、资料。

三、检验证书的概念及作用

检验证书（Inspection Certificate）是检验机构对进出口商品进行检验、鉴定后签发的书面证明文件。此外，在交易中，如果买卖双方约定由生产单位或使用单位出具检验证明，则该证明也可起到检验证书的作用。

在国际贸易中，通常由国家设置的检验机构或由经政府注册、具有独立的第三者身份的鉴定机构，对进出口商品的质量、规格、卫生、安全、包装、数量、重量、残损以及装运条件、装运技术等进行检验、鉴定和监督管理。进出口商品检验是货物交接过程中不可缺少的一个环节。经检验合格的，发给检验证书，出口方即可报关出运；检验不合格的，可申请一次复验，复验仍不合格的，不得出口。

商检证书关系到有关各方的经济责任和权益，其作用包括：

（1）作为卖方所交付货物的品质、重量、数量、包装及卫生条件等是否符合合同规定的依据。

（2）作为买方对品质、数量、重量、包装等提出异议、拒收货物、要求赔偿的凭证。

（3）作为卖方向银行议付货款的单据之一。

（4）作为出口国和进口国海关验放的有效证件。

（5）作为证明货物在装卸和运输过程中的实际状况、明确责任归属的依据。

商品检验证书起着公正证明的作用，是买卖双方交接货物、结算货款和处理索赔、理赔的主要依据，也是通关纳税、结算运费的有效凭证。

四、检验证书的种类

（1）品质检验证书（Inspection Certificate of Quality），是出口商交货结汇和进口商结算索赔的有效凭证；法定检验商品的证书，是进出口商品报关、输出输入的合法凭证。

（2）重量检验证书（Inspection Certificate of Weight），是证明进出口商品重量的有效文件，也是出口商交货结汇和进口商结算索赔的有效凭证。出口商品的重量检验证书也是国外买方报关、纳税和计算运费、装卸费用的证件。

（3）数量检验证书（Inspection Certificate of Quantity），是证明进出口商品数量的有效文件，也是出口商交货结汇和进口商结算索赔的有效凭证。出口商品的数量检验证书也是国外买方报关、纳税和计算运费、装卸费用的证件。

（4）兽医检验证书（Veterinary Inspection Certificate），是证明出口动物产品或食品经过检疫合格的证件，适用于冻畜肉、冻禽、禽畜罐头、冻兔、肠衣等出口商品，是对外交货、银行结汇和进口国通关输入的重要证件。

（5）卫生检验证书（Sanitary Inspection Certificate），是证明可供人类食用的出口动物产品、食品等经过卫生检验或检疫合格的证件，适用于肠衣、罐头、冻鱼、蛋品、乳制品、蜂蜜等，是对外交货、银行结汇和国外通关验放的有效证件。

（6）消毒检验证书（Disinfection Inspection Certificate），是证明出口动物产品经过消毒处理、保证安全卫生的证件，适用于猪鬃、马尾、羽毛、人发等商品，是对外交货、银行结汇和国外通关验放的有效凭证。

（7）熏蒸证书（Fumigation Certificate），是用于证明出口粮谷、油籽、皮张等商品，以及包装用木材与植物性填充物等已经过熏蒸灭虫的证书。

（8）残损检验证书（Inspection Certificate on Damaged Cargo），是证明进口商品残损情况的证件，适用于进口商品发生残、短、毁等情况，可作为收货人向发货人或承运人或保险人等有关责任方索赔的有效证件。

（9）产地检验证书（Inspetion Certificate of Origin）。如果合同规定出具原产地证明，按给惠国的要求，出口方开具原产地证明，商检机构签发原产地证书。

（10）价值检验证书（Inspection Certificate of Value），是证明产品的价值或发票所载商品价值正确的文件。

（11）积载鉴定证书（Stowage Appraisal Certificate），是证明船方和集装箱装货部门正确配载积载货物、履行运输契约义务的证件，可供货物交接或发生货损时处理争议之用。

（12）船舱检验证书，证明承运出口商品的船舱清洁、冷藏效能及其他技术条件符合保护承载商品的质量和数量完整与安全的要求，可作为承运人履行租船契约适载义务、对外贸易关系方进行货物交接和处理货损事故的依据。

（13）生丝品级及公量检验证书，是出口生丝的专用证书。其作用相当于品质检验证书和重量/数量检验证书。

（14）舱口检视证书、监视装/卸载证书、舱口封识证书、油温空距证书、集装箱监装/拆证书，可作为证明承运人履行契约义务、明确责任界限、便于处理货损货差责任事故的证明。

（15）价值证明书，作为进口国管理外汇和征收关税的凭证。在发票上签盖商检机构的价值证明章与价值证明书具有同等效力。

（16）货载衡量检验证书，是证明进出口商品的重量、体积吨位的证件，可作为计算运费和制订配载计划的依据。

（17）集装箱租箱交货检验证书、租船交船剩水/油重量鉴定证书，可作为契约双方明确履约责任和清算费用的凭证。

此外，根据具体业务需要，商检机构还可以签发检温证书、验舱证书等。

检验证书如样例 12-1 所示。

中华人民共和国出入境检验检疫
ENTRY-EXIT INSPECTION AND QUARANTINE OF THE PEOPLE'S REPUBLIC OF CHINA

正 本
ORIGINAL

共 1 页,第 1 页 page 1 of 1

编号 No.: 218000003101773082

检 验 证 书
INSPECTION CERTIFICATE

发货人 Consignor: [redacted]PORT CO.,LTD
[redacted] DISTRICT CHONGQING,CHINA

收货人 Consignee: [redacted]
KAV. [redacted] - BATAM, INDONESIA

品名 Description of Goods: PRESSURE WIRE AND OTHER PARTS SEE ATTACHED FILE

标记及号码 Mark & No.: N/M

报检数量/重量 Quantity/Weight Declared: 1671PCS/14054.2KGS

包装种类及数量 Number and Type of Packages: 115 PACKAGE

运输工具 Means of Conveyance: BY SEA

产地 Place of Origin: CHINA　　发货日期 Date of Despatch: 02 NOV,2018

启运地 Place of Despatch: SHANGHAI,CHINA　　到达国家及地点 County and place of destination: BATU AMPAR PORT, BATAM INDONESIA

加工厂名称、地址及编号（如果适用）Name,Address and approval No.of the Approved Establishment(if applicable): ***

货描:
. 1 .PRESSURE WIRE ROPE MACHINE
. 2 .PENDANT . .MARINE DS7 2M. .WITH GLASS
. 3. PENDANT　MARINE DS7 2M.. .WITHOUT GLASS. . . . .
. 4 .FILTER RACOR . 2020PM
. 5 .GEARBOX 16A　.RATIO 4:1
. 6 .ENGINE ZS1115ND WITH.. RADIATOR AND.ELECTRIC.STARTER WITHOUT LAMP
. 7 .ENGINE ZS1115.WITHOUT.RADIATOR AND.ELECTRIC.STARTER WITHOUT LAMP
. 8 .GENERATOR STC10KW 100 PCT WIRE COPPER
. 9 .DS7 2M LED　BULB 3W
. 10 .DS7 2M LED .BULB 5W
. 11 .DS7 2M LED　.BULB 7W
CONTRACT/ORDER NO : JV1809 01
ORIGIN OF GOODS : CHINA .
L/C N[illegible]BTM06896S18
DA[illegible]9

** ** ** **

[illegible]证地点 Place of Issue: SHANGHAI,CHINA　　签证日期 Date of Issue: 29.OCT,2023

授权签字人 Authorized Officer: CHEN BIN　　签 名 Signature:

[ce-1(2023.4.20) • 1]

BA0214411

样例 12-1　检验证书

五、检验证书缮制时的注意事项

（1）出证机关、地点及证书名称。如来证未规定出具证书的机关，则由出口人决定；如L/C上规定由“有关当局”出证，则应根据具体情况由有关商检机构出具。出证地点除L/C有特别规定外，原则上应在装船口岸。证书名称应与L/C的规定相符。

（2）证书日期。原则上应与提单日期相同，证书日期与提单日期如相差超过3天，就容易遭到开证行或开证人拒付，议付时也会发生困难。

（3）证书内容。证书所体现出的检验结果要与L/C上的要求和发票等各项单据所列明的规格、形状、质量等项目一致。

工作情境测试

随堂测12

一、单项选择题

1.海关规定对在海关注册登记的企业给予10位数代码编号，该代码称为“经营单位代码”。在下列选项中，10位数代码的正确组成是（　　）。

A.地区代码、企业性质代码和顺序代码

B.企业详细地址代码、特殊地区代码、企业性质代码和顺序代码

C.企业所在省、直辖市代码，特殊地区代码，企业性质代码和顺序代码

D.企业的属地行政区代码、经济区代码、企业性质代码和企业顺序代码

2.英国生产的产品，中国某公司自新加坡购买，从新加坡启运经中国香港转运至中国内地，填写报关单时启运地为（　　）。

A.英国　　B.新加坡

C.中国香港　　D.不用填

3.我国某进出口公司（甲方）与新加坡某公司（乙方）签订了一份出口合同。合同中订明，甲方向乙方出售5 000件衬衫，于2024年4月10日在上海装船，从中国香港运往新加坡。在签订合同时，甲方得知乙方还要将该批货物从新加坡运往智利。根据上述情况填写报关单时，以下填写正确的是（　　）。

A.运抵国（地区）为“中国香港”，最终目的国（地区）为“新加坡”

B.运抵国（地区）为“新加坡”，最终目的国（地区）为“智利”

C.运抵国（地区）为“中国香港”，最终目的国（地区）为“智利”

D.运抵国（地区）为“智利”，最终目的国（地区）为“智利”

4.100美元的运费单价应填报（　　）。

A.502/100/1　　B.100美元

C.100　　D.502/100/2

5.大连盛凯公司（0903535020）委托辽宁省机械设备进出口公司（0801914031）与日本三菱重工签约进口工程机械，并委托大连外运公司代理报关，在填制进口货物报关单时，“经营单位”栏应为（　　）。

A.大连盛凯公司（0903535020）

B.辽宁省机械设备进出口公司（0801914031）

C.大连盛凯公司

D.大连外运公司

6.德国某公司受联合国下属的世界卫生组织的委托，将数台德国产医疗设备运至我国。我方在进口货物报关单启运国和原产国栏应分别填报（ ）。

A.联合国，德国 B.德国，德国

C.德国，联合国 D.联合国，联合国

7.出口货物向海关申报的时间应是（ ）。

A.备货24小时前 B.装货24小时前

C.装货24小时后 D.货到目的港24小时后

8.缮制各种进出口单证时，原则上应做到（ ）。

A.完整、及时、无差错

B.完整、简洁、清晰

C.及时、正确、完整、简洁、清晰

D.正确、完整、及时、简明、整洁

二、判断题

1.货物由大连港出口至香港，提单上显示装运港“中国，大连”，目的港“香港”，这种表述是正确的。（ ）

2.在国际贸易中，所有的进出口货物都必须经过检验并出具证书。（ ）

3.出口退税是各国政府普遍采用的鼓励出口的措施。（ ）

4.单证工作能及时反映货、船、证等业务的管理现状，为了杜绝差错事故的发生，避免带来不必要的经济损失，单证工作人员必须加强工作责任心。（ ）

5.出口商品检验证书的出证日期和保险单的出单日期均不得迟于提单日期。（ ）

6.国际贸易惯例对买卖合同当事人具有法律约束力。（ ）

7.在FCA条件下，出口人将货物交给承运人后即完成交货义务，无须办理出口报关等手续。（ ）

8.通常表明货物已装船的方式是在信用证规定的装运港装上具名船只加以批注，并且在提单上加盖“已装船”戳记。（ ）

职业技能操练

工作项目

缮制商业发票

项目背景

这是一笔L/C方式下出口白色陶瓷碟的海运业务，定于7月31日出运。集货完成并通过出口商检后，7月29日，出口商弘泰公司开始准备报关单据，委托上海正达报关行办理报关手续。

要求：请你根据合同、商业发票、装货单等单据，制作出口货物报关单。

单据1：合同

SALES CONFIRMATION

卖方：Nanjing Hontay Import & Export Trade Company
Seller: No.390 jiangning economic development zone, Nanjing, China
买方：Hux Group Import & Export Co., Ltd.
Buyer: Center Tower A, Bali, Pontianak, Indonesia

NO.: CT0000057
DATE: 2015-07-01

经买卖双方同意成交下列商品，订立条款如下：
This contract is made by and agreed between the BUYER and SELLER, in accordance with the terms and conditions stipulated below.

商品编号 Product No.	名称及规格 Description of goods	数量 Quantity	单价 Unit Price	金额 Amount
			CIF Jakarta,Indonesia	
CL-003	White Ceramic Dish Material: Ceramics, Size: 8*8cm	96660 PCS	USD 1.00	USD 96660.00
	总值TOTAL:	96660 PCS		USD 96660.00

Say Total(金额大写): SAY USD NINETY SIX THOUSAND SIX HUNDRED AND SIXTY ONLY

Transshipment (转运):
☐Allowed (允许) ☑Not allowed (不允许)

Partial shipments (分批装运):
☐Allowed (允许) ☑Not allowed (不允许)

Port of Shipment (装运港):
Shanghai,China

Port of Destination (目的港):
Jakarta,Indonesia

Shipment (装运条款):
Shipment within 60 days after receipt of L/C ______ By sea

Marks and Numbers (唛头):
N/M

Insurance (保险):
☐To be covered by the Buyer.
由买方负责。
☑To be covered by the Seller FOR 110% of the invoice value covering ICC(A) additional WAR Risks.
由__按发票金额__投保__。

Terms of payment (付款条件):
100 % by L/C at 90 days after sight.
__%以__预付，其余__%以__支付。

Documents required (单据):
The sellers shall present the following documents required.
卖方应提交下列单据。

☑Full set of clean on Board Ocean Bills of Lading.
整套正本清洁提单。
☐Airway bill/cargo receipt/copy of railway bills.
空运提单或承运收据或铁路联运单。
☑Signed commercial invoice in 3 copies.
商业发票一式__份。
☑Packing list/weight memo in 3 copies.
装箱单或重量单一式__份。
☐Certificate of Quantity/Weight in ____ copies issued by ____
由__签发的数量/重量证明书一式__份。
☐Certificate of Quality in ____ copies issued by ____
由__签发的品质证明书一式__份。
☑Health Certificate in 2 copies issued by CIQ
由__签发的健康证明书一式__份。
☐Certificate of phytosanitary in ____ copies issued by ____
由__签发的植物检疫证明书一式__份。
☐Veterinary (Health) Certificate in ____ copies issued by ____
由__签发的兽医（卫生）证书一式__份。
☐Sanitary Certificate in ____ copies issued by ____
由__签发的卫生证书一式__份。
☐Fumigation/Disinfection Certificate in ____ copies issued by ____
由__签发的熏蒸/消毒证书一式__份。
☐Certificate for CCC in ____ copies.
CCC认证证书一式__份。
☑Insurance policy in 2 copies.
保险单一式__份。
☐Certificate of Origin in ____ copies issued by ____
由__签发的一般原产地证一式__份。
☐Certificate of Origin Form A in ____ copies issued by ____
由__签发的普惠制产地证一式__份。
☑Certificate of Origin Form E in 2 copies issued by CIQ
由__签发的《中国-东盟自由贸易区》优惠原产地证明书一式__份。
☐Certificate of Origin Form B in ____ copies issued by ____
由__签发的《亚太贸易协定》优惠原产地证明书一式__份。

Shipping advice (装运通知):
The sellers shall immediately, upon the completion of the loading of the goods, advise the buyers of the Contract No. names of commodity, loaded quantity, invoice values, gross weight, names of vessel and shipment date by TLX/FAX.
一旦装运完毕，卖方应即电告买方合同号、商品号、已装载数量、发票总金额、毛重、运输工具名称及启运日期等。

Inspection and Claims (检验与索赔):
1. The buyers shall have the qualities, specifications, quantities of the goods carefully inspected by the Inspection Authority, which shall issue Inspection Certificate before shipment.
卖方在发货前由检验机构对货物的品质、规格和数量进行检验，并出具检验证明书。
2. The buyers have right to have the goods inspected by the local commodity inspection authority after the arrival of the goods at the port of destination if the goods are found damaged/short/their specifications and quantities not in compliance with that specified in the contract, the buyers shall lodge claims against the sellers based on the Inspection Certificate issued by the Commodity Inspection Authority within 15 days after the goods arrival at the destination.
货物到达目的口岸后，买方可委托当地的商品检验机构对货物进行复检。如果发现货物有损坏、残缺或规格、数量与合同规定不符，买方须于货到目的口岸的__天内凭检验机构出具的检验证明书向卖方索赔。
3. The claims, if any regarding to the quality of the goods, shall be lodged within 30 days after arrival of the goods at the destination, if any regarding to the quantities of the goods, shall be lodged within 15 days after arrival of the goods at the destination. The sellers shall not take any responsibility if any claims concerning the shipping goods is up to the responsibility of Insurance Company/Transportation Company/Post Office.
如买方提出索赔，凡属品质异议须于货到目的口岸之起__天内提出；凡属数量异议须于货到目的口岸之日起__天内提出。对所货物所提任何异议应由保险公司、运输公司或邮递机构负责的，卖方不负任何责任。

Force Majeure (人力不可抗拒):
The sellers shall not hold any responsibility for partial or total non-performance of this contract due to Force Majeure. But the sellers advise the buyers on time of such occurrence.
如因人力不可抗拒的原因造成本合同全部或部分不能履约，卖方概不负责但卖方应将上述发生的情况及时通知买方。

Disputes settlement (争议之解决方式):
All disputes in connection with this contract of the execution thereof shall be amicably settled through negotiation. In case no amicable settlement can be reached between the two parties, the case under dispute shall be submitted to arbitration, which shall be held in the country where the defendant resides, or in third country agreed by both parties. The decision of the arbitration shall be accepted as final and binding upon both parties. The Arbitration Fees shall be borne by the losing party.
凡因执行本合约或有关本合约所发生的一切争执，双方应协商解决。如果协商不能得到解决，应提交仲裁。仲裁地点在被告方所在国内，或者在双方同意的第三国。仲裁裁决是终局的，对双方都有约束力，仲裁费用由败诉方承担。

Law application (法律适用):
It will be governed by the law of the People's Republic of China under the circumstances that the contract is signed or the goods while the disputes arising are in the People's Republic of China or the defendant is Chinese legal person, otherwise it is governed by Untied Nations Convention on Contract for the International Sale of Goods.
本合同之签订地，或发生争议时货物所在地在中华人民共和国境内或被诉人为中国法人的，适用中华人民共和国法律，除此规定外，适用《联合国国际货物销售公约》。
The terms in the contract based on INCOTERMS 2010 of the International Chamber of Commerce. 本合同使用的价格术语系根据国际商会《INCOTERMS 2010》。

Versions (文字):
This contract is made out in both Chinese and English of which version is equally effective. Conflicts between these two languages arising therefrom, if any, shall be subject to Chinese version.
本合同中、英两种文字具有同等法律效力，在文字解释上，若有异议，以中文解释为准。
This contract is in 3 copies, effective since being singed/sealed by both parties.
本合同共__份，自双方代表签字（盖章）之日起生效。

The Buyer	The Seller
Hux Group Import & Export Co., Ltd.	Nanjing Hontay Import & Export Trade Company
Charlotte	Yuwen Tang

单据2：信用证（MT700）

---------- MESSAGE HEADER ----------

Sender　:BRIARPXXS12
Message Type : 700 LETTER OF CREDIT
Receiver　:CMBCCNBS261

---------- MESSAGE TEXT ----------

:27: SEQUENCE OF TOTAL
1/1

:40A: FORM OF DOCUMENTARY CREDIT
IRREVOCABLE

:20: DOCUMENTARY CREDIT NUMBER
002/0000037

:31C: DATE OF ISSUE
20150716

:40E: APPLICABLE RULES
UCP LATEST VERSION

:31D: DATE AND PLACE OF EXPIRY
20150831　in the beneficiary's country

:50: APPLICANT
Hux Group Import & Export Co., Ltd.
Center Tower A, Bali, Pontianak, Indonesia

:59: BENEFICIARY
Nanjing Hontay Import & Export Trade Company
No.390 jiangning economic development zone, Nanjing, China

:32B: CURRENCY CODE, AMOUNT
USD　96660,00

:41D: AVAILABLE WITH BY
ANY BANK BY ACCEPTANCE

:42C: DRAFTS AT
AT 90 DAYS AFTER SIGHT

:42A: DRAWEE
ISSUE BANK

:43P: PARTIAL SHIPMENTS
NOT ALLOWED

:43T: TRANSHIPMENT
NOT ALLOWED

:44E: PORT OF LOADING/AIRPORT OF DEPARTURE
Shanghai,China

:44F: PORT OF DISCHARGE/AIRPORT OF DESTINATION
Jakarta,Indonesia

:44C: LATEST DATE OF SHIPMENT
20150731

:45A: DESCRIPTION OF GOODS AND/OR SERVICES
CL-003 White Ceramic Dish
Material: Ceramics, Size: 8*8cm
QUANTITY: 96660PCS
PRICE: USD1.00
CIF Jakarta,Indonesia

:46A: DOCUMENTS REQUIRED
Signed commercial invoice in 3 copies indicating L/C No. and Contract No. CT0000057
Full set of clean on board Bills of Lading made out to order and blank endorsed, marked "freightprepaid " notifying Applicant
Insurance Policy/Certificate in 2 copies for 110% of the invoice value showing claims payable in Indonesia in currency of the draft, blank endorsed, covering ICC(A) additional WAR Risks..
Packing List/Weight Memo in 3 copies indicating quantity, gross and weights of each package.
Other documents, if any
Health Certificate in 2 copies issued by CIQ.
Certificate of Origin Form E in 2 copies issued by CIQ.

:47A: ADDITIONAL CONDITIONS
All banking charges outside the opening bank are for beneficiar's account.
Documents must be presented within 21 days after date of issuance of the transport documents but within the validity of this credit.

:71B: CHARGES
All banking charges outside the opening bank are for beneficiary's account

:49: CONFIRMATION INSTRUCTIONS
WITHOUT

:57D: ADVISE THROUGH BANK
China Merchants Bank
No.298 East Zhongshan Road, Nanjing, China

单据3：商业发票

ISSUER

Nanjing Hontay Import & Export Trade Company
No.390 jiangning economic development zone, Nanjing, China

商业发票
COMMERCIAL INVOICE

TO

Hux Group Import & Export Co., Ltd.
Center Tower A, Bali, Pontianak, Indonesia

TRANSPORT DETAILS	NO.	DATE
From Shanghai,China to Jakarta,Indonesia Shipment within 60 days after receipt of L/C By sea	IV0000046	2015-07-05
	S/C NO.	L/C NO.
	CT0000057	002/0000037

TERMS OF PAYMENT

100 % by L/C at 90 days after sight

Product No.	Description of goods	Quantity	Unit Price	Amount
			CIF	Jakarta,Indonesia
CL-003	White Ceramic Dish Material: Ceramics, Size: 8*8cm	96660 PCS	USD 1.00	USD 96660.00
		Total: [96660][PCS]		[USD][96660.00]

SAY TOTAL: SAY USD NINETY SIX THOUSAND SIX HUNDRED AND SIXTY ONLY

MARKS AND NUMBERS:

N/M

Nanjing Hontay Import & Export Trade Company

Yuwen Tang

单据4：装箱单

ISSUER Nanjing Hontay Import & Export Trade Company No.390 jiangning economic development zone, Nanjing, China	装箱单 **PACKING LIST**
TO Hux Group Import & Export Co., Ltd. Center Tower A, Bali, Pontianak, Indonesia	PACKING LIST NO. PL0000080 INVOICE NO. IV0000046 DATE 2015-07-05

Product No.	Description of goods	Package	G.W	N.W	Meas.
CL-003	White Ceramic Dish Material: Ceramics, Size: 8*8cm	6444 CARTONS	57996.00 KGS	46396.80 KGS	52.1964 CBM
	Total:	[6444] [CARTONS]	[57996.00] [KGS]	[46396.80] [KGS]	[52.1964] [CBM]

SAY TOTAL: SIX THOUSAND FOUR HUNDRED AND FORTY FOUR CARTONS

MARKS AND NUMBERS:

N/M

Nanjing Hontay Import & Export Trade Company

Yuwen Tang

单据5：订舱确认书

国际进出口货运代理公司

International Logistics Co., Ltd.

To(订舱人): Nanjing Hontay Import & Export Trade Coı

Date(出运日期): 2015-07-31

Port of Discharge(目的港): Jakarta

Country of Discharge(目的国): Indonesia

Container(集装箱): 3 X 20'GP

Vessel / Flight(船名/航班号): FREEDOM

Voy. No.(航次): 230E

单据6：装货单

Shipper (发货人)
Nanjing Hontay Import & Export Trade Company
No.390 jiangning economic development zone, Nanjing, China
86-25-52416988

D/R No.(编号)
COBL0000047

Consignee(收货人)
TO ORDER

装 货 单 第五联

Notify Party(通知人)
Hux Group Import & Export Co., Ltd.
Center Tower A, Bali, Pontianak, Indonesia
62-21-5205502

Received by the Carrier the Total number of containers or other packages orunits satated below to be transported subject to the termss and conditions of the Carrier's regular form of Billof Lading
(for Combined Date (日期):
2015-07-29

Pre Carriage by(前程运输)	Place of Receipt(收货地点)

Ocean vessel(船名)	Voy .No(航次)	Port of Loading(装货港)
FREEDOM	230E	Shanghai,China

场站章

Port ofDischarge(卸货港)	Place of Delivery(交货地点)	Final Destination forMerchant'sReference(目的地)
Jakarta,Indonesia		

Container No./Seal No. (集装箱号/封志号)	Marks & Nos. （标记与号码）	No. of containers of P'kgs. (箱数或件数)	Kind of packages:Description (包装种类与货名)	Gross weight 毛重（公斤）	Measurement 尺码(立方米)
BJYU0010112/FTD010112/20'GP; BJYU0020812/FTD020812/20'GP; BJYU0030529/FTD030529/20'GP	FTD010112; FTD020812; FTD030529 N/M	3 X 20'GP	6444CARTONS of White Ceramic Dish FRIGHT PREPAID	57996.00 KGS	52.1964 CBM

TOTAL NUMBEROFCONTAINERS OR PACK AGES(IN WORDS) 集装箱数或件数合计(大写): THREE CONTAINERS ONLY

Container No. (箱号)	Seal No. (封志号)	Pkgs. (件数)	Container No. (箱号)	Seal No. (封志号)	Pkgs. (件数)

Received (实收): 3 X 20'GP
By Terminal cleck (场站员签字): 郭子轩

FREIGHT & CHARGES

Prepaid at (预付地点)	Paya at (到付地点)	Place of Issue (签发地点) China 2015-07-29
Total Prepaid (预付总额)	No of Original B(s)/L (正本提单分数) 3/3	BOOKING (定舱确认) APPROVED BY

Service Type on Receiving ☐-CY, ☐-CFS, ☑-DOOR
Prepaid at (预付地点) ☐-CY, ☐-CFS, ☑-DOOR
Reeter Temperature Required.(冷藏温度) □□

TYPE OF GOODS (种类)
☑ Ordinary, (普通) ☐ Reefer, (冷藏) ☐ Dangerous, (危险品) ☐ Auto, (裸装车辆)
☐ Liquid, (液体) ☐ Live Animal, (活动物) ☐ Bulk (散货) ☐ ______

危险品
Glass:
Property:
IMDG Code Page:
UN No:

单据7：货物运输保险单

货物运输保险单

CARGO TRANSPORTATION INSURANCE POLICY

发票号(INVOICE NO.) IV0000046

合同号(CONTRACT NO.) CT0000057　　保单号次

信用证号(L/C NO.) 002/0000037　　POLICY NO. PI0000152

被保险人

Insured: Nanjing Hontay Import & Export Trade Company

本公司根据被保险人的要求，由被保险人向本公司缴付约定的保险费，按照本保险单承保险别和背面所载条款与下列特款承保下述货物运输保险，特立本保险单。

THE COMPANY IN ACCORDANCE WITH THE REQUIREMENTS OF THE INSURED BY THE INSURED TO THE COMPANY AGREED TO PAY THE PREMIUMS, IN ACCORDANCE WITH THE INSURANCE COVERAGE AND ON THE BACK OF THE FOLLOWING TERMS AND CONDITIONS CONTAINED IN THE SPECIAL SECTION COVER THE CARRIAGE OF GOODS BY INSURANCE, OF THE INSURANCE TRINIDAD SINGLE.

标记 MARKS&NOS	包装及数量 QUANTITY	保险货物项目 DESCRIPTION OF GOODS	保险金额 AMOUNT INSURED
N/M	6444 CARTONS	White Ceramic Dish	USD 106326.00

www.bjysoft.com

总保险金额

TOTAL AMOUNT INSURED: SAY USD ONE HUNDRED AND SIX THOUSAND THREE HUNDRED AND TWENTY SIX ONLY

保费　　启运日期　　装载运输工具

PERMIUM: USD 935.67　　DATE OF COMMENCEMENT: As Per B/L　　PER CONVEYANCE: FREEDOM

自　　经　　至

FROM: Shanghai,China　　VIA:　　TO: Jakarta,Indonesia

承保险别

CONDITIONS:

ICC(A) additional WAR Risks.

所保货物,如发生保险单项下可能引起索赔的损失或损坏,应立即通知本公司下述代理人查勘。如有索赔,应向本公司提交保单正本(本保险单共有3份正本)及有关文件。如一份正本已用于索赔，其余正本自动失效。

IN THE EVENT OF LOSS OR DAMAGE WITCH MAY RESULT IN A CLAIM UNDER THIS POLICY, IMMEDIATE NOTICE MUST BE GIVEN TO THE COMPANY'S AGENT AS MENTIONED HEREUNDER. CLAIMS,IF ANY,ONE OF THE ORIGINAL POLICY WHICH HAS BEEN ISSUED IN 3 ORIGINAL(S) TOGETHER WITH THE RELEVENT DOCUMENTS SHALL BE SURRENDERED TO THE COMPANY . IF ONE OF THE ORIGINAL POLICY HAS BEEN ACCOMPLISHED. THE OTHERS TO BE VOID.

赔款偿付地点

CLAIM PAYABLE AT Jakarta,Indonesia

www.bjysoft.com

出单日期

ISSUING DATE

2015-07-28　　Authorized Signature

制单情况：

中华人民共和国海关出口货物报关单

预录入编号： 海关编号： 页码/页数：

境内发货人	出境关别	出口日期	申报日期	备案号
境外收货人	运输方式	运输工具名称及航次号	提运单号	
生产销售单位	监管方式	征免性质	许可证号	
合同协议号	贸易国（地区）	运抵国（地区）	指运港	离境口岸

包装种类	件数	毛重（千克）	净重（千克）	成交方式	运费	保费	杂费

随附单证

随附单证 1： 随附单证 2：

标记唛码及备注

项号	商品编号	商品名称及规格型号	数量及单位	单价/总价/币制	原产国（地区）	最终目的国（地区）	境内货源地	征免
1								
2								
3								
4								
5								
6								
7								

特殊关系确认： 价格影响确认： 支付特许权使用费确认： 自报自缴：

报关人员 报关人员证号 电话 申报单位	兹申明以上内容承担如实申报、依法纳税之法律责任 申报单位（签章）	海关批注及签章

2 / 3

13

工作情境 13

缮制附属单据

学习目标

知识目标

了解装船通知、受益人证明等单据的基本知识。
熟悉装船通知、受益人证明等单据的不同格式、主要内容。

技能目标

掌握装船通知、受益人证明等其他单据的缮制规范、缮制技巧。
掌握装船通知、受益人证明等其他单据的缮制应注意的问题。

素养目标

1.培养团队合作意识。
2.培养耐心细致的工作作风。

情境导入

每个国家的贸易管制条件不同，贸易习惯做法也不同，每笔业务除要求提供商业发票、运输单据、保险单据等最基本的单据外，可能会要求提供装船通知、受益人证明等其他单据，这些单据也是国际贸易中常用的单据。

工作活动

工作活动1　装船通知的缮制
工作活动2　受益人证明的缮制

工作活动1 装船通知的缮制

工作活动目标

1.能够理解装船通知书的含义。

2.能够列举并理解装船通知的内容及注意事项。

职业工作情境

单证工作人员需要明确装船通知的含义及如何制作。

职业知识储备

知识点1 装船通知的含义及作用

微课 13-1

装船通知

一、装船通知的含义

装船通知（Shipment Advice）也称装运通知，是指发货人发货完毕后，根据合同及信用证的要求，向收货人发出的已装船通知，以便进口商做好付款、接货、投保的准备。在国际贸易业务中，出口商发出装船通知是应尽的义务；在FOB和CFR术语下，装船通知是进口商办理保险的凭证，是具有法律效力的。

二、装船通知的作用

1.以便买方办理保险手续。装船通知是在租船运输大宗进出口货物的情况下，在合同中加以约定的条款。规定这个条款的目的在于明确进出口商双方的责任，促使进出口商互相合作，共同做好船货衔接工作。特别是在CFR和CPT条件下，出口商安排运输，进口商负责办理保险，进口商是根据出口商发送的装船通知来办理货物运输保险的。如果出口商不能及时给予进口商充分的装船通知，则进口商无法及时办理货运保险，甚至有可能漏保货运险。因此，要求出口商一定要在货物离开装运港（地）后及时向进口商发出装船通知；否则，出口商应承担货物在运输途中的风险和损失。

2.以便进口商做好接货和付款准备。货物装船后，出口商应及时向国外进口商发出装运通知，以便对方准备付款、赎单，办理进口报关和接货手续。

3.作为议付货款的单据之一。为避免出口商因疏忽未及时发出装运通知，进口商往往在来证中明确规定出口商必须在规定的时间内发出装运通知，并以装运通知作为议付货款的单据之一。

装运通知见样例13-1。

样例 13-1 装运通知

浙江金苑进出口有限公司

ZHEJIANG JINYUAN IMPORT AND EXPORT CO.,LTD.
No. 118, XUEYUAN STREET, HANGZHOU 210005, P.R.CHINA
TEL: 0086-571-86739273 FAX: 0086-571-86739178

SHIPPING ADVICE

TO:		**ISSUE DATE:**	
		OUR REF. DATE:	

Dear Sir or Madam:

We are Please to Advice you that the following mentioned goods has been shipped out, Full details were shown as follows:

Invoice Number:	
Bill of loading Number:	
Ocean Vessel:	
Port of Loading:	
Date of shipment:	
Port of Destination:	
Estimated date of arrival:	
Containers/Seals Number:	
Description of goods:	
Shipping Marks:	
Quantity:	
Gross Weight:	
Net Weight:	
Total Value:	

Thank you for your patronage. We look forward to the pleasure of receiving your valuable repeat orders.

Sincerely yours,

知识点2
装船通知的内容及其缮制要求

一、装船通知内容

装运通知的内容视信用证的具体规定而定，没有固定格式，由出口商自行缮制，现介绍其主要内容和缮制规范如下（见样例10-1）：

1.单据名称（Name of Document）。一般按信用证要求填写。若信用证要求提供“Shipping Advice”，“Declaration of Shipment”，“Shipping Statement”，“Certified Copy of Telex”或“Copy of Telex”等，应按信用证要求标明单据名称填写。

2.编号和日期（No.&Date）。一般填写发票号码，日期应该严格按信用证规定的发出装运通知的时间填写，一般与提单日期相同或略晚于提单日期一两天。常见的有以小时（within 24/48 hours）为准和以天（within 2 days after Shipment Date）为准两种情形，信用证没有规定时应在装船后立即发出，如信用证规定“Immediately after Shipment”（装船后立即通知），应在提单日期后两三天之内发出装运通知。

3.通知对象。一般按信用证要求填写，可以是开证申请人、申请人的指定人或保险公司等。

若信用证规定通知开证申请人或××保险公司，则在To后面填写开证申请人的名称或××保险公司名称；若信用证没有规定抬头人，则填写开证申请人名称即可。一般有以下几种情况：①填写承担货物运输险的保险公司名称及地址，便于保险公司收到本通知后将预约保险单及时生效；②填写信用证中申请人名称与地址（一般为进口商），便于进口商在未办预约保险的情况下及时投保并做好收货准备；③填写信用证申请人的代理人名称和地址，便于代理人收到本通知后及时通知保险公司或收货人办理后续相关业务。

4.事由（Re）。一般可填写商品的名称、件数、合同号、信用证号和预约保险单号。在FOB和CFR条件下，进口商在办理保险手续时，信用证往往要求装运通知列明预约保险单号“Open Policy No.”或“Cover Note No.”此时应按信用证规定填写。

5.声明或证明文句（Statement）。一般有“××合同或××信用证或××预约保险单项下的货物已经出运，装运细节如下”等文句。

6.通知内容（Details）。其主要包括所出运货物的合同号或信用证号、品名、数量、金额、运输工具名称、开航日期、装运港（地）、目的港（地）、提单号码和运输标志等，要求与其他相关单据保持一致。如果信用证提出具体项目要求，则应严格按规定出单。此外通知中还可能出现包装说明等内容。

7.签署（Signature）。一般可以不签署，如果信用证要求“Certified copy of Shipping Advice”，通常在装运通知的右下角加盖受益人印章。

装运通知缮制好后应按信用证规定的时间发出，不得逾期，然后把装运通知与其他单证一起提交银行议付结汇。各个内容见样例13-2。

二、缮制时应注意问题

缮制装船通知应注意以下几个问题：

（1）卖方应及时缮制装运通知，并严格按合同或信用证要求的时间发送装运通知。

样例13-2 装运通知

<table>
<tr><td colspan="4">YANYANG WEIDE TRADING CO.
LTD XIAN CHINA</td></tr>
<tr><td colspan="4">SHIPPING ADVICE ①</td></tr>
<tr><td rowspan="4">TO:</td><td rowspan="4">ZHYAN CORPORATION
CPO BOX221 SEOUL
KOREA ③</td><td>Invoice No.</td><td>GMOY02 ②</td></tr>
<tr><td>ISSUE DATE:</td><td>AUG.31, 2022</td></tr>
<tr><td></td><td></td></tr>
<tr><td></td><td></td></tr>
<tr><td colspan="4">Re: 30 Cartons Leather Gloves under L/C No. PIC 12345 Covering Open Policy No. MM348976 ④</td></tr>
<tr><td colspan="4">Dear Sir or Madam:
WE HEREBY INFORMED YOU THAT GOODS UNDER THE ABOVE MENTIONED CREDIT HAVE BEEN SHIPPED.THE DETAILS OF SHIPMENT ARE AS FOLLOWS: ⑤</td></tr>
<tr><td colspan="2">Bill of loading Number:</td><td colspan="2">BBC999</td></tr>
<tr><td colspan="2">Ocean Vessel:</td><td colspan="2">QUEENWING V.102</td></tr>
<tr><td colspan="2">Port of Loading:</td><td colspan="2">SHANGHAI</td></tr>
<tr><td colspan="2">Date of shipment:</td><td colspan="2">AUG.31, 2023</td></tr>
<tr><td colspan="2">Port of Destination:</td><td colspan="2">INCHON</td></tr>
<tr><td colspan="2">Estimated date of arrival:</td><td colspan="2">SEP.02, 2023 ⑥</td></tr>
<tr><td colspan="2">Description of goods:</td><td colspan="2">LEATHE GLOVES</td></tr>
<tr><td colspan="2">Shipping Marks:</td><td colspan="2">N/M</td></tr>
<tr><td colspan="2">Quantity:</td><td colspan="2">3240DZS</td></tr>
<tr><td colspan="2">Gross Weight:</td><td colspan="2">3696KGS</td></tr>
<tr><td colspan="2">Net Weight:</td><td colspan="2">3428KGS</td></tr>
<tr><td colspan="2">Total Value:</td><td colspan="2">EUR 25968.00</td></tr>
<tr><td colspan="4">YANYANG WEIDE TRADING CO.,
LTD XIAN CHINA ⑦</td></tr>
</table>

（2）装运通知应该充分，以便卖方或保险公司及时办理保险手续。信用证要求通知的内容必须一一列出，可以比信用证详尽，但不能与其他单据相同的信息相矛盾。

（3）装运通知要按照合同或信用证的要求发送给相关方，如买方和保险公司等。

（4）如果信用证要求将装运通知的副本作为议付单据之一，最好在结尾处加注："This is the ture copy of shipping advice sent to applicant or Insurance Co."

工作活动2 受益人证明的缮制

工作活动目标

1. 能够理解受益人证明的含义。
2. 能够列举并理解受益人通知的内容及如何缮制。

职业工作情境

单证工作人员需要明确受益人通知的含义及如何制作。

职业知识储备

微课 13-2

受益人证明

知识点1 受益人证明的含义及作用

一、受益人证明的含义

受益人证明（Beneficiary's Certificate/Statement/Declaration）是指受益人出具的自己按照信用证的规定履行义务或按照信用证的要求办理了相关工作的证明，如所交货物的品质、证明运输包装的处理、证明按要求寄单等。它是信用证付款方式下要求的常见单据之一，一般用英文制作，无固定格式，只签发一份。受益人证明见样例13-3。

二、受益人证明的种类

受益人证明主要有寄单证明、寄样证明和包装证明等几种。

1. 寄单证明。指卖方在货物装运前后的一定时期内，向买方或指定人做出的某项证明，证明卖方已经把合同和信用证规定的单据邮寄给了买方。

2. 寄样证明。由卖方根据合同和信用证的规定，签发已寄出船样、样卡和码样的证明。

3. 包装证明。指卖方所交货物的包装符合合同、信用证及进口国有关法规规定的证明。

三、受益人证明的作用

1. 向有关方面证实某件事实。
2. 证明已经履行某种义务或完成某项工作。
3. 作为议付单据之一。

样例13-3 受益人证明

Hefei, China

BENEFICIARY'S CERTIFICATE

JUN,22,2011

TO WHOM IT MAY CONCERN

Dear Sirs,

Re: Invoice No. :TX0800 L/C No. : LGU-000058

WE HEREBY CERTIFY THAT ONE SET OF NON-NEGOTIABLE SHIPPING DOCUMENTS MUST BE FAXED TO APPLICANT WITH 24 HOURS AFTER THE SHIPMENT.

ANHUI TEA IMPORT & EXPORT CO.,LTD

知识点2
受益人证明的内容及缮制注意事项

一、受益人证明的内容

受益人证明的内容视信用证的具体规定而定，内容和格式无统一规定，由卖方自行缮制，就其内容而言一般包括单据名称、编号及日期、抬头人、事由、声明或证明文句、签署等。

（1）单据名称（Name of Document）。一般按信用证要求填写。若信用证要求提供“Beneficiary's Certificate”“Beneficiary's Statement”“Beneficiary's Declaration”等，应按信用证的要求表明单据名称。

（2）编号及日期（No.&Date）编号一般填写发票号码，日期应该严格按信用证规定的寄出样品或单据的时间填写，即根据需证实的内容而定，一般与提单日期相同或略晚于提单日期一两天，也可能早于提单日。

（3）抬头人（To）。一般笼统地填写“To whom it may concern”（致有关方面）。

事由（Re）。一般可填写商品的名称或信用证号码。在非信用证付款方式下，可填写商品的名称或合同号。

（4）声明或证明文句（Statement）。此项内容必须对应信用证要求填写。例如，信用证要求受益人寄单据，则提供寄单证明；如果信用证要求受益人寄样品，则提供寄样证明；如果信用证要求受益人证明交付货物的包装符合要求，则提供包装证明。其中的人称、时态和语态有时需要作适当变换，不能照抄照搬信用证原句。

（5）签署（Signature）。在装运通知的右下角，填写卖方的名称和法人代表或经办人的签字。注意作为证明无论信用证是否要求收益人签字都要签署。

二、受益人证明的缮制要求

（1）当信用证要求提交受益人证明时，提交经签署的单据包含信用证所要求的数据和证明文句，并表明信用证规定的名称，或标明反映所要求证明类型的名称，或没有名称，即符合要求。

（2）受益人证明提及的数据，不应与信用证要求相矛盾。

（3）受益人证明提及的数据或证明文句，无须与信用证要求的一致，但应当清楚表明信用证规定的要求已经获得满足。在受益人证明的措辞上，如果信用证已经给出具体文句，在缮制单据时不能原封不动照抄照搬，应该在人称、时态或语态上进行相应的调整，如一般将 Beneficiary 替换成 We，把将来时变成完成时，表明信用证规定的义务受益人已经完成。同时，受益人证明无须包含货物描述或对信用证及其他规定单据的任何其他援引。

（4）受益人证明本身的性质决定该单据需要由受益人或受益人代表签署。

职业技能操练

工作项目

缮制商业发票

项目背景

请根据前面关于装船通知及受益人证明的相关内容，结合以下信用证内容，制作装船通知和受益人证明，要求格式清楚、内容完整。

信用证内容如下：

APR.05，2023 09：36：32 LOGICAL TERMINAL P005	
MT：S 700 ISSUE OF DOCUMENTARY CREDIT PAGE 00001	
FUNC SWPR3	
UMR 00182387	
MAGACK DWS7651 AUTH OK，KEY B19604214 FAEA9B2，BKCHCHBJ SAIVJPJT	
RECORD BASIC HEADER O 700 1547 970225 SAIBJPJICAXA3846992024 970315	
* STANDARD CHARTERED BANK	
* LONDON	
USER HEADER SERVICE CODE	103：
BANK.PRIORITY	113：
MSG USER REF.	108：INFO.FROM
SEQUENCE OF TOTAL	*27：1/1
FORM OF DOC.CREDIT	* 40A：IRREVOCABLE
DOC.CREDIT NUMBER	* 20：IM02023502
DATE OF ISSUE	31C：230405
DATE AND PLACE OF EXPIRY	*31D：DATE 230615 AT NEGOTIATING BANK'S COUNTER
APPLICANT	* 50：CHR TRADING CO.，LTD. 39 TOTTENHAM COURT ROAD，MARYLEBONE，LONDON WIT 2AR，UNITED KINGDOM
BENEFICIARY	* 59：NINGBO TEXTILES IMP.AND EXP.CORPORATION
12GUOYI STREET.NINGBO.CHINA	
AMOUNT	* 32B：CURRENCY USD AMOUNT 16 000.00
AVAILABLE WITH BY	* 41D：ANY BANK BY NEGOTIATION

续表

DRAFTS AT	42C：AT 30 DAYS AFTER SIGHT FOR FULL INVOICE VALUE
DRAWEE	42A：HARMY BANK LTD.，LONDON
PARTIAL SHIPMENTS	43P：PROHIBITED
TRANSHIPMENT	43T：PERMITTED
LOADING IN CHARGE	44A：CHINA
FOR TRANSPORT TO	44B：LONDON
LATEST DATE OF SHIPMENT	44C：190531
DESCRIPTION OF GOODS	45A：
FULL COTTON KNITTED WOMEN TROUSERS AS PER S/C No.DE236256	
ART No. QUANTITY	UNIT PRICE
88-701 6 000 PCS	USD 1.00/PC
88-702 8 000 PCS	USD 1.25/PC
PRICE TERM：	CIF LONDON
DOCUMENTS REQUIRED	46A： + FULL SET（3/3）OF ORIGINAL CLEAN ON BOARD OCEAN BILLS OF LADING MADE OUT TO ORDER AND BLANK ENDORSED AND MARKED “FREIGHT PREPAID” NOTIFY APPLICANT（WITH FULL NAME AND ADDRESS）. + SIGNED COMMERCIAL INVOICE IN 5 FOLDS CERTIFYING THAT THE GOODS ARE CHINESE ORIGIN AND SHOWING H.S.CODE 610462. + BENEFICIARY’S CERTIFICATE STATING THAT ONE SET OF NON-NEGOTIABLE SHIPPING DOCUMENTS HAVE BEEN SENT TO APPLICANT BY AIRMAIL WITHIN 2 DAYS AFTER SHIPMENT. + DETAILED PACKING LIST IN 3 FOLDS. + G.S.P.FORM.ISSUED BY AUTHORITY. + MARINE INSURANCE POLICY IN DUPLICATE ENDORSED IN BLANK FOR 110% OF THE INVOICE COST INCLUDING：OCEAN MARINE CARGO CLAUSES（ALL RISKS）AND OCEAN MARINE CARGO WAR RISK CLAUSES OF THE PEOPLE’S INSURANCE COMPANY OF CHINA INCLUDING WAREHOUSE TO WAREHOUSE CLAUSE，CLAIMS PAYABLE IN LONDON IN CURRENCY OF DRAFTS.
ADDITIONAL COND.	47A： （1）ALL DOCUMENTS SHOULD MENTION L/C No. （2）AN ADDITIONAL FEE OF USD 50.00 OR EQUIVALENT WILL BE DEDUCTED FROM THE PROCEEDS PAID UNDER ANY DRAWING WHERE DOCUMENTS PRESENTED ARE FOUND NOT TO BE IN STRICT CONFORMITY WITH THE TERMS OF THIS CREDIT. （3）THE GOODS TO BE PACKED IN EXPORT CARTONS. DETAILS OF CHARGES 71B：ALL BANK CHARGES OUTSIDE LONDON INCLUDING REIMBURSEMENT COMMISSIONS ARE FOR ACCOUNT OF BENEFICIARY.

续表

PRESENTATION PERIOD	48：DOCUMENTS MUST BE PRESENTED WITHIN 10 DAYS AFTER THE DATE OF SHIPMENT，BUT WITHIN THE VALIDITY OF THE CREDIT.
CONFIRMATION	*49： WITHOUT
INSTRUCTIONS	78： THE NEGOTIATING BANK MUST FORWARD THE DRAFTS AND ALL DOCUMENTS BY REGISTERED AIRMAIL DIRECT TO US（INTERNATIONAL CENTER MAIL ADDRESS IN TWO CONSECUTIVE LOTS，UPON RECEIPT OF THE DRAFTS AND DOCUMENTS IN ORDER）. WE WILL REMIT THE PROCEEDS AS INSTRUCTED BY THE NEGOTIATING BANK.
TRAILER：	MAC：CF6F97BC
CHK：F04138D93C1B	

补充材料如下：

（1）发票号码：GD04-017

（2）提单号码：COS365

（3）船名、航次：BILLJIE V.998

（4）包装情况：100 PCS/CTN

GROSS WT.10 KGS/CTN

NET WT.8 KGS/CTN

MEASUREMENT：60×50×40 CM/CTN

（5）提单签单人及签发日期：NINGBO DAHAI SHIPPING CO.，LTD.李大为

（6）SHIPPED ON BOARD DATE：MAY 28，2023

（7）唛头：ITOCHU/DE236256/LONDON/No.1-UP

（8）出口企业有权签字人：刘淑

（9）原产地标准及产地证号：“P”，ZJNB888788

（10）保单号：PICC2019128

<table>
<tr><td colspan="2">SHIPPING ADVICE</td></tr>
<tr><td rowspan="4">TO:</td><td>DATE:</td></tr>
<tr><td>INVOICE No.:</td></tr>
<tr><td>S/C No.:</td></tr>
<tr><td>L/C No.:</td></tr>
<tr><td colspan="2">DEAR SIRS,</td></tr>
<tr><td colspan="2">WE HEREBY INFORM YOU THAT THE GOODS UNDER THE ABOVE MENTIONED CREDIT HAVE BEEN SHIPPED.THE DETAILS OF THE SHIPMENT ARE STATED BELOW.</td></tr>
<tr><td colspan="2">COMMODITY:</td></tr>
</table>

续表

SHIPPING ADVICE
QUANTITY OF GOODS/PACKAGES：
TOTAL G.T：
DATE OF DEPARTURE：
B/L No.：
PORT OF LOADING：
DESTINATION：
SHIPPING MARKS：
CERTIFICATE
DATE：MAY 28，2023
INV.No.：GD04-017
L/C No.：IM020223502
TO WHOM IT MAY CONCERN，
WE ATE STATING THAT ONE SET OF NON-NEGOTIABLE SHIPPING DOCUMENTS HAS BEEN SENT TO APPLICANT BY AIRMAIL WITHIN 2 DAYS AFTER SHIPMENT.
NINGBO TEXTILES IMP.AND EXP.CORPORATION 刘淑

工作情境测试

随堂测13

一、多项选择题

1.装运通知可能会发给（　　）。

A.受益人　　B.开证申请人

C.开证行　　D.申请人指定的保险公司

2.（　　）是信用证方式下装运通知的制作单据。

信用证　　B.商业发票　　C.装箱单　　D.URC522

3.根据《URC522》的分类，（　　）不属于买方要求说明货物及相关情况的单据。

A.品质证书　　B.原产地证明　　C.船龄证明　　D.寄单证明

4.根据《UCP600》的解释，如信用证条款未明确规定是否“允许分批发运”“允许转运”，则应理解为（　　）。

A.允许分批发运，但不允许转运　　B.允许分批发运，允许转运

C.允许转运，但不允许分批发运　　D.不允许分批发运，不允许转运

5.信用证条款中，“Latest of shipment”的意思是（　　）。

A.到期日　　B.最晚交单日　　C.最早交单日　　D.最迟装运日

6.我国对外贸易货物运输最常采用的运输方式是（　　）。

A.国际多式联运　　B.江海运输　　C.航空运输　　D.公路运输

7.按照单据形式，国际贸易单证分为（　　）。

A.金融单据和商业单据　　B.纸面单证和电子单证

C.基本单据和附属单据　　D.保险单据和包装单据

8.海运提单日期应理解为（　　）。

A.货物装船完毕的日期　　B.货物开始装船的日期

C.货物装船过程中任何一天　　D.签订运输合同的日期

二、判断题

1.所有船公司证明都必须签署。（　　）

2.装运通知可以让收货人等有关当事人及时了解货物装运的情况。（　　）

3.船籍证明又称船舶登记证书，是对船舶的国籍以及船舶所有权的一种证明，船籍证明在一般商品贸易中不会使用，通常只有在船舶贸易中才会要求提交。（　　）

4.装运通知一般可以不签署，但信用证要求的受益人应签署。（　　）

5.如果信用证没有要求，受益人证明可以不用签章。（　　）

6.受益人证明的出单时间不能早于信用证规定的所属证明事件的发生时间，也不能晚于信用证规定的交单时间。（　　）

7.装运通知是由船公司或者货代制作的。（　　）

8.如果合同和信用证没有规定装运通知的抬头，则外贸单证员可以把装运通知的抬头制作为“To whom it may concern”。（　　）

14

工作情境 14

审核单据

学习目标

知识目标

1. 能理解审单原则。
2. 熟悉掌握各种主要单据的审核要点。

技能目标

学生能够具备审核单证的实际应用能力及分析能力。

素养目标

1. 具备“重合同、守信用”的外贸诚信品质和守法意识。
2. 培养学生一丝不苟、认真负责的审单责任意识。

情境导入

出口货物单据的审核，是合同履行过程中一个非常重要的环节，直接关系到出口人凭以收回货款的依据。

工作活动

工作活动1　主要单据的审核要点
工作活动2　单据不符的处理办法

工作活动1
主要单据的审核要点

工作活动目标

1.能够理解单据审核原则。

2.能够掌握主要单据的审核要点。

职业工作情境

单证工作人员在坚持审单原则的基础上，熟练掌握主要单据的审核要点，才能做到更好地审核单据。

职业知识储备

微课 14-1

单据审核的原则

知识点1
单据审核的原则

一、单据审核的概念

单据审核是指对已经缮制、备妥的单据对照信用证（在信用证付款情况下）或合同（非信用证付款方式下）的有关条款内容进行单单、单证及时检查和核对，发现问题及时更正，以达到安全收汇的目的。

二、单据审核的基本原则

（一）企业审单的原则

（1）及时性。它是指出口企业应及时对有关单据进行审核，如遇单据上出现差错，可以及时发现并更正，以避免因单据审核不及时而导致各项工作陷入被动局面。

（2）全面性。它是指出口企业应当从安全收汇和全面履行合同的高度来重视单据的审核工作。一方面，应对照信用证和合同认真审核每一份单证，不放过任何一个不符点；另一方面，要善于处理所发现的问题，加强与各有关部门的联系和衔接，使发现的问题得到及时、妥善的处理。

（3）相符交单。按照“相符交单”的原则，做到与信用证条款、《UCP600》、《ISBP745》一致。做到“相符交单”是安全收汇的前提和基础，信用证没有提及的内容应以《UCP600》和《ISBP745》为准，所提交的单据中存在的任何不符哪怕是微小的差错都可能造成难以挽回的损失。

（二）银行审单的原则

《UCP600》第14条a款规定，按指定行事的指定银行、保兑银行（如果有的话）及开证行须审核交单，并仅基于单据本身确定其是否在表面上构成相符交单，而“相符交单”是指与信用证条款、跟单信用证统一惯例《UCP600》的相关适用条款以及国际标准银行实务《ISBP745》一致的交单。从中得出，银行审单的原则应包括以下几项。

1.按信用证规定的条款审单

信用证是依据买卖双方签订的贸易合同而开立的，它一旦为各有关当事人所接受，即成为各有关当事人必须遵循的契约性文件。在信用证结算业务中，各有关当事人必须受其约束，按照信用证所规定的条款，逐条对照，以确定单据是否满足信用证的要求。当信用证的规定与《UCP600》有抵触时，则应遵循信用证优先于《UCP600》的原则，按照信用证的要求审核单据。其中又包括表面一致性和内容相符性两条原则。

（1）遵循表面一致性原则。受益人提交的单据名称及其内容等表面上必须与信用证规定完全一致。例如，某信用证将货物描述为Attaches Sanitary（卫生洁具附件），而受益人具体的货名为Expansion Bolt（膨胀螺栓）。虽然如此，有关单据中货物描述仍必须与信用证的规定相一致。可能有的单据因某种特殊作用如清关报税等需显示具体货名，这时，我们仍必须将信用证所规定的Attaches Sanitary显示在其上，而在其后加注具体货名Expansion Bolt。

（2）遵循内容相符性原则。银行在审单时应注意避免照搬、照抄信用证的原话，只要内容相符即可。例如，信用证的有关人称指向、时态、语态等，转到单据上时，应作相应的调整，以避免不必要的误会。

2.按照《UCP600》和《ISBP745》的规定审单

《UCP600》是确保在世界范围内将信用证作为可靠支付手段的准则，已被大多数国家与地区的银行接受和使用。《ISBP745》所体现出来的国际标准银行实务是对《UCP600》的必要补充，填补了概括性的《UCP600》规则与信用证使用者日常操作之间的差距。银行必须按照跟单信用证统一惯例（《UCP600》）和国际标准银行实务《ISBP745》的要求，合理、谨慎地审核信用证要求的所有单据，以确定其表面上是否与信用证条款相符。

3.按照银行的经营思想、操作规程审单

国际贸易结算作为银行经营的一项重要业务，在操作过程中，必须按照银行的有关操作规程行事。尤其是在向客户融资时，更应明确银行的观点和看法，更有权对单据有关条目的处理做出自己的选择和判断，以体现银行的经营方针和经营作风。

4.按照普遍联系观点，结合上下文内容审单

信用证是一个与买卖合同分离的独立文件，其内容是完整的、互为联系的。其中要求的条件、单据等是相辅相成、前后一贯的。审单时必须遵循普遍联系的观点，结合上下文内容进行，避免片面、孤立地看待某一条款。例如，欧盟某国开来一张信用证，要求提交的单据中有一项是副本Certificate of Origin（产地证），而在后文中要求受益人将正本GSP Certificate of Origin Form A（普惠制产地证格式A）寄交开证申请人。结合上下文内容，就能判断出信用证要求银行提交的是副本GSP Certificate of Origin（普惠制产地证），而非一般的产地证。

5.按照合情、合理、合法的原则审单

所谓合情、合理、合法，是指银行审单员应该根据自己所掌握的国际贸易结算知识，对各种单据的完整性和准确性做出合乎情理的判断。例如，普惠制产地证是给惠国赋予受

惠国出口货物减免税的一种优惠凭证，其“收货人”一栏应填写最终买主。如果信用证未作明确规定，那么应根据提单的收货人、通知人及货至目的地对最终买主是否享受普惠政策做出合理的选择。

6.按照单据的商业功能和结算功能相统一的原则审单

单据的商业功能即在商务流通及商品买卖过程中的作用是主要的，结算功能是次要的，银行审单时应着重考虑其商业功能，应该了解各类单据的作用及功能，按照各类单据自身的功能及用途审单，避免将不必要的内容强加于单据。《UCP600》制定了“单据必须满足其功能”的新审单标准。

知识点2
主要单据的审核要点

一、商业发票的审核要点

1.确保商业发票的签发人是信用证的受益人。

2.除非信用证另有规定，应确保发票的抬头为信用证的申请人。

3.商品的描述必须完全符合信用证的要求。

4.不能冠名为“形式发票”或“临时发票”。

5.确保没有将会对货物状况或价值引起怀疑的任何附加的、不利的货物描述。

6.未被信用证准许时，银行不接受发票上对货物有“用过的”“旧的”“重新改造的”“修整”等批注。

7.信用证中提及的货物、价格和条款等细节必须包含在发票中。

8.确保发票上提供的其他资料，如唛头、号码、运输资料等与其他单据相一致。

9.确保发票上的货币与信用证货币相一致。

10.发票的金额不得超出信用证的金额。

11.发票的金额必须与汇票金额相一致。

12.如不允许分批装运，确保发票必须包括信用证要求的整批装运货物价值。

13.确保信用证要求，发票已被签字、公证人证实、合法化、证明等。

14.提交正确的正本和副本份数。

二、汇票的审核要点

1.确保汇票有正确的信用证参考号。

2.确保汇票有当前的日期。

3.汇票的出票人签字和/或名称应与受益人的名称一致。

4.确保汇票做成正确的付款人，不应以申请人作为汇票付款人。

5.汇票上金额的大、小写必须一致。

6.付款期限要符合信用证或合同规定。

7.汇票金额不得超出信用证金额。

8.汇票金额应与发票金额相符。

9.确保收款人的名称已被验明。

10.确保已按需要正确地背书。

11.没有限制性背书。

12.确保它包含信用证要求所必需的条款。

13.除非信用证授权，否则不开立“无追索权”的汇票。

三、运输单据的审核要点

1.确保提交全套的正本单据。

2.除非信用证另有规定，确保它不是“租船合约”的运输单据。

3.应符合《UCP600》相关运输条款的一切其他条件。

4.运输单据的收货人名称必须符合信用证的要求。

5.在运输单据需要背书时正确背书。

6.确保运输单据上载明托运人或其代理人的名称。

7.确保当运输单据有通知人时，其名称与地址按信用证要求填写。

8.确保货物的描述与信用证上内容总体一致，如果出现唛头、数量以及其他规格，则必须与其在其他单据上的内容相一致。

9.运输单据上的“运费预付”或“运费到付”要与信用证内容相符。

10.确保运输单据不出现使其成为“瑕疵”或“不清洁”的条款。

四、保险单据的审核要点

1.确保按照信用证规定提交保险单、保险凭证和保险声明书。

2.提交全套正本保险单据。

3.确保保险单的签发人是保险公司、保险商或其代理人。

4.确保保险单的签发日期或保险责任生效日期最迟在已装船或已发运接受监管之日。

5.确保货物投保金额要符合信用证要求或符合《UCP600》第28条f款规定。

6.除非信用证另有要求，保险单据必须使用与信用证相同的货币表示。

7.确保保险单据上的货物描述与发票上的描述相一致。

8.承保的风险区间至少涵盖从信用证规定的货物接管地或发运地开始到卸货地或最终目的地为止。

9.已按信用证要求投保了规定的险别并有相应明确表示。

10.确保保险单据上对货物的描述与运输单据上内容相一致。

11.若被保险人的名称不是保兑行、开证行或进口商，则应进行相应的背书。

12.保险单据上的所有其他资料与其他单据内容相符。

13.如果单据内容有修改，应被适当地证实。

五、其他单据的审核要点

1.所提交单据的种类不齐或份数不足。

2.单据的名称与信用证要求不符。

3.单据的出单日期与信用证或惯例不符。

4.单据未按《UCP600》要求由授权人签字或盖章，没有标有可以证实的符号等。

5.单据的内容不够详尽。

6.交单日期晚于信用证交单到期日，或晚于信用证规定的从装运日后必须提交单据的时间，或如无此时间规定，交单日期晚于装运日后21天，导致信用证逾期。

工作活动2
单据不符的处理办法

工作活动目标

1.能够理解主要单据的不符点。

2.能够掌握单据不符的处理办法。

职业工作情境

单证工作人员在了解了单据的审核原则及审核要点的基础上，结合单据常见的不符做出相应的处理。

职业知识储备

知识点1
单据常见不符点

主要单据的常见不符点如下：

一、商业发票的常见不符点

1.发票名称不符合信用证规定。

2.发票的开立人不是信用证的受益人。

3.发票的抬头人与信用证要求不符。

4.进口商名称与信用证上的开证申请人不同。

5.货物数量、发票金额及单价与信用证不一致或不在信用证允许的增减幅度之内。

6.发票对货物的描述与信用证中的货物描述不相符。

7.发票上的装运港或目的港与提单不一致。

8.发票上的贸易术语与信用证不一致。

9.发票上的佣金或折扣与信用证或合同的规定不相一致。

10.遗漏信用证要求、表明和证明的内容，或缮制发票时照抄照搬来证中的证明词。

11.货物包装，注有“用过”“旧货”“重新装配”等字样。

12.发票未按信用证规定签名盖章。

二、汇票的常见不符点

1.汇票的出票日期迟于有效期。

2.汇票的金额大于信用证金额。

3.汇票上的金额大、小写不一致或汇票大写金额不准确，大写金额最后漏填“ONLY”。

4.货币名称与发票或信用证不一致。

5.汇票的付款期限与信用证规定不符，或未明确付款日期。

6.出票人未签字。

7.汇票提交的份数不正确。

8.未按规定列明“出票条款”。

9.漏列或错列了信用证号码。

10.汇票的内容被更改。

三、运输单据的常见不符点

1.运输单据提交的种类与信用证规定不符。

2.未提交全套有效的提单。

3.托运人的名称与信用证不一致。

4.收货人的名称与信用证不一致。

5.被通知人的名称与信用证规定不符。

6.未按信用证规定正确背书（如果需要的话）。

7.提交了不清洁的单据。

8.运输单据中所列货物的名称、包装、数量等信息与信用证的规定不符。

9.未按信用证的规定证明运费已付或运费到付。

10.未注明承运人的名称。

四、保险单据的常见不符点

1.保险单的种类不符合信用证规定。

2.不是由规定的保险公司或保险商出具。

3.保险货币或金额与信用证规定不符。

4.保险单上对货物的描述与信用证不符。

5.保险金额大、小写不一致或大写金额不正确。

6.启运港或卸货港与信用证规定不符。

7.保险单的投保险别与信用证规定不符，如误把交货不到险当成偷窃、提货不着险。

8.未提供全套保险单据。

9.保险单未经背书或背书不正确。

10.保险日期迟于提单日期。

知识点2
单据不符的处理办法

一、单据不符的概念及原因

单据不符是指出口商即信用证受益人向银行提交的单据包含有不符合信用证条款规定的内容，致使单证不符、单单不符或单据本身内容不完整。

单据不符的原因有很多，概括起来主要有以下几种：

（1）制单员的业务知识局限和操作疏忽。

（2）信用证本身的缺陷。信用证本身的缺陷往往会引起致命的不符点，包括以下四种情形：①信用证含有软条款；②信用证本身的含糊或自相矛盾；③信用证的修改；④信用证条款与实际操作有冲突。

（3）受益人在经营过程中的脱节。

（4）过分信赖银行。

二、单据不符的处理办法

（一）议付行对单据不符的处理

议付行对单据不符的处理办法通常有以下几种：

（1）将单据退回受益人修改。

（2）担保议付。

（3）向开证行发电要求授权议付。

（4）寄单行将单据寄开证行，款项收妥后再付给受益人。

（5）照常议付。

（二）开证行对单据不符的处理

作为开证行，收到议付行（或付款行、承兑行）寄来的单据后也要进行审核，若有不符点决定拒付要注意以下几点：

（1）开证行提出的不符点必须明确，且以单据为依据，没有提出具体不符点的拒付不能构成完整的拒付通知。

（2）开证行提出的不符点必须是合理的，即开证行提出的不符点必须是实质性的不符点。

（3）开证行必须以自身的名义提出不符点拒付，不得以开证申请人认为单证有不符点为由提出拒付。

（4）开证行通知应以电信方式发出；如果不能以电信方式通知，则以其他快捷方式通知，但不得迟于提示单据日期次日起第5个银行工作日。

（5）开证行必须一次性地提出所有不符点。

（6）开证行一次性通知提示人的通知必须声明：①银行拒绝兑付或议付。②银行凭以拒绝兑付或议付的各个不符点。③银行持有单据等候提示人的进一步指示；或开证行持有单据直至收到申请人通知弃权并同意接受该弃权，或在同意接受弃权前从提示人处收到进一步指示；或银行退回单据；或银行按照先前从提示人处收到的指示行事。

（三）出口商对信用证遭拒付后的处理

1.明确拒付理由

造成信用证被银行拒付的原因有两类：一类是银行违法违规审单，另一类是单据确实存在问题。对于银行违法违规审单，一方面是因为银行信誉良莠不齐，一些信誉欠佳的开证行往往会极力配合开证申请人，对单据无端挑剔，以无害不符点拒付甚至无理拒付；另一方面是因为银行素质参差不齐，对国际惯例的理解也不一样，有些银行在未弄清不符点内容的情况下就盲目地将其认定为不符点。因此，出口商要自己认真审核不符点，做到心中有数。出口商要以国际惯例和国际标准银行惯例为依据，判断开证行所提的不符点是否成立。单据不符可以拒付，但如果单据相符，则银行必须接受单据并履行信用证项下的付款责任，另外开证行不得以单据以外的理由拒绝付款。如单据在表面上符合信用证，同时单据与单据之间并无不一致，就可认定所提不符点不成立，理直气壮地要求开证行履行付款的义务。

2.不符点的提出是否符合规定

判断开证行提出不符点的前提是否已满足。首先，根据目前《UCP600》的规定，开证行必须在合理的时间，即收到单据次日起的5个工作日之内提出不符点，并且无延迟地以电信方式或其他快捷方式将不符点通知提示者；其次，不符点必须一次性提出，且通知不符点的同时须说明将单据代为保管听候处理，或径退交单者。以上条件如有一项开证行未做到，开证行便无权以单据有不符点而拒付。有时开证行提出不符点的条件均已满足，单据也确实存在不符点，但开证行由于自身素质或语言水平的限制，提出的不符点与实际存在的不符点大相径庭，实质上所提的不符点是不存在的，而其后来对不符点所作的解释可能是正确的不符点，但出口企业可以指出其是第二次提出不符点，系无效的拒付行为。

3.及时修正不符单据

对于单据确实存在不符点的情况，出口商一定要清楚，此时开证行虽然已通知拒付，但只要受益人改正的单据在信用证规定的有效期和议付期内提交到指定银行，且新提交的单据没有新的不符点，则视为单据不存在不符点，开证行必须付款。因此，一旦获知开证行提出不符点，公司的反应一定要快，看是否来得及改单，如有可能，应迅速改单并及时将单据交到指定银行手中。

4.巧妙申请退单

《跟单信用证统一惯例》规定银行拒付后必须持单听候指示，或是将单据退还交单者，也就是说开证行拒付后不经受益人或议付行同意，不得擅自向开证申请人放单，否则其必须付款。此时，出口商关注货物下落可以了解到开证申请人的提货情况。若开证申请人是凭开证行的提货担保提取货物的，受益人可向议付行要求退单，然后向承运人索要货物，承运人因无法提取货物，必然转而找开证行，要求其履行提货担保的责任，此时开证行往往会立即付款。

工作情境测试

一、单项选择题

随堂测14

1.国际商会规定银行审单有一个时间限制，其目的在于，若超过（　　）个银行营业日仍未做出是否接受单据的决定，银行将失去拒受单据的权利，即使单据存在不符点，银行也只能接受单据。

A.4　　B.5　　C.6　　D.7

2.当信用证要求提交“发票”（invoice）而未作进一步描述时，提交下列（　　）类型的发票不满足要求。

A.Commercial Invoice　　B.Customs Invoice

C.Pro-formal Invoice　　D.Final Invoice

3.某公司以CIF贸易术语进口一批货物，国外卖方提交的海运提单上有关“运费支付”一项应写成（　　）。

A.Freight Prepaid　　B.Freight as Arranged

C.Freight Collect　　D.Freight Payable at Destination

4.渣打银行东京分行开立一份L/C，开证申请人是ABC LTD.CO.，TOKYO，JAPAN，L/C规定 Invoice must made out to XYZ LTD.CO.，TOKYO JAPAN，出口商发票的抬头人应该做成（　　）。

A.ABC LTD.CO.，TOKYO，JAPAN

B.XYZ LTD.CO.，TOKYO，JAPAN

C.ABC LTD.CO.，TOKYO，JAPAN AND XYZ LTD.CO.， TOKYO， JAPAN

D.渣打银行东京分行

5.受益人审核信用证的依据是（　　）。

A.商业发票　　B.整套单据　　C.开证申请书　　D.买卖合同

6.信用证支付方式下，银行处理单据时不负责审核（　　）。

A.单据与有关国际惯例是否相符　　B.单据与信用证是否相符

C.单据与国际贸易合同是否相符　　D.单据与单据是否相符

7.在信用证业务中，有关当事方处理的是（　　）。

A.服务　　B.货物　　C.单据　　D.其他行为

8.采用象征性交货的贸易术语时，卖方的交货义务是（　　）。

A.不交货　　B.仅交单　　C.凭单交货　　D.实际性交货

二、判断题

1.单据上留有填写数据的方框、栏位或空格，并不表示该方框、栏位或空格中应当填写内容。（　　）

2.“在5月14日之内交单”（presentation to be made within 14 May），或“在信用证有效期或失效日之内交单”（presentation is to be made within credit validity （or credit expiry）），且信用证有效期为5月14日，这表示5月14日是允许交单的最后一天，只要5月14日是银行工作日。（　　）

3.当信用证要求空运单据表明收货人为“to order”，该空运单据应当显示“to order”字样。（　　）

4.通常表明货物已装船的方式是在信用证规定的装运港装上具名船只加以批注，并且在提单上加盖“已装船”戳记。（　　）

5.在采用票汇付款的情况下，由买方购买银行汇票径寄卖方，因此这种付款方式属于银行信用。（　　）

6.原产地证明必须显示发货人或出口商的名称。（　　）

7.所有的运输单据都是发货人交货给承运人的依据，故都是物权凭证，可凭此向目的地代理人提货。（　　）

8.我国某公司向美国旧金山一商人出口货物，信用证规定不准转船。我方提交银行的提单为直达提单，而船方却在运输途中因故转船。进口商闻讯后通知开证行拒绝付款。根据《跟单信用证统一惯例》，开证行无权拒付。（　　）

三、案例分析题

1.某出口公司向西亚某国出口日用品一批，见单60天付款，信用证结算方式，汇票的承兑行为开证行。议付银行审核后“单证一致、单单一致”，单据寄到开证行后，开证行（进口国银行）即回电，承兑到期付款，并确定了到期日。不料30天后，开证行发来电报称，由于开证申请人遭遇法律诉讼，该国法院已下“止付令”，冻结开证人的所有财产，因此开证行将服从法院的指令，不能履行到期付款的责任。请问，开证行的拒付理由能够成立吗？为什么？

2.在第二次海湾战争爆发前，南京某公司向新加坡某公司出售价值218万美元的2 000公吨聚乙烯塑料，双方约定，凭不可撤销的即期信用证付款。合同签订后，卖方收到买方开来的信用证，随即按合同规定发运了货物。出人意料的是，海湾战争并没有使石油产品涨价，反而使价格大幅下降。买方收货后称：产品质量有问题，并要求每公吨降价200美元，否则，即拒付货款。卖方发货后向银行交单时，并不存在“不符点”，银行在收单11天后才表示拒受单据和拒付货款。根据上述情况，卖方选择向法院起诉银行，结果，新加坡高等法院判决卖方胜诉。请分析原因。

四、单证操作题

根据已知资料审核保险单和海运提单，指出错误。

相关资料1：

信用证

Form of Doc.Credit　*40A：　IRREVOCABLE

Doc.Credit Number　*20：　BL-202005

Date of Issue　31C：　230325

Expiry　*31D：　Date 230531 Place CHINA

THE TERMS OF THIS DOCUMENTARY CREDIT, WE UNDERTAKE TO REIMBURSE YOU IN THE CURRENCY OF THE CREDIT IN ACCORDANCE WITH YOUR INSTRUCTIONS, WHICH SHOULD INCLUDE YOUR UID NUMBER AND

THEABA CODE OF THE RECEIVING BANK

Send.to rec.info.　72：DOCUMENTS TO BE DISPATCHED BY COURIER

SERVICE IN ONE LOT TO BANK OF CHINA

BANGKOK BRANCH TRADE SERVICES, 26 BOLIDEN ROAD, BANGKOK, THAILAND

相关资料2：

发票号码：HS20E0428　　外箱尺码：60×40×40 CMS

发票日期：2023年4月28日　　保单号码：202331001789626

提单号码：COS2005851　　保险费：80美元

提单日期：2023年5月10日　　合同号码：HS230316

船名：ZHEN HUA V.007S　　合同日期：2023年3月16日

原产地证号：6838992　　海运费：864美元

商品编号：6209.9000　　议付银行：中国银行杭州分行

20尺拼箱，CFS/CFS　　船公司在目的港的代理的名称与地址：

COSCOBANGKOK BRANCH

36 JERVA ROAD, BANGKOK, THAILAND

集装箱号：COSU561753　　生产厂家名称：

HANGZHOU LINGLONG GARMENTS FACTORY

封号：08153　　　　　　　　　　　　唛头：THOMAS
毛重：1 440.00KGS　　　　　　　　　TH200316
净重：1 305.00KGS　　　　　　　　　BANGKOK
NOS.1-80

中国人民财产保险股份有限公司

PICC　　PICC Property and Casualty Company Limited

总公司设于北京　　一九四九年创立

Head Office Beijing　　Established in 1949

货物运输保险单

CARGO TRANSPORTATION INSURANCE POLICY

发票号码 Invoice No.　HS20E0428

合同号码 Contract No.　HS200316　　　保单号次 Policy No.202331001789626

信用证号 Credit No.　BL-201805

被保险人 Insured：HANGZHOU HOPESHOW GARMENTS CO.，LTD.

中保财产保险有限公司（以下简称本公司）根据被保险人的要求及其所缴付约定的保险费，按照本保险单承担险别和背面所载条款与下列特别条款承保下列货物运输保险，特签发本保单。

This policy of Insurance witnesses that The People Insurance（Property）Company of China，Ltd.（hereinafter called the Company）at the request of the Insured and in consideration of the agreed premium paid by the Insured，undertakes to insure the under mentioned goods in transportation subject to the conditions of this Policy as per the Clauses printed overleaf and other special clauses attached hereon.

标记 Marks & No.	包装及数量 Quantity	保险货物项目 Description of Goods	保险金额 Amount Insured
AS PER INV.NO. HSE230428	60 CTNS	35 PCT COTTON 65 PCT RAYON LADIES' COATS	USD36 300.00

总保险金额

Total Amount Insured：SAY U.S.DOLLARS THIRTY SIX THOUSAND THREE HUNDRED ONLY.

保险费　　　　　　启运日期　　　　　　装载运输工具

Premium As arranged　Date of commencement AS PER B/L Per conveyance SS：ZHEN HUA V.007S

自　　　　　　经　　　　　　至

From SHANGHAI　　Via________　　To BANGKOK

承保险别 Conditions：

COVERING ALL RISKS AS PER CIC OF PICC DATED 01/01/1981 WAREHOUSE TO WAREHOUSE CLAUSE INCLUDED

CREDIT NO.BL-201805 DATED 25 MAR.，2023 ISSUED BY KRUNG THAI BANK PUB-

LIC CO.，LTD.，BANGKOK

所保货物，如发生本保险单项下可能引起索赔的损失或损坏，应立即通知本公司下述代理人查勘。如有索赔，应向本公司提交保险单正本（本保险单共有2份正本）及有关文件。如一份正本已用于索赔，其余正本则自动失效。

In the event of damage which may result in a claim under this Policy， immediate notice be given to the Company Agent as mentioned here under Claims，if any，one of the Original Policy which has been issued in TWO Original（s）together with the relevant documents shall be surrendered to be Company，if one of the Original Policy has been accomplished，the others to be void.

Insurance agent at destination:

THAILAND INSURANCE CO.，LTD.

29 DADA ROAD，BANGKOK，THAILAND

赔款偿付地点

Claim payable at BANGKOK　中国人民财产保险股份有限公司浙江省分公司

出单日期 PICC Property and Casualty Company Limited，Zhejiang Branch

Issuing date 30 APR.， 2023　　姜小葵

地址：中国浙江省杭州市中山北路321号

邮编：（Post Code）：310000 电话（Tel）：0571-28302220

传真（Fax）：0571-28802226

Authorized Signature

<table>
<tr><td colspan="2">Shipper
HANGZHOU HOPESHOW GARMENTS CO.，LTD.
842 MOGANSHAN ROAD HANGZHOU，CHINA</td><td rowspan="6">B/L No.COS0805851
COSCO
中远海运集装箱运输有限公司
COSCO CONTAINER LINES
Port-to-Port or Combined Transport
BILLS OF LADING
ORIGINAL
Received in external apparent good order and condition except as otherwise noted.The total number of packages or units stuffed in the container，the description of the goods and the weights shown in this Bill of Lading are furnished by the Merchants，and which the carrier has no reasonable means of checking and is not a part of this Bill of Lading contract.The carrier has issued the number of Bills of Lading stated below，all of this tenor and date，one of the original Bills of lading must be surrendered and endorsed or signed against the delivery of the shipment and whereupon any other original Bills of Lading shall be void.The Merchants agree to be bound by the terms and conditions of this Bill of Lading as if each had personally signed this Bill of Lading.
SEE clauses on the back of this Bill of Lading（Terms continued on the back hereof，please read carefully）</td></tr>
<tr><td colspan="2">Consignee
THOMAS IMP.AND EXP.COMPANY
31 BLUEBIRD STREET BANGKOK，THAILAND</td></tr>
<tr><td colspan="2">Notify Party
THOMAS IMP.AND EXP.COMPANY
31 BLUEBIRD STREET BANGKOK，THAILAND</td></tr>
<tr><td>Pre-carriage</td><td>Place of Receipt</td></tr>
<tr><td>Ocean Vessel Voy.No.
ZHEN HUA 007S</td><td>Port of Loading
SHANGHAI</td></tr>
<tr><td>Port of Discharge
BANGKOK</td><td>Place of Delivery</td></tr>
</table>

续表

<table>
<tr><td>Marks&Nos.
Container No.</td><td colspan="2">No.&kind of Pkgs.</td><td colspan="2">Description of Goods</td><td>G.W.（KG）</td><td>MEAS（M^3）</td></tr>
<tr><td rowspan="2" colspan="2">AS PER INV.NO.HS20E0428
1X20' LCL，CFS /CFS
CN.：COSU561753
SN.：08153</td><td>80 CTNS</td><td colspan="2">LADIES' COATS</td><td>1 305.00KGS</td><td>8.640CBM</td></tr>
<tr><td colspan="5">CREDIT NO.BL-201805 DATED 25 MAR.，2023
ISSUED BY KRUNG THAI BANK PUBLIC CO.，LTD.，BANGKOK</td></tr>
<tr><td colspan="4">TOTAL NUMBER OF CONTAINERS OR PACKAGES（IN WORDS）</td><td colspan="3">SAY EIGHTY CASES ONLY</td></tr>
<tr><td colspan="2">Freight& Charges
FREIGHT COLLECT</td><td>Revenue Tons</td><td>Rate</td><td>Per</td><td>Prepaid</td><td>Collect</td></tr>
<tr><td rowspan="2">Ex
Rate</td><td>Prepaid at</td><td>Payable at</td><td rowspan="2" colspan="4">Place and date of Issue
SHANGHAI 10 MAY，2023</td></tr>
<tr><td>Total Prepaid</td><td>No.of B（s）/L</td></tr>
<tr><td colspan="3">LADEN ON BOARD THE VESSEL：
Date：10 MAY，2023 黄山
By：C.C.L.SHA.</td><td colspan="4">Signed by COSCO CONTAINER LINES，SHANGHAI BRANCH
As agent for the carrier
named above 黄山</td></tr>
</table>

15

工作情境 15

交单归档

学习目标

知识目标

能理解单据管理的含义。

技能目标

1. 熟悉掌握处理开证行拒付事件。
2. 熟悉掌握单据归档处理。

素养目标

1. 具备“重合同、守信用”的外贸诚信品质和守法意识。
2. 培养学生的沟通能力及团队精神。

情境导入

外贸单证是外贸活动的重要资料，是商品流通的原始凭证。它反映了整个商品的流转过程，是业务档案资料的主要组成部分，具有重要的分析参考价值。因此，加强单证管理是一项非常重要的工作。

工作活动

工作活动 1　单证管理
工作活动 2　各种支付方式下的交单收汇

工作活动1 单证管理

工作活动目标

1.能够理解单证管理的意义和要求。

2.掌握单证管理的方法。

职业工作情境

单证管理是外贸企业开展活动的重要工作。作为外贸单证从业人员应先了解单证管理的重要性及要求，才能为后续开展单证管理及交单归档奠定良好基础。

职业知识储备

知识点1 单证管理

外贸单证是外贸活动的重要资料。单证是商品流通的原始凭证，它反映了整个商品的流转过程，是业务档案资料的主要组成部分，具有重要的分析参考价值。因此，加强单证管理是一项非常重要的工作。

一、单证管理的意义

（1）为完成履约提供保证。在外贸活动中，通过对单证的缮制交付、登记整理、统计分析，可以使有关人员做到心中有数，顺利组织货源、衔接生产出运、保证安全及时收汇。单证管理对企业控制工作进程、完成贸易任务有着重要意义。

（2）为统计分析提供原始资料，提高外贸工作管理水平。检查分析外贸企业各项业务工作质量和效率，均可从单证资料中提取数据，如对合同履约率、客户付款天数、费用指标、流通费用、资金周转率等各项指标的资料积累等。分析这些数据，可以促进外贸企业经营和管理的改善。

（3）为查询和处理业务差错事故提供资料。在外贸活动中，难免会出现一些由于操作不当而引发的工作失误。当有商品数量溢缺，品名规格（等级）不符，国别（地区）错运、多装、少装等差错事故发生时，必须查明原因，分清责任，吸取教训，加强教育，采取措施，以防今后再次出错，以达到安全、优质、不断提高外贸工作质量的目的。这些均需要外贸单证提供必要的资料。

二、单证管理要求

（1）要建立完备的单证档案管理制度。每套单证都应有一套副本留存档案备查。单证副本的归档方法可分为分散归档和集中归档两种。分散归档是由各分管环节各自将本环节缮制和经营的副本单证分类归档。例如，提单由办理运输的环节按运输日期归档，商业发票按发票号码分别由制单环节归档等。集中归档是在交单后将全套副本集中起来进行保管。一般来说，业务量大、部门多、分工细的单位适合分散归档；业务量不大、工作线条比较简单的单位适合集中归档。

单证编排以查找方便为原则。如采取集中归档的方式，可以按合同号码编组，也可以按发票号码排列，各企业可以视情况自行设计，保存期以2～3年较为恰当。因为与贸易有关的某些国际条约，诉讼时效有的自到货后起两年有效，档案保管的时限应与之相适应。

另外，除了保留必要的书面资料以外，还要充分利用计算机存储电子单证信息，以加强单证工作的管理。

（2）要经常分析单证工作，以提高单证工作的质量和效率。结合对外履约、客户发展等方面的考察，应经常分析单证工作，以进一步提高质量和效率，为企业的目标实现发挥更大的作用。比如，可以从审核督促、人员分工、工作考核、流程重组等多方面加以改进，使单证工作趋于完善。

知识点2
单证管理的方法

外贸单证管理的方法主要包括建立单证管理制度、组建单证管理部门或人员、加强单证审核、实现单证电子化、加强单证保密和安全管理、定期培训与更新、建立单证管理档案等内容。

一、建立单证管理制度

企业应制定详细的外贸单证管理制度，明确单证的种类、用途、管理责任、操作流程等，确保单证管理的规范性和有效性。下面为某进出口公司单证管理制度。

进出口单证的管理制度

第一章　总则

第一条　为了规范进出口单证的管理，确保进出口货物的合法运输并维护企业利益，制定本管理制度。

第二条　进出口单证是指用于确认和证明进出口货物交易的各种文件和凭证。

第三条　本管理制度适用于企业所有进出口货物的相关单证管理工作。

第四条　进出口单证的管理应依法、公正、适度，严格保密，遵守国家相关法律法规和政策。

第五条　所有涉及进出口单证的部门和人员都应严格执行本管理制度，确保单证的准确、及时和合规。

第二章　进出口单证的种类和编制

第六条 进出口单证的种类有：合同、发票、装箱单、提单、保险单、商业发票、产地证明、运输发票等。

第七条　各种进出口单证的编制应遵循国际贸易惯例和国内相 关法律法规的规定，确保信息准确、完整和有效。

第八条　进出口货物的合同应包括以下基本内容：双方当事人的名称、联系方式、交易条件、商品的数量、质量、价格、交货地点、交货方式、付款方式、进出口货物的验收和索赔、违约责任等条款。

第九条　发票是对进出口货物交易的正式确认和记录，应包括以下基本内容：货物的名称、数量、单价、总价、卖方和买方的名称和联系方式、付款方式等。

第十条　提单是国际海运货物运输的重要证明和凭证，应包括以下基本内容：货物的品名、包装方式、重量、体积、数量，发货人和收货人的名称和联系方式等。

第十一条　装箱单是装运货物的详细描述，应包括以下基本内容：货物的属性、包装方式、重量、体积、数量等。

第十二条 保险单是进出口货物运输保险的凭证，应包括以下基本内容：保险人、被保险人、保险金额、保险费率、保险责任和范围等。

第十三条 商业发票是对国外买方核销的进出口货物的确认和支付凭证，应包括以下基本内容：货物的品名、数量、单价、总价、卖方和买方的名称和联系方式等。

第十四条 产地证明是对进出口货物的原产地进行认证和证明的凭证，应包括以下基本内容：货物的原产地、生产厂商名称和联系方式等。

第十五条 运输发票是对运输费用和杂费的确认和支付凭证，应包括以下基本内容：货物的运输费用、杂费、付款方式等。

第三章 进出口单证的管理流程

第十六条 进出口货物的相关单证应按照合同的约定、货物的实际情况和相关法律法规的要求进行编制和管理。

第十七条 进出口单证的编制和管理工作应由专门的主管部门负责，确保单证的准确性和完整性。

第十八条 进出口单证的编制应包括以下步骤：准备资料、填写单证、审核单证、签署和盖章、分发和传递等。

第十九条 进出口单证的管理应按照以下流程进行：接收单证、登记单证、存档单证、查询单证等。

第二十条 进出口单证的存档应按照相关规定进行分类、编号和归档，确保单证的安全和可查性。

第四章 进出口单证的保管和使用

第二十一条 进出口单证的保管由专门负责单证管理的部门负责，确保单证的安全和完整。

第二十二条 进出口单证的使用应遵循以下原则：确保信息准确、完整和保密，及时交付相关部门和人员。

第二十三条 进出口单证需在规定的时间内提供给相关部门和人员，确保货物的顺利运输和交付。

第五章 进出口单证的维护和更新

第二十四条 进出口单证的维护应定期进行，保持单证的可读性和完整性。

第二十五条 进出口单证的更新应及时进行，确保单证的准确性和合规性。

第六章 进出口单证的监督和检查

第二十六条 进出口单证的监督和检查应由相关部门进行，确保单证的规范和合规。

第二十七条 对于违反相关法律法规和政策的进出口单证行为，要依法进行处罚和追责。

第七章 进出口单证的培训和考核

第二十八条 对于涉及进出口单证的人员进行专门培训，提高其单证操作和管理能力。

第二十九条 对于涉及进出口单证的人员进行定期考核，检查其单证操作和管理情况。

第八章 进出口单证管理的信息化建设

第三十条 进出口单证管理应进行信息化建设，提高管理效率和服务质量。

第三十一条 进出口单证管理系统应具备信息录入、查询、审核、统计和报表生成等功能。

第三十二条 进出口单证管理系统应与其他相关系统进行数据共享和接口对接，实现信息的互通互联。

第九章 附则

第三十三条 本管理制度由企业制定，经主管部门审核批准，自颁布之日起施行。

第一章节至第九章节详细阐述了进出口单证的种类、编制、管理流程、保管和使用、维护和更新、监督和检查、培训和考核、信息化建设等各个方面的内容，对于企业进出口单证的管理工作具有重要意义。本管理制度的实施将有助于规范企业的单证管理工作，提高管理效率和服务质量，确保进出口货物的合法运输并维护企业利益。

二、设立单证管理部门或人员

企业应设立专门的单证管理部门或指定专人负责单证管理，负责单证的收集、整理、审核、归档等工作，以确保单证管理的准确性和完整性。下图为某公司单证管理人员的岗位性质及岗位职责。

<table>
<tr><td>岗位名称</td><td colspan="5">单证主管</td></tr>
<tr><td>所属部门</td><td colspan="5">营运部</td></tr>
<tr><td>岗位类别</td><td>管理岗</td><td>直属上级</td><td>总经理</td><td>职位等级</td><td>主管级</td></tr>
<tr><td colspan="6">岗位关系图</td></tr>
<tr><td>直属上级</td><td colspan="2">营运经理</td><td colspan="3">工作协做关系</td></tr>
<tr><td>本岗位</td><td colspan="2">单证主管</td><td>内部</td><td colspan="2">各部门</td></tr>
<tr><td>直属下级</td><td colspan="2">单证专员</td><td>外部</td><td colspan="2">客户、相关协力商</td></tr>
<tr><td colspan="6">岗位职责概述：全面负责客户产品单证相关工作。</td></tr>
<tr><td colspan="6">岗位职责要点</td></tr>
<tr><td>职责一</td><td colspan="5">负责客户进出口产品所有文件的缮制及管控审核（如：补料，证书等）；</td></tr>
<tr><td>职责二</td><td colspan="5">及时处理单证实操过程中遇到的异常情况，极积主动向经理反馈本身解决不了的问题，并视情况知会业务；</td></tr>
<tr><td>职责三</td><td colspan="5">制作单证协力商付款申请表，确保准确无误；</td></tr>
<tr><td>职责四</td><td colspan="5">负责单证应付费用录入系统（如：代垫船公司费用，证书等）；</td></tr>
<tr><td>职责五</td><td colspan="5">管控正本提单、电放、证书等资料外寄工作；</td></tr>
<tr><td>职责六</td><td colspan="5">审核公司快递费用，合理控制快递成本；</td></tr>
<tr><td>职责七</td><td colspan="5">收集公司退税提单；</td></tr>
<tr><td>职责八</td><td colspan="5">合理安排分配工作，督促下属做好正常的工作；</td></tr>
<tr><td>职责九</td><td colspan="5">负责对下属工作进行指导、培训、考核及管理；</td></tr>
<tr><td>职责十</td><td colspan="5">完成上级领导临时交办的事项；</td></tr>
</table>

三、加强单证审核

企业应建立单证审核机制，对单证的真实性、准确性、合规性进行严格把关，避免单证错误或欺诈行为的发生。同时，企业还应定期对单证进行复核，确保单证管理的持续有效性。单证审核是保障安全收汇的关键环节，单证审核的重点如下：

1.检查L/C规定的单证份数（比如多或者少，是否是全套等）；

2.检查附加条款对单证的特别要求（比如是否要求注明L/C号码、合同号码等）；

3.检查所提供的文件名称和类型是否符合要求（比如是否需要认证、出单人是否符合要求等）；

4.单证之间的各类描述是否完全一致（比如大小写、计量单位等）；

5.单证出具或提交的日期是否符合要求（比如保单日期、FORM A 出单期等）。

四、实现单证电子化

根据我国《电子商务法》第72条的规定：国家进出口管理部门应当推进跨境电子商务海关申报、纳税、检验检疫等环节的综合服务和监管体系建设，优化监管流程，推动实现信息共享、监管互认、执法互助，提高跨境电子商务服务和监管效率。跨境电子商务经营者可以凭电子单证向国家进出口管理部门办理有关手续。进出口企业采用电子化的单证管理方式，可以提高工作效率，减少纸质单证的使用，降低管理成本。企业也可以建立单证管理系统，实现单证的电子化存储、查询、审批等功能。

五、加强单证保密和安全管理

企业应加强对单证的保密和安全管理，确保单证不被泄露或滥用。可以采取加密、备份、权限控制等措施，保护单证的安全性和完整性。

（一）单证保密

国际商务单证属于国际贸易实务中十分重要的商业信息，理所当然属于各外贸公司、企业的商业秘密。当今社会人才流动非常频繁，各种素质和品性的人都有，每个企业、每个员工务必注意保密，提防那些心术不正的人做出有损坏公司甚至国家利益的事情来。

商务单证是各个单位和部门最直接的客户档案、商品档案和货源档案。它们可以随时为企业提供直接的外销业务信息资源，对于总结经验教训，抉择企业未来的业务发展都具有不可缺少的借鉴作用。因此每一套单据都要收集整理齐全、装订成册、妥善保管。传真文件容易褪色，不便长期保管，应该留存打印件或者清晰的复印件。

（二）单证安全管理

1.所有的单证均应在规定的时间内及时归档，不得夜间加班处理单证。

2.禁止未经授权的人员私自查阅、借阅、复制单证。

3.单证的移交必须进行书面记录，并由双方保管人员签字确认。

4.单证的检查应该定期进行，对于发现单证有损坏的，应当立即向相关部门汇报并进行记录。

5.所有单证均应存放在专门的单证柜或保险柜中，并做好防火、防盗措施。

6.单证的保管人员应当将单证存放位置告知相关人员，并保证存放位置的安全。

7.严格按照单证保管清单分类存放，使得单证易于查找，并确保单证的完整性。

8.对于重要单证，应当设置备份存储，以备不时之需。

9.对于电子化的单证，应当设置定期备份，并确保备份数据的安全性。

六、定期培训与更新

随着国际贸易法规和政策的变化，单证管理的要求也会不断更新。企业应定期对单证管理人员进行培训，提高其对新法规、新政策的了解和应用能力，确保单证管理的与时俱进。为相关人员提供必要的培训，包括单证填写要求、审核标准、存档管理等方面的知识和技能。提高员工对外贸单证管理重要性的认识和理解，增强其责任感和主动性。

七、建立单证管理档案

企业应建立单证管理档案，记录单证的流转过程、审核情况、归档位置等信息，方便后续的查询和追溯。同时，档案还可以作为企业内部管理的依据和参考。

总之，外贸单证管理是企业外贸业务中非常重要的一环，企业应建立健全的单证管理制度，加强单证审核和保密安全管理，实现单证电子化，提高管理效率和准确性。

外贸业务中各项单证经过多环节的操作流转，反映了商品流转的全过程，为业务上的测算和考核提供了依据，可供有关部门查询核实。在业务成交后，单证要全面收集汇总，并进行认真的检查核对、整理装订、编号归类、列档存查、妥善保管。

外贸单证保管的形式一般有两种：分散归档和集中归档。前者由各经办部门分别自行保管，后者由专门部门负责集中统一保管。虽然单证保管方法与形式不同，但总的单证保管要求相同，都应该做到单证齐全、单证相符、顺次排列、装订整齐、查询方便、有利业务。

工作活动2
各种支付方式下的交单收汇

工作活动目标

1.能够掌握信用证方式下的交单收汇。
2.能够掌握T/T结算方式下的交单收汇。
3.能够掌握托收结算方式下的交单收汇。

职业工作情境

单证工作人员在了解了单证管理的重要性及要求的基础上，熟练掌握各种支付方式下的交单结汇应重点关注的点，以做到顺利交单结汇。

一、信用证结算方式下的交单收汇

微信15-2
信用证结算方式

信用证交易是纯粹的单据买卖，出口人想要及时、安全地收回货款，在按信用证要求发运完货物后，应随即缮制信用证规定的全套单据，开立汇票与发票，连同信用证正本（如经修改的还需连同信用证修改）在信用证规定的交单期和信用证有效期内，递交信用证限定的银行或通知行或与自己有往来的其他银行请求议付，该过程被称为交单。

1.交单时间的限制

受益人制单后，应在规定的交单期内，向信用证中指定的银行交付全套单据。若信用证中没有规定交单期限，银行将接受自装运日起21天内提交的单据，但在任何情况下，单据的提交不得迟于信用证的有效期。若信用证到期日或交单日的最后一天，适逢接受单据的银行终止营业日，则规定的到期日或交单期的最后一天将延至该银行开业的第一个营业日。但若该银行中断营业是因为天灾、暴动、骚乱、叛乱、战争、罢工、停工或银行本身无法控制的任何其他原因，则信用证规定的到期日或交单期的最后一天不能顺延。

对交单期产生影响的时间包括生产及包装所需的时间，内陆运输或集装箱运输所需的时间，进行必要的检验（如法定商检或客检）所需的时间，申领出口许可证、产地证所需的时间（如果需要），报关查验所需时间，船期安排时间，到商会和/或领事馆办理认证或出具有关证明所需的时间（如果需要），制作、整理、审核信用证规定的文件所需的时间，单据提交银行所需的时间（包括单据提交银行后经审核发现有误，退回更正的时间）等。

2.交单地点的限制

所有信用证必须规定一个付款或承兑的交单地点，或在议付信用证的情况下，必须规定一个交单议付的地点，但自由议付信用证除外。

若开证行将信用证的到期地点定在其本国或自己的营业柜台，而不是受益人国家，这对受益人极为不利，因为受益人必须保证于信用证有效期内在开证行营业柜台前提交单据。

3.议付行对单据的处理

议付行审核单据，若单证一致、单单一致，就会办理议付（或押汇），并向开证行寄单请求付款。议付行对不符点单据主要采取以下处理办法：

（1）凭保函议付。如果单据有非实质性的不符点，且受益人信誉较好，银行可凭受益人出具的保函议付，并向开证行寄单索汇。在这种情况下，有的议付行会表提不符点（即在面函上注明单据的所有不符点），通知开证行此信用证凭受益人出具的担保议付，请求开证行接受不符点；国内大多数银行则是将受益人出具的保函存档，不表提不符点，与处理相符单据一样，向开证行寄单索汇。

（2）电提不符点。如果单据金额较大，不符点较严重，为保证收汇安全，银行可以采取电报、电传、SWIFT等方式把不符点告知开证行，要求其回电授权付款、承兑或议付不符点单据。在取得开证行同意并授权付款、承兑或议付时，议付行可按单据相符的方式，直接议付单据并照常索汇。采取电提不符点，可较快地明确开证人是否接受不符点，有利于受益人及时处理。受益人应配合议付行与开证行联系，加快与开证申请人的沟通速度。不过，即使开证行授权议付，在偿付时，仍可能从偿付贷款中扣除不符点费（Discrepancy Fee）和电报费（Cable Charges）。

（3）托收寄单或征求意见寄单。若单据中含有严重不符点，受益人征得开证申请人同意，且在进口商资信较好的情况下，寄单行可将单据寄给开证行作托收处理，并在寄单面函上列明不符点。这种托收寄单方式可减少业务手续和费用，但也使得受益人完全失去开证行的付款保证，单据是否被接受，取决于开证申请人的商业信用。

寄单行也可向开证行寄单，征求其意见，在远期交易情形下，如开证行通知单据已被接受，应负到期付款的责任。

（4）退单。若单据严重不符，受益人或受益人所在地银行不愿做托收处理，议付行可将单据退回。

4.信用证项下不符单据的处理与救济

（1）审核开证行提出不符点的前提条件是否成立。开证行提出不符点的前提条件包括：

a.在合理的时间内提出不符点，即在开证行收到单据次日起算的5个工作日内，向单据的提示者提出不符点。

b.无延迟地依电信方式将不符点通知提示者。

c.不符点必须一次性提出，即如果第一次所提不符点不成立，即使单据还存在实质性不符点，开证行也无权再次提出。

d.通知不符点的同时，必须说明单据代为保管，听候处理，或径退交单者。

以上条件必须同时满足，否则，开证行便无权声称单据有不符点而拒付。

（2）审核开证行所提的不符点是否成立。外贸单证员应根据信用证条款、《UCP600》和《ISBP745》认真审核开证行所提的不符点，判断其是否成立。若不成立，应通过议付行与开证行据理力争，直至开证行付款。

（3）若不符点成立，且条件允许，可补交相符单据。信用证项下不符单据的救济是指当单据由于不符而遭开证行拒付之后，受益人可在规定时间内及时将替代或更正后的相符单据补交给银行。根据《UCP600》的规定，单据经审核存在不符点，且银行决定拒付时，则开证行所承担的信用证项下的付款责任得以免除；但当受益人在规定时间内补交了符合信用证规定的单据，开证行必须承担其付款责任。如果受益人在前期操作过程中浪费了大量时间，就有可能丧失补交单据的机会。

（4）若不符点成立，且无法补交相符单据，要积极与开证申请人洽谈。开证行拒付并不意味着开证申请人拒付，如果开证申请人最终放弃不符点，尽管开证行并不受开证申请人决定的约束，也会配合开证申请人付款。所以开证行拒付后，如果不符点确实成立，且无法补交相符单据，应分析与开证申请人之间的关系以及此笔交易的实际情况，以决定怎样与其交涉，说服开证申请人接受不符点并付款。只要货物质量过关，商品市场价格较好，开证申请人一般不会以此为借口拒绝接受单据。另外，也可以采取降价的方式，使开证申请人能付款赎单。

（5）若不符点成立，且开证申请人拒绝接受单据，则可在进口国另寻买主，毕竟受益人拥有对单据的处理权。但其前提是信用证要求递交全套正本提单，若1/3正本提单已寄给开证申请人，2/3正本提单提交给银行，则可能会面临钱货两失的困境。

（6）退单退货。如果受益人无法在进口国寻找到新买主的情况下，就只有退单退货了。不过在做出此决定之前，一定要仔细核算运回货物所需的费用和货值之间是否有利可图。若有利可图应迅速安排退运，因为时间拖得越久，费用（港杂费、仓储费等）就越高，甚至得不偿失，还不如将货物放在目的港，由目的港海关处理。

二、T/T结算方式下的交单收汇

如果是装运前T/T的结算方式，出口商在装运前已全部收到进口商电汇的合同金额。在装运之后，就直接把包括海运提单在内的所有单据寄给进口商，或指示船公司把提单电放给进口商。

如果是装运后凭提单传真件T/T的结算方式，出口商在装运后，把海运提单传真给进口商，等进口商把合同金额电汇到出口商银行账户之后，再把包括海运提单在内的所有单据寄给进口商。

如果是装运后T/T的结算方式，出口商在装运后就把包括海运提单在内的所有单据寄给进口商，等进口商收到货物之后的一段时间内，采用电汇方式把合同款项付给出口商。

三、托收结算方式下的交单收汇

选择托收结算方式时，出口商装运货物后，应及时将有关托收单据交托收行办理托收。托收交单较灵活，单据种类、单据内容、交单时间由出口商根据合同和进口商情况决定。交单时，出口商应向托收行提供明确的托收指示书。

值得注意的是，托收行没有审核单据的义务，只是根据委托人的指示和国际商会托收统一规则办理，不能擅自超越、修改、疏漏、延误委托人的指示。

代收行是指接受托收行（或中间行）的委托。向付款人办理收款并交单的银行。如果在进口商没有付款或承兑的情况下，代收行未得到出口商授权擅自交单，将由其承担损失责任。

工作情境测试

一、单项选择题

随堂测15

1.信用证规定最晚装运期为2023年6月30日，到期日为7月10日，没有规定交单期。出口人备货出运，提单的日期为6月10日，根据《UCP600》的规定，受益人最迟的交单期限为（　　）。

A.7月10日　　B.6月30日　　C.7月1日　　D.6月25日

2.接受汇出行的委托，将款项解付给收款人的银行是（　　）。

A.托收行　　B.汇人行　　C.代收行　　D.转递行

3.根据《UCP600》的规定，开证行的合理审单时间是收到单据次日起的（　）个工作日之内。

A.4　　B.5　　C.6　　D.7

4.某开证行3月1日（星期一）收到A公司交来的单据，根据《UCP600》的规定，最迟的审单时间应是（　）。

A.3月5日　　B.3月6日　　C.3月7日　　D.3月8日

5.根据《UCP600》的规定，如果信用证规定诸如"in triplicate""in three fold""in three copies"等用语要求提交多份单据，则至少提交（　）正本，其余使用副本单据来满足。

A.一份　　B.二份　　C.三份　　D.四份

6.非信用证支付方式下，制单和审单的首要依据是（　）。

A.信用证　　B.买卖合同

C.往来函电　　D.有关商品的原始资料

7.根据《URC522》的规定，以下单据不属于基本单据的是（　）。

A.商业发票　　B.海运提单　　C.保险单　　D.船龄证明

8.信用证修改书的内容在两项以上的，受益人（　）。

A.要么全部接受，要么全部拒绝　　B.必须全部拒绝

C.必须全部接受　　D.只能部分接受

二、判断题

1.根据《UCP600》的规定，如果信用证的截止日或最迟交单日为法定节假日，则截止日或最迟交单日将顺延至银行重新开业的第一个银行工作日。（　）

2.根据《UCP600》的解释，除非信用证另有规定，银行可以接受出具日期早于信用证开立日期的单据。（　）

3.银行对信用证未规定的单据将不予审核。（　）

4.根据《URC522》的规定，D/P项下提单可制作成以代收行为收货人的记名提单。（　）

5.托收支付方式是商业信用，所以使用的汇票属于商业汇票；信用证支付方式是银行信用，所以使用的汇票属于银行汇票。（　）

参考文献

[1] 章安平，牟群月. 外贸单证操作［M］. 5版. 北京：高等教育出版社，2019.

[2] 章安平. 进出口业务操作［M］. 3版. 北京：高等教育出版社，2019.

[3] 黎孝先，王健. 国际贸易实务［M］. 7版. 北京：对外经济贸易大学出版社，2020.

[4] 李彦荣，李淑艳. 外贸单证实务［M］. 北京：中国人民大学出版社，2019.

[5] 杨金玲. 进出口单证实务［M］. 北京：首都经济贸易大学出版社，2021.

[6] 李贺，李纲. 外贸单证实务——应用·技能·案例·实训［M］. 3版. 上海：上海财经大学出版社，2019.

[7] 成丽. 国际贸易单证实务［M］. 2版. 北京：中国人民大学出版社，2021.

[8] 孟祥年. 外贸单证实务［M］. 北京：中国财政经济出版社，2019.

[9] 林建煌. 品读ISBP745［M］. 厦门：厦门大学出版社，2013.